教員養成学の誕生

弘前大学教育学部の挑戦

遠藤孝夫　編著
福島裕敏

The Birth of "Kyoinyoseigaku"

Hirosaki University's Challenge
in Teacher Education

東信堂

はしがき

　かつてルソーは、その著『エミール』において、教師の資格に関してはいろいろと議論があるとした上で、次のように述べていた。「教師！　おお、なんと高尚な人であろう。じっさい一個の人間を育て上げるためには、自分が父親であるかそれとも人間以上の存在であらねばならぬ。……人間は誰であれ一度だけしか教育にたずさわることはできない。もし二人目でなければ成功しないというのであれば、いったいどんな権利があって最初のひとりの教育をひきうけるのか？」(長尾十三二ほか訳)、と。

　ルソーの時代から2世紀以上経過し、いま我が国では、ルソーが「高尚な人」とも「人間以上の存在」とも形容した教師を、如何にして「育て上げる」のか、つまり教師の資質・能力や教師の養成の在り方が、大きな国民的関心とも政治的課題ともなっている。こうした中で、中央教育審議会答申(平成18年7月)を受けて、これまで終身制であった教員免許状を10年毎の更新制とする「免許更新制」が平成21年度から、また新たな教員養成の仕組みとしての「教職大学院」が平成20年度からスタートすることとなった。教職大学院は、専門職大学院の制度を教員養成に適用したもので、高度専門職業人としての教員の養成・研修の機関として、それに寄せる国民の関心と期待も高く、現在のところ国立15校と私立6校が来春の開設を予定している。

　しかしながら、ここで留意すべきことは、その修了によって司法試験の受験資格が付与される法科大学院の制度とは異なり、教職大学院の場合には、その修了や修了時に授与される「教職修士（専門職）」の学位は、教員となるための前提的資格とされるものではなく、従来の教員免許制度自体には何らの変更も加えられていないという事実である。また、平成20年度に開校予定の教職大学院21校全体の入学定員は、約800人程度（その約半数は現職教員が想定されている）でしかなく、毎年全国で約2万人規模の新規採用教員が必

要とされる状況も考えれば、教員養成の根幹は依然として4年間の大学(学部)段階のそれであることは明白である。教職大学院の創設は教員養成改革に一石を投じる試みであることは確かではあるが、それのみに目を奪われて、大学(学部)段階における教員養成を疎かにすれば、我が国の教員養成はその基盤を危うくすることになることを肝に銘じておく必要があるだろう。その意味で、いま改めて、大学4年間の教員養成の充実・発展の在り方が厳しく問われる段階を迎えているのである。

　本書は、この大学(学部)4年間の教員養成の充実・発展の一つの試みとして、「教員養成学」の構想とそれを基盤とした体系的で組織的な教員養成の実践を紹介したものである。「教員養成学」とは、教員養成学部における教員養成活動全体を自律的かつ不断に検証・改善し、質の高い教員養成を実現するための理論と方法論から成る、極めて実践的な学問領域である。この新たな学問領域の創出は、これまでの大学における教員養成の在り方への深い反省に根ざすものである。とりわけ、「教員養成学」は、各教員がばらばらに自らの学問なり専門知識を教えておけば、結果として良い教員が養成されるという「予定調和論」ないし「なわばり無責任論」(横須賀薫)を乗り越えて、大学とその教員集団が質の高い教員養成に「責任」を果たして行くための理論的基盤、つまり大学における教員養成活動の「統合の軸」(横須賀薫)として構想されたものである。

　もとより、「教員養成学」は「誕生」したばかりで、まだ「自立」した存在には至っていない。今後、「教員養成学」が「一人立ち」するまでには、周囲からの温かくも厳しい支援が欠かせない。本書に対する忌憚のないご意見をお願いしたい。本書が、我が国の教員養成の質的改善にいささかでも寄与することができれば幸甚である。

　　2007年盛夏

遠藤　孝夫
福島　裕敏

『教員養成学の誕生──弘前大学教育学部の挑戦──』／目　次

はしがき ………………………………………… 遠藤孝夫・福島裕敏… ⅰ
図表一覧 …………………………………………………………………… ⅹ
序章　教員養成学の誕生──戦後の教員養成教育論の
　　　展開から見たその意義── ……………………………遠藤孝夫… 3
　1．はじめに ………………………………………………………………… 3
　2．戦後の教員養成教育論の展開とその問題点 ……………………… 5
　　⑴　教育刷新委員会における教員養成教育論　5
　　⑵　1958年の中央教育審議会答申　7
　　⑶　宮城教育大学の教員養成改革　9
　3．「在り方懇」報告書と横須賀薫の「教員養成学」の提唱 …………12
　　⑴　「在り方懇」報告書　12
　　⑵　横須賀薫による「教員養成学」の提唱　15
　4．「教員養成学」の誕生 …………………………………………………18
　注 (21)

第1部　教員養成学の理論・歴史 ……………………25

第1章　「教員養成学」の学問的性格試論
　　　　──弘前大学教育学部の経験から── ………………佐藤三三…26
　1．はじめに …………………………………………………………………26
　2．弘前大学教育学部と「教員養成学」 …………………………………27
　　⑴　教育学部将来計画委員会と「教員養成学」　27
　　⑵　『在り方懇報告書』と弘前大学教育学部の再編・統合問題　28
　　⑶　再編・統合問題の中で学んだこと　29
　3．附属教員養成学研究開発センターと「教員養成学」 ……………31
　4．横須賀薫の「教員養成学」 ……………………………………………33
　　⑴　形成途上の「教員養成学」　33
　　⑵　研究内容　33
　　⑶　「教員養成学」の目的──教育学部の専門性の確立──　34

5.「教員養成学」と「教師教育学」……………………………………35
6.「教員養成学」の学問的性格試論 ………………………………37
　(1) 教員養成学構築の担い手　37
　(2) 実践性——検証、提案、実践・改革のサイクル——　38
　(3) 研究の体系性——個々の学部・大学内での自己完結性——　38
　(4) 研究内容の公開性　39
7. おわりに——広義の教員養成学と狭義の教員養成学——……………40
注 (40)

第2章　「教員養成学」の「学」としての独自性と可能性…遠藤孝夫…42

1. はじめに ……………………………………………………………42
2.「教員養成学」の根底にあるもの——大学が教員養成に「責任」を
　負うとの自覚——……………………………………………………43
　(1) 大学が教員養成に「責任」を負うとの自覚と宮城教育大学の
　　　改革　43
　(2) 弘前大学教育学部における「教員養成学」構想の成立過程　45
3.「教員養成学」の「学」としての独自性 ………………………48
　(1) 研究目的の独自性　49
　(2) 研究領域・研究課題の独自性　51
　(3) 研究方法の独自性——「臨床の知」と「協働的アプローチ」——54
4.「教員養成学」の可能性と課題 …………………………………57
　(1)「教員養成学」の可能性　57
　(2)「教員養成学」の課題　59
5. おわりに ……………………………………………………………61
注 (62)

第3章　大学が教員養成に「責任」を負うという自覚と宮教大の教員養成改革——「教員養成学」の根底にある理念の端緒として——……………**遠藤孝夫**…65

はじめに………………………………………………………………65
1. 林竹二の生涯 ………………………………………………………66
　(1) 終戦まで (1906〜45年)　67

(2)　終戦から東北大学教育学部教授時代へ（1945〜70年）　68
　　(3)　宮教大学長の時期（1969〜75年）　69
　　(4)　授業巡礼へ（1975〜85年）　70
　2.　林竹二の学問観 …………………………………………………71
　　(1)　「己の為の学」としての学問　71
　　(2)　「仮借のない吟味」と「自己の再形成」　73
　　(3)　現実に取り組む「責任の意識」に立脚した教育の場としての
　　　　大学　74
　3.　宮教大の教員養成改革の基本理念 ………………………………75
　　(1)　封鎖学生との対話　76
　　(2)　全学集会と学長・学生部長のリコール制の導入　77
　　(3)　教育（教員養成）への「責任」の自覚と教員養成改革　78
　おわりに……………………………………………………………………81
　注（81）

第2部　教員養成学に基づく教員養成の実践・検証……85

第4章　教員養成カリキュラムの体系化の試み………… 豊嶋秋彦…87
　1.　はじめに——教員養成学と新カリキュラム構想—— ……………87
　2.　新カリキュラムの枠組みとその発展 ………………………………89
　　(1)　新カリキュラムの基本方針と枠組み　89
　　(2)　その後の展開と「新々構想」　95
　3.　学校臨床関連科目の改訂の全体像と新「教職入門」……………97
　　(1)　2004（平成16）年度入学生に対する改訂　97
　　(2)　その後の再改訂　100

　文献（101）

第5章　一年次教職科目「教職入門」における「教育実習
　　　　　観察」の効果と課題についての一考察………… 太田伸也…102
　1.　本稿の目的と方法 ……………………………………………………102
　2.　弘前大学教育学部1年次教職科目「教職入門」の概要 …………103
　　(1)　授業の全体像　103

(2) 「授業観察の方法」についての指導　104
　3. 学生の授業記録の分析 …………………………………………106
　　(1) 授業記録で把握している教師の働きかけや児童生徒の反応
　　　　の量について　106
　　(2) 授業記録の内容（質）について　110
　4. 授業参観後の討論の進め方とその内容 ………………………113
　　(1) 授業参観当日の討論から　113
　　(2) まとめの討論から　116
　5. まとめと今後の課題 ……………………………………………117
　注および参考文献 (119)

第6章　アイデンティティ、教職志望、適性感からみた 「教職入門」体験 ………………………豊嶋秋彦、花屋道子…120
　1. 教員養成学における効果研究の方法論 …………………………120
　2. 改革後の「教職入門」と効果測定の観点 ………………………122
　3. 「教職入門」体験が1カ月後の学生にもたらしたもの …………125
　4. 学生評価からみた「教職入門」の効果 …………………………131
　文献 (133)

第7章　Tuesday実習の実施の試みと効果検証 ………福島裕敏、伊藤成治、平井順治、長﨑秀昭、中野博之…135
　1. Tuesday実習のねらい──児童生徒の観察・理解を中心とした長期・
　　　継続型実習── ……………………………………………………135
　2. 小学校Tuesday実習──子どもの実態と変容の観察・理解── …136
　　(1) 目　標　136
　　(2) 実施体制　137
　　(3) 内　容　138
　3. 中学校Tuesday実習──生徒の学習過程の理解と教科指導の得意技
　　　の習得意識の高揚── ……………………………………………144
　　(1) ねらい　144
　　(2) 実施体制　145
　　(3) 1年間の流れ　147

(4)　各教科の実施概要　148
　5.　Tuseday実習の今後の課題・次年度の方向性 ……………154
　注(156)

第8章　新科目「教員養成総合実践演習」の挑戦
　　──〈学校臨床⇔学校臨床研究〉の往還による教師力
　　　　育成の試み──
　　　　　　　…福島裕敏、大谷良光、平井順治、中野博之、齋藤尚子、山田秀和…157
　1.　往還プログラムとしての新科目「教員養成総合実践演習」……157
　2.　新科目「教員養成総合実践演習」の概要 ………………………158
　　(1)　新科目「教員養成総合実践演習」　158
　　(2)　「総合実践演習」の概要　158
　　(3)　学校サポーター活動の実施概要　160
　　(4)　研究教育実習の実施概要　161
　3.　学生に対する授業評価調査結果 …………………………………161
　4.　新科目「教員養成総合実践演習」の成果と課題 ………………164
　　(1)　「総合実践演習」の成果と課題　164
　　(2)　学校サポーター活動と省察検討会の成果と課題　167
　　(3)　新科目「教員養成総合実践演習」全体の成果と課題　169
　5.　カリキュラム改善の方向性 ………………………………………170
　　(1)　実施体制について　170
　　(2)　内容について　171
　　(3)　おわりに　172
　注(172)

第9章　英語科教員養成プログラムの研究開発
　　──大学教育の新しいパラダイムに基づいて──…小嶋英夫…174
　1.　はじめに……………………………………………………………174
　2.　理論的背景…………………………………………………………175
　　(1)　学び中心　176
　　(2)　学習者・指導者のオートノミー　176
　　(3)　コラボレーションによる学習・指導　177
　　(4)　優れた言語指導の特徴　178

(5) 学び中心の授業における指導者の役割　179
　　(6) 省察的授業の実践・研究　180
　3. 研究の方法 …………………………………………………181
　　(1) 目　的　181
　　(2) リサーチ・クエスチョン　181
　　(3) 参加者　182
　　(4) 手　順　182
　4. 結果と考察 …………………………………………………183
　　(1) プログラムの基本的アプローチの決定　183
　　(2) CL：大学内でのプログラム実践　185
　　(3) CT：附属中学校でのプログラム実践　188
　5. おわりに ……………………………………………………194

参考文献 (195)

第10章　社会科教育における教員養成プログラム
――教科教育法と教育実習を繋ぐマイクロティーチングに焦点をあてて――　………………………………**猪瀬武則**…197

　1. はじめに ……………………………………………………197
　2. 教科教育法と教科専門科目をめぐる実践的指導力育成の
　　関係と課題 …………………………………………………198
　　(1) 「深い内容研究」は，教科教育法の単位増加で保障されるか？　198
　　(2) 「教科専門科目」によって保障される「はず」の実践的指導力　199
　　(3) 教科教育法・教育実習における学生の要求とジレンマ　200
　3. 弘前大学社会科(系)教員養成プログラム ………………203
　　(1) 「理論・カリキュラム」と「実践・実習」の全体像　203
　　(2) Tuesday実習との関連　206
　4. マイクロティーチングによる実践力と省察 ………………209
　　(1) マイクロティーチングの概要　209
　　(2) マイクロティーチングの回路　210
　　(3) 個人によるマイクロティーチング　214
　　(4) マイクロティーチングの課題　216
　5. おわりに ……………………………………………………216

注 (217)
　参考文献 (217)

第11章　教員養成における地域ニーズの研究 ………**大坪正一**…218
　1．教員養成改革における地域研究の意義 ……………………218
　　(1)　教員養成学部再編と市民的公共性　218
　　(2)　教育プロフェッショナルと地域の関わり　221
　2．教育をめぐる地域ニーズの比較調査 ………………………224
　　(1)　調査の対象と方法　224
　　(2)　地域における教育ニーズの比較　226
　3．地域ニーズからみた教員養成の課題　236
　　(1)　地域ニーズと教育の住民自治　236
　　(2)　教育プロフェッショナルをめざして　240
　注 (243)

第12章　教員養成学研究開発センター発足1年目の
　　　　活動 ……………………………………**福島裕敏**…245
　1．全国初のセンター──専任2名の配置とセンター室の整備──　…245
　2．「教員養成学」の提唱 ………………………………………246
　　──全国発信の契機としての教大協研究集会──
　3．教員養成改革のメイン・エンジン …………………………248
　　(1)　カリキュラムの〈開発─検証─改善〉　248
　　(2)　検証改善体制強化と内部研修の主導　255
　4．協働的アプローチ──進む学内・学外における協働──………258
　おわりに──教員養成改革下におけるセンターの活動──……………262
　注 (263)

あとがき ………………………………………………**遠藤孝夫**…264
索　　引 ……………………………………………………………268

図表一覧

表4-1	2006（平成18）年度における学校臨床関連諸科目の新々体系	96頁
表4-2	2004（平成16）年度入学生に対する学校臨床関連科目の体系	97頁
表4-3	2004（平成16）年度入学生に対する新「教職入門」の構成	99頁
資料5-1	弘前大学教育学部1年次教職科目「教職入門」実施プログラム（平成16年度）	103頁
資料5-2	教職入門「観察実習の手引き」2004年度用より	104頁
表5-1	授業記録の記述数の分類の枠組み	106頁
表5-2	授業記録における「教師の働きかけ」と「児童生徒の反応」の記述数	108頁
表5-3	授業記録における「教師の働きかけ」と「児童生徒の反応」の記述数の最大と最小	109頁
図6-1	効果研究における対象変数と「体験」の関連イメージ	121頁
表6-1	「教職入門」調査項目	123頁
表6-2	「教職入門」プレ・ポスト調査の資料数	123頁
表6-3	加藤（1983）による同一性の6地位と出現率	125頁
図6-2	「教職入門」実施前後における同一性地位の変化	126頁
図6-3	学校教育教員養成課程学生の変化	126頁
図6-4	養護教諭養成課程学生の変化	127頁
図6-5	生涯教育課程学生の変化	127頁
表6-4	「教職入門」を経た対応サンプルの変化	128頁
表6-5	「教職入門」履修による教職志望と教職適性の変化感	129頁
表6-6	「教職入門」の5内容に対する学生評価と全人的変数との関係	131頁
図6-6	2年次10月における同一性地位の改革前と改革後の比較	133頁
表7-1	小学校Tuesday実習の1日の活動の流れ	137頁
表7-2	小学校Tuesday実習・前期の観察テーマ・対象・観点例	139頁
表7-3	小学校Tuesday実習授業の前期の評価結果	140頁
表7-4	中学校Tuesday実習の1日の活動の流れ	146頁
表7-5	中学校Tuesday実習の全体会における共通のねらいとミニ情報の概要	146頁
表7-6	中学校Tuesday実習の1年間の流れ	147頁
表7-7	中学校Tuesday実習の概要（前期）	149頁
表7-8	中学校Tuesday実習の概要（後期）	150頁
表7-9	中学校Tuesday実習授業の前期の評価結果	152頁
表8-1	前期授業評価調査結果	162頁
表8-2	後期授業評価調査結果	163頁
表8-3	新カリキュラムにおける教育実習関連科目	172頁
Table 9-1	（授業改善を図る新アプローチ決定のための参加者の意識調査結果）	184頁

Table 9-2	(Collaborative Learning途中における参加者の意識調査結果)	185頁
Table 9-3	(Collaborative Learning終了後の参加者の意識調査結果)	187頁
Table 9-4	(Collaborative Teaching終了後の実習生の意識調査結果)	191頁
図10-1	社会科(系)教育法の全体概要　204頁	
表10-1	社会科授業構成論(公民)　207頁	
表10-2	社会科授業論授業内容　211頁	
図10-2	グループマイクロティーチングの回路　212頁	
表10-3	グループ模擬授業評価票　213頁	
資料10-1	社会科授業論　マイクロティーチング実施要項　215頁	
表11-1	保護者の教育一般についての意識(弘前大学附属小・中学校と鰺ヶ沢小・中学校)　226頁	
表11-2	子育て意識に対する小・中学校での認識の差　229頁	
表11-3	「開かれた学校」に対する小・中学校での認識の差　231頁	
表11-4	保護者の教師についての意識(弘前大学附属小・中学校と鰺ヶ沢小・中学校)　232頁	
図11-1	若い教師に不足している力量　234頁	
図11-2	重要だと考える教師の力量　235頁	
図11-3	学校の役割と学校への要望　238頁	
図12-1	センターWGの再編　256頁	

教員養成学の誕生
——弘前大学教育学部の挑戦——

序章　教員養成学の誕生
――戦後の教員養成教育論の展開から見たその意義――

遠藤　孝夫

1．はじめに

　1991（平成3）年の大学設置基準大綱化以降、我が国の大学、とりわけ国立大学は「改革」という激流の渦に投げ込まれ、「国立大学法人」という新たな設置形態への大転換（2004年4月）を迎えた。この急激な国立大学改革の中でも、特に教員養成系大学・学部（以下、教員養成学部）は、ここ10数年間、その組織と教育課程の矢継ぎ早の改革を強いられてきた。1997（平成9）年4月の文部科学省による教員養成課程定員の5千人削減発表は、続く3年間に、教員養成学部教員確保のための苦肉の策とも言うべき「新課程」（いわゆるゼロ免課程）の設置や新たな学部への改組を余儀なくした。続く2000（平成13）年7月には、文部科学省内に「国立の教員養成系大学・学部の在り方に関する懇談会」（以下、「在り方懇」）が設置され、教員養成学部のドラスティックな統廃合まで射程に入れた同報告書が翌年2001年11月に提出された。それに先立つ2001年6月には、「大学（国立大学）の構造改革の方針」、いわゆる「遠山プラン」も発表され、ここに教員養成学部はその存続さえ脅かされる深刻な事態を迎えるに至った。

　こうした教員養成をめぐる緊迫した状況の中で、2001年12月24日、日本教育学会主催による緊急シンポジウム「国立の教員養成系大学・学部の再編動向を考える」が開催された。このシンポジウムでは、小笠原道雄（放送大学、元広島大学教育学部）、加野芳正（香川大学）、横須賀薫（宮城教育大学）の3名が基調報告を行っている。ここでとりわけ注目すべきことは、3名の教育学者とも、期せずして教員養成学部を理論的に支える学問研究の不在という問題

を共通に指摘していたことである。

　まず小笠原は、これまで教員養成学部の組織や教育課程自体の研究が看過されてきたのではないかとの問題提起を行い、その一番の要因は本来この「教育学部の基礎理論」を提示すべき教育学研究の「不備(偏り)」にあると指摘した。同じく加野も「教育学者の責任」を指摘し、「教員養成という実践的課題を、一つの『学』として捉えられていないことが問題なのです」と述べている。さらに、横須賀は、教育学者は「教員養成に、ごく最近のことは別として無関心だった」と指摘した上で、教員養成学部を支える理論としての「教員養成学」こそが、「教育学研究における主流にならなければいけないのではないかと思います」と述べ、「教員養成学」創出の必要性を主張した[1]。

　教員養成学部の危機的とも言うべき現状にあって、政府・文部科学省の大学政策や教員養成政策の矛盾や問題点を批判することは、勿論重要かつ必要なことである。しかし、それよりもなお一層重要なことは、小笠原、加野そして横須賀の3人が共通して指摘したこと、すなわちこれまで本質的に欠落してきた教員養成学部を根底から支え、方向付ける学問的基礎、つまり「教員養成学」を創出することであり、そしてそのことを通して、教員養成学部における教員養成活動を本来の意味での「大学における教員養成」として充実・発展させていく地道な努力に他ならないだろう。弘前大学教育学部は、こうした意味での試みとして、「教員養成学」という新たな学問領域を創出し、この「教員養成学」を機軸とした教員養成改革を進めてきている。

　戦後の我が国の教員養成の歴史の中で、明示的に「教員養成学」という言葉は使用しないまでも、教職の専門職化とそのための大学における教員養成活動の専門化に向けた学問的・実践的取り組みが、皆無であったわけではない。一つの「専門職」としての教員を大学において如何なる理念や方法で養成すべきか、またそれを可能にするカリキュラムや組織体制は如何にあるべきか、こうした問いの設定とその学的追究の営みは、ごく限られてはいても存在していた[2]。それは、戦後の教員養成の骨格を審議した「教育刷新委員会」の議論の中に萌芽的に確認でき、しかし典型的には、「教員養成の自覚化という課題」[3]に収斂させた1970年代の宮城教育大学の改革とそれを導いた思

想に確認することができる。弘前大学が提唱する「教員養成学」の創出の試みの背景には、こうした戦後の我が国の教員養成教育論の歴史的展開から学んだ貴重な知見が据えられていた。

そこで、以下のこの序章においては、戦後の教員養成教育論の歴史的展開を踏まえながら、「教員養成学」という新たな学問分野の創出の背景と意義を述べることにしたい。

2. 戦後の教員養成教育論の展開とその問題点

(1) 教育刷新委員会における教員養成教育論

戦後の教員養成教育論を、「教員養成学」の誕生という本書の課題との関連づけという視点から検討しようとする場合に、まず注目すべきは、終戦直後の教育改革の中での教員養成教育論である。戦後の学校制度全般にわたる最も重要な審議を行った組織が、「教育刷新委員会」(1946年9月に第1回総会、1949年から教育刷新審議会と改称)であった。この教育刷新委員会における審議を通して、戦後の我が国の教員養成の理念(基本原則)、すなわち「大学における教員養成」と「教員養成の開放制」という二大原則が確立された。教育刷新委員会の決議のうち、教員養成の基本原則に関わる部分のみ摘記すれば、以下の通りである[4]。

○教員養成について (1946年12月27日、第17回総会で採択)
　　教員の養成は、綜合(ママ)大学及び単科大学において、教育学科を置いてこれを行うこと。
○教員養成に関すること (其の一) (1947年5月9日、第34回総会で採択)
　一　小学校、中学校の教員は、主として次の者から採用する。
　　1　教育者の育成を主とする学芸大学を修了又は卒業した者。
　　2　綜合(ママ)大学及び単科大学の卒業者で教員として必要な課程を履修した者。

3 音楽、美術、体育、家政、職業等に関する高等専門教育機関の卒業者で、教員として必要な課程を兼修した者。

 しかし、既に先行研究が明らかにしているように[5]、この教員養成の二大原則の意味内容をめぐっては、教育刷新委員会内においてばかりでなく、教育刷新委員会とCIE（連合国軍総司令部の一部局である民間情報教育局）との間にも深刻な見解の相違と対立が存在していた。この見解の相違は、大局的には、教育刷新委員会の大勢となっていた「教職学科軽視論」と、教職の専門性に基づき教職学科（教職教養）を重視するCIEの立場とのそれであった。
 教育刷新委員会においては、「はなはだしきは大学教育さえ受けておれば誰でも教員にはなり得る」と主張し、「教職課程は最小限にとどめて専門学科の教養を高めようとの声が強かった」という[6]。この教育刷新委員会の大勢を占めたリベラルアーツ重視論ないし教職学科軽視論の背景には、戦前の閉鎖的な師範学校制度の下で、「師範型」と呼ばれる教員が養成されていた実態に対する痛烈な批判があった。これに対して、CIE側は、良い教員を養成するためには、人間的な教養と専門教科に関する相当な学力のみならず、「若い者の心身発達の諸段階に対する十分な理解と経験が切実に望ましい」と主張して、教員の専門職制の確立の立場から、教育刷新委員会側に修正を迫っていた[7]。また、教育刷新委員会の内部にも、少数ではあるが、CIEの立場と共通する考えを主張する委員もいた。その一人の城戸幡太郎は、大学での専門の勉強に教育学科の数単位を加えれば十分とする委員会の大方の見解に対して、それは今後の教育者という「本当の専門家を養成する」上では「大きな疑問だ」として、専門職としての教員の特別の養成の必要性を主張した[8]。同じく、倉橋惣三も、教員養成を主とする大学を設ける必要はないとの大勢的意見に対して、「教員養成というプロフェッショナルなことはなまやさしいことではない」と反論していた[9]。
 教育刷新委員会の論議においては、最後までリベラルアーツを重視する「アカデミシャンズ」と、少数派ながら、教員の専門性を重視する「エデュケーショニスト」との対立が解消しないまま、前述のような「大学における教員養成」

及び「教員養成の開放制」という原則が確認されたのであった。しかも、その際に重要なことは、「教育者の育成を主とする学芸大学」を設けるとの教育刷新委員会の決定は、教員養成に特化した大学としての「教育大学の構想が一旦は否決されたことを意味する」[10]ということであった。「教員養成の開放制」の原則に照らせば、教員養成に特化した教員養成専門大学や学部の構想は否定せざるを得なかったからである。但し、1949年度から新制大学が全面的に発足した際に、教員養成の専門大学設置を強く要求するCIEの動きや当時の絶対的な教員不足への対応といった事情も加わって、現実の制度としては、旧制の師範諸学校は、学芸大学、総合大学の学芸学部あるいは教育学部へと統合されることとなった。「学芸学部」とするか「教育学部」とするかは、主として当該地域での旧制高等学校の有無に基づいており、旧制高等学校があった場合は、それを「文理学部」ないし「人文学部」とし、旧師範学校を「教育学部」としていった。ちなみに、弘前大学の場合もこれに準じてた[11]。

　結局、戦後の教員養成の基本的な在り方を検討した教育刷新委員会の議論は、「大学における教員養成」と「教員養成の開放制」という、それ自体としては重要な原則を確認するものではあった。しかし、そこでの議論は、教員の専門職制ないし教員養成の専門性・特殊性を掘り下げて、教員養成の在り方を根本的に問うという点では極めて不十分なものであった。つまり、「大学における教員養成」という原則と制度形式は構築されたが、大方の大学人が「アカデミシャンズ」の考え方を共有する状況にあっては、「大学がこれに本格的にとりくむという状況は創られなかった」。この結果、「教職課程の意義について広範な理解を得、かつその実質的な教育内容を確立する問題は、その後長く課題として残されたのである」[12]。

(2)　1958年の中央教育審議会答申

　さて、前述のように、1949年度からの新制大学制度の本格実施に合わせ、旧制の師範諸学校は学芸大学及び総合大学の学芸学部ないし教育学部とし

て、戦後の新しい歩みを始めた。その際に、教育刷新委員会での審議経過にも端的に示されていたように、学芸大学ないし学芸学部（教育学部）においては、学問や教養といったいわゆるリベラルアーツ重視の教育論が強調され、教員養成を大学や学部の目的とすることは、「師範学校への回帰であるとして警戒する論調が根強く存在した」[13]。

　他方では、1950年の朝鮮戦争勃発前後から、アメリカの対日占領政策の変更と連動する形で、戦後の新教育の在り方を見直し、端的には教育（学校）への国家統制を復活・強化する、「逆コース」と批判されることになる一連の教育政策が展開されていった。こうした状況下の1958（昭和33）年、その後の我が国の教員養成の在り方を大きく方向づけることとなった中央教育審議会の答申、「教員養成制度の改善方策について」が出された。この答申では、「教員養成の基本方針」として、「国の定める基準によって大学において行うものとする」との基準に基づき、「必要に応じて国は教員養成を目的とする大学を設置し、また公私立大学について認定する」こと、つまり「教員養成目的大学」の設置が明示されることとなった。この答申で示された教員養成における国家の「目的的な計画養成」という方向性は、その後、1963（昭和38）年には「教員養成大学・学部」を、一定の学問研究とその教育を前提とする「学科」とは異なる、「課程―学科目制」を基準とする大学とすること[14]、1965から66年にかけての学芸大学・学芸学部から「教育大学・教育学部」への名称の一律変更として、具体化されていった。

　こうした従来の学芸大学・学芸学部の「目的大学」化政策は、「教員養成系大学は教員養成を目的とする大学であって研究機関ではない」との文部省当局者の本音とも言える発言に直截に示されているように[15]、教員養成大学・学部の教育内容と組織を国家（文部省）の強力な「目的」と「計画」の下に従属させ、大学を実質的に「非大学化」し、戦前の閉鎖的な師範教育へと逆戻りさせる危険性を強く持つものであった。その点では、この当時、日本教育学会その他から提起された国の教員養成政策への批判は、正鵠を射るものではあった。

　しかし、同時に確認しておくべきことは、こうした教員養成への露骨な国

家介入を招くことになった内在的素地が、教員養成を主として行っていた大学・学部自体の中に厳然として存在していたのではないか、という問題である。すなわち、前述のようなリベラルアーツ論の強調の下にあって、一般大学の教職課程のみならず「学芸大学そのもの」においてさえ、「本気で（注：教員養成という）問題に取組まなかった」[16]、と指摘される問題である。そこには、1949年以降の新制大学制度の中での教員養成が、「大学における教員養成」という高邁な理想とは裏腹に、「教員養成を学問的な理論を根底に発想出来ず、専ら教育職員免許法の基準によって考え、免許法に従属して捉えている」[17]、という深刻な実態があったことになる。

(3) 宮城教育大学の教員養成改革

こうした認識に立つとき、「教員養成の自覚化という課題」[18]を中核に据えた1970年代の宮城教育大学の大学改革が、改めて重要な意味を持って浮上してくることになる。周知のように、宮城教育大学（以下、宮教大）は、1965（昭和40）年4月、東北大学教育学部（旧制東北帝国大学文学部教育学講座と宮城師範学校および青年師範学校の統合により発足。旧制帝国大学が師範学校を統合した唯一の事例）から分離・独立して設立された。宮城教育大学が、本格的な教員養成の改革に乗り出すのは、東北大学教育学部教授の林竹二を学長として迎えた1969（昭和44）年以降のことである。この間の経緯についての詳細は第3章に譲り、ここでは、宮教大の改革が如何なる内容と特色を有するものであったのかを、特に「教員養成の自覚化という課題」への取り組みに注目して、その要点のみ確認しておきたい。

①小学校教員養成を基軸とした教員養成改革

宮教大の大学改革が「教員養成の自覚化という課題」への取り組みであるとされるときに、その取り組みは、当時の教員養成の中でも「とりわけ教育条件、教育態勢の貧困が集中的にあらわれている」[19]とされた小学校教員養成の抜本的改革として、最もその本質を発揮するものであった。林竹二学長

(在任期間：1969 〜 75年) の言葉を借りれば、宮教大の改革の方向性とは、「小学校教員養成課程がたてまえはともかくとして、その教育を実際において伴食的な位置におかれている教員養成大学の教育を、小学校教員養成課程を基軸として再編成する企てであるといえるだろう」[20]。この改革理念は、1969年度後期から開始されたカリキュラム改革のうち、一般教育 (教養教育) に関して見ると、一般教育にゼミナール形式を導入することで、従来までは十分にできなかった「学問研究の方法をふまえ」、大学教員と学生との「相互作用を含んだ"授業"」[21]を創造する試み、従来のリクレーション的要素の強い体育科目を教員として必要な身体的訓練へと転換する試み、さらには従来は3年生まで研究室所属のなかった小学校教員専攻学生が、1年生の時点から「学生と教師の合同研究室」[22]を使用できるようにした試み (学内施設再配置)、等として具体化されていった。

②教員養成の「軸」としての「教授学」の創出

しかし、宮教大が「教員養成の自覚化という課題」、とりわけ小学校教員養成を基軸とする改革に取り組んだ際に、その中心に位置していたのは、小学校教員養成における専門教育の在り方、すなわち教職教養・教科専門科目と教育実習の在り方の改革の試みであった。林学長の言葉を再度引用すれば、小学校教員養成を「陽のあたらない部分」とし、「中、高校教員養成のための教科の程度を低めたものを与えればよいというやり方」を許してきたという「沈滞からの脱却のためには、何においても小学校教員養成のための教育の中核、諸科統合の軸となるものをつくりあげることが必要である」[23]。この「小学校教員養成の教育の中核」を生み出すため、宮教大では専門教育を「教育実践」と結合させること、そのためには「教育実践を対象とする科学的研究の確立」が必要とされ、「教授学」という新たな学問領域の創出が志向された。1971年度からは、全国初の試みとして「教授学」「教授学演習」といった授業科目が開講され (正規の学科目となったのは1974年)、また1974年には「授業の実践研究を行い、すぐれた授業の創出に寄与すること」を目的とする「授業分析センター」も開設された (専任教授として、優れた授業実践で知

られる斎藤喜博を招聘)。

　ここで創出することが志向された「教授学」とは、端的には、個別の教科教育研究の成果を統一して、「教えることについての全体的原則」を作り出そうとする「学問」であり、「教師の〈教育実践〉を技術定立する学問」である[24]。つまり、「教授学」は〈教育実践〉を根底に据えることで、「各教科の教育法教育を統合し、教育学教育、個別科学・芸術・技術の教育の相互連関をはかっていく位置づけをもつ」ものであって、まさに「教員養成教育が展開する軸」として機能するものとして構想されていた[25]。

③教員養成の一環としての教育実習

　「教授学」創出と密接に関連して、宮教大における教員養成改革のもう一つの柱が教育実習の改革である。開学当初の教育実習は、3年生で1週間、4年生で3週間(中学校専攻は2週間)の実習となっており、これでは教育実習が「教員養成の総仕上げのような、あるいは就職準備的なもの」となっていた。これに対して、教育実習を「あくまでも教育の一環」として位置づけ、「目標としては、実際の授業を経験してみることで、専門の学習へ新しい関心と意欲が生まれてくるところにおかれなくてはないない」[26]。教育実習をあくまでも教員養成の一環として位置づけるとの理念に基づき、宮教大では1971年度から教育実習の改革が着手され、3年生で3週間(附属校)、4年生で1週間(公立校、中学校専攻はなし)の実習とし[27]、しかも実習生の指導を附属校に一任してきた在り方も、「学部の全教官が教育実習の指導にあたるようにした」「学部主導型」へと大きく変更していくことも志向された[28]。

　以上のように、1969年から開始された宮教大の改革は、小学校教員養成の改革を中心に据えて展開されたものであり、「授業学」という新たな学問の研究と教育とを軸に一連の教員養成を有機的に関連づけることで、教育実践者としての教員の形式的な「資格」ではなく、本質的な「資質」をも形成しようとする試みであった[29]。従って、宮教大の試みは、教育刷新委員会以降の戦後の教員養成の中で、一貫して放置されてきた教員養成の学問的深化と

実践化という課題に、初めて正面から取り組むことを意図した貴重な試みであったと言えるだろう。

　但し、教員養成の自覚に基づく宮教大の改革が、その後順調かつ成功裏に展開されたのか否かは、改めて詳細な検討を加えるべき重要な課題である。ここでは、改革の推進者の一人であった横須賀薫の総括[30]を紹介することに止めたい。横須賀によれば、宮教大の改革は、それが開始されて約10年後の1980年代頃から「停滞状態」に入った。宮教大の改革が、「全国の大学に刺激を与えつつも行き詰まるのは小学校教員養成の専門教官団を設定しようとしたことから」だった。当時、宮教大では小学校教員養成課程の学生定員の増加に伴って生じた10名の教官純増分を使って、小学校教員養成を中核となって行う教官グループを設け、小学校教育実践で大きな成果をあげた教育家や演劇指導の専門家といった、「既成のアカデミズムのルートとは無関係な」人材をそこに充当していった。ところが、この小学校教員養成の専門教官団について、招聘された教官たちからは、「教科に所属しないことが非常に不安である」との声が出され、他方では教科所属の教官からは、「教科体制というものを乱す」と批判されることになった。この結果、「小学校教員養成を専門とする教員の体制」は「瓦解」し、このことが「宮教大改革の挫折の原因」となった。宮教大の改革から約30年後に、横須賀はこのように総括している。

　宮教大の改革が、その最も根底に据えられていた小学校教員養成の改善に資すべき教官体制の新設を契機に「瓦解」したことは、教員養成学部における伝統的な「教科体制」の強固さと、教員養成カリキュラムの改革を教官組織全体の改革との緊密な連動の下に推進することの必要性とを示唆している。

3．「在り方懇」報告書と横須賀薫の「教員養成学」の提唱

(1)　「在り方懇」報告書

2001年11月の「在り方懇」報告書は、いわゆる「遠山プラン」の直後に提出されたこともあって、教員養成学部の再編・統合の部分にのみ大方の注目が集中することとなった。しかし、この報告書の前半部分においては、教員養成学部が直面している問題、とりわけ教員養成学部を専門学部として充実・発展させていく方向性が指摘されていたことにも注目すべきである。事実、委員として議論に参画した小笠原道雄によれば[31]、国立大学の大胆な統合・再編の方針を打ち出した「遠山プラン」（2001年6月）までは、「在り方懇」の議論においては、「統合・再編というよりはむしろ教育学部の性格を専門学部として強化していかなくてはならないのではないか、という意見が強く、且つ、その際、現状通り、都道府県に一つは学部を置いた方がいいのではないか、という意見が強かった」という。ここでは、「在り方懇」報告書の前半部分で展開されている教員養成に関する問題提起を、これまで検討してきた戦後の教員養成教育論の展開と関連づけながら確認おくことにしよう。

①教員養成の専門学部としての自立化の必要性

　まず、「在り方懇」報告書は、これまでの教員養成学部が、国家による「計画養成」と教育職員免許法という制度の下に置かれることによって、「各学部ともほぼ等質的な体制で教育研究を行われて」、「教員養成学部がどのような目的・理念の下で、どのようにして教員養成を行っていくかということやカリキュラムの在り方等に関して各教員のコンセンサスが不十分」であり、「教員養成学部としての専門的な立場を明確にし、教育全体のまとまりと特性を発揮」することが希薄であったと指摘している。この教員養成の「専門学部」としての自覚的・主体的な取り組みの欠落という問題は、まさに教育刷新委員会における教員養成改革論議以降、宮教大での先駆的取り組み等を除けば、大方の教員養成学部に通底する本質的問題であった。

②体系的教員養成カリキュラムの編成の必要性

　第2に、「在り方懇」報告書の問題提起で注目すべき点は、「体系的な教員養成カリキュラムの編成の必要性」ということである。すなわち、「将来教

員になるべき学生に、幅広くいろいろな専門分野を体系的に教育するとともに、教員としての実践的な能力を育成していくためには、教員養成学部の教員が、教員養成という目的意識を共有し、体系的なカリキュラムを編成していくことが不可欠である」。「それぞれの独自性を発揮した魅力ある教員養成カリキュラム」の編成というこの問題提起は、とりわけ「教員養成学部独特の課題」である小学校教員養成の部分に向けられていることも重要である。前述のように、かつての宮教大の改革が、小学校教員養成の改革を中核に据えたものであったことの背景には、同様の課題認識があった。報告書はまた、各大学が独自の体系的教員養成カリキュラムを編成するにあたっては、「学内に教員養成のカリキュラムの在り方を検討するための組織」を設けることも有効であること、同時にその際には「単なる教育方法のテクニックの修得を目的とするものではなく、子どもの成長と発達に対する深い理解と教科に関する専門知識に基づいて行うものでなければならない」ことも指摘して、あくまでも「大学における教員養成」の理念を深化させる方向性も指摘している。

③教員養成学部としての独自の専門性の発揮の必要性

第3に注目すべき点は、「教員養成学部としての独自の専門性の発揮」が求められていることである。この点で報告書が、とりわけ多くのスペースを割いて言及しているのは、教科専門科目およびそれとの関連での教科教育法(学)の在り方についてである。すなわち、教科専門科目の分野は理学部や文学部などの一般学部でも教育されているが、「教員養成学部の独自性や特色を発揮していくためには、教科専門科目の教育目的は他の学部とは違う、教員養成の立場から独自のものであることが要求される」。教員養成学部における中学校教員養成は、「単に一般学部とは専門科目の修得単位数に違いがあるというのではなく、その内容に本質的な違いがあってしかるべきである」。加えて、教科教育法(学)の分野は、「今後、教科教育担当教員と教科専門担当教員とが協力して教員養成学部が独自性を発揮していくための重要な分野として充実を図っていくことが期待される」。さらに、この教科専門

分野と教科教育法分野との緊密な連携による「独自の専門性の発揮」は、何よりも小学校教員養成の充実との関連でも強調されている。「小学校における教育の特性」を考慮すれば、その教員養成において教科専門と教科教育法との「連携」の在り方が重要な課題となっているが、「その在り方を研究するのは、教員養成学部をおいて他にはなく、教員養成学部が独自性を発揮していくためにも率先して取り組まなければならない分野」であると指摘されている。

「在り方懇」報告書を無批判的に受容するものではないが（特に、後半部分の教員養成学部の再編・統合に関する効率性に偏した提案には大きな疑念を指摘したい）、以上で確認したような教員養成学部の教育体制と教育内容の現状に関する指摘には、前述した戦後の教員養成教育論の問題状況を踏まえれば、首肯せざるを得ない論点が多いことも事実であろう。特に、教員養成の「専門学部」としての主体性を持つこと、「それぞれの独自性を発揮した魅力ある教員養成カリキュラム」を編成すること、さらには教科専門教育と教科教育法教育との「連携」および小学校教員養成の内実を「研究」することなど、教員養成学部の在り方の本質に関わる問題提起は、それぞれの教員養成学部が真剣に受け止めるべき指摘と言わざるを得ない。ここで問題提起された重要な論点はいずれも、本来ならば、「在り方懇」という政府の審議機関からの指摘を受けるまでもなく、仮に免許法上の一定の「制約」はあるとは言え、「自治」を保障された教員養成学部自らが、既に自覚的・主体的に取り組むべき本質的課題であったはずだからである[32]。教員養成学部自らが内在的批判を通して、この本質的課題に真剣に取り組むことなしに、政府・文部科学省の大学政策や教員養成政策を「無定見」と批判することだけでは、何らの問題解決にも結びつかないと言えるだろう。

(2) 横須賀薫による「教員養成学」の提唱

弘前大学教育学部が提起する「教員養成学」構想を検討する前に、横須賀

薫による同様の指摘を確認しておきたい。「在り方懇」報告書の中で端的に指摘された教員養成学部の本質的課題に応える形で、新たな学問領域としての「教員養成学」の創出に言及している数少ない論者の一人が、横須賀薫（前宮教大学長）である。横須賀は、前述した2001年12月24日開催のシンポジウム「国立の教員養成系大学・学部の再編動向を考える」において、「教員養成学」を確立する必要性を提唱し、「教員養成学」が包摂する研究内容として、以下の7項目を挙げている[33]。

①教員養成学部の内部構造の研究
②内部構造を支える担当教官団のあり方の研究
③授業研究や教育実習の位置づけを含む、統合の軸をもったカリキュラムの開発研究
④教員の資質構造のための新しい領域の開発研究
⑤現職教育のあり方の研究
⑥附属学校の必要性およびあり方の研究
⑦教員養成学部教員の資質研究とその養成コースの研究

横須賀の提案は、シンポジウムでの報告という制約された中でのものであるため、必ずしも詳細な内容とは言えない。しかし、「教員養成学」という学問名称を明示的に使用した最初のものと推定されるこの提案は、同じシンポジウムにおける、「教育学部の基礎理論」構築の必要性（小笠原道雄）および「教員養成という実践的課題」を「一つの『学』」として構築することの必要性（加野芳正）という発言とも共振し、しかも前述したような1970年代の宮教大改革の当事者の一人という経験を踏まえての問題提起である点で、注目すべきものである。

1970年代の宮教大の大学改革との関連で見ると、かつては「教授学」という新たな学問領域を創出することを通して、教員養成の内的な統合と深化が志向されていたのに対し、今回の「教員養成学」の提案には、狭義の教員養成カリキュラムの統合・深化に関する開発研究（研究項目の③⑥など）に加えて、

大学教員の資質及びその組織といった、教員養成学部における教員養成システム全体の研究の視点（研究項目の①②⑦など）が付加されている点が重要となる。この変更は、前述したような「宮教大改革の挫折」という貴重な経験から学び取られた知見に基づくものと考えられる。今後の「教員養成学」研究の具体的展開においては、横須賀提案に見られるように、内的な統合と体系性を備えた教員養成カリキュラムの編成と同時に、それを支える大学教員の資質能力や教員組織体制といった教員養成システム全体の在り方の研究開発が極めて重要となるだろう。さらに、横須賀提案では明確には言及されていないが、教員養成システム全体の在り方の研究開発には、教員養成活動が如何なる教育効果や問題点を有しているのかを、教員養成学部自らが点検・評価することで、教員養成の質的改善を図っていくという、自己検証の仕組みの研究開発も加えることが必要になると思われる。

研究項目④で指摘されている「教員の資質構造のための新しい領域の開発研究」の提案は、教員養成への「からだとことば」の訓練の導入といった宮教大の先導的な試みの経験を踏まえてのものである。人間関係を形成する能力が弱体化している現代の学生に、如何にして子どもたちに働きかける資質・能力を育成することが可能となるのか、この視点からの研究開発は、教員養成学部の「独自の専門性の発揮」の点でも、重要な研究領域である。この横須賀提案に加えて、「在り方懇」報告書の指摘を待つまでもなく、「教員の資質構造」に相応しい教科専門教育の在り方、特に小学校教員養成における教科の「専門」とその「教育法」の在り方の研究も、「教員養成学」として早急に取り組むべき研究領域となると考えられる。同時に、地域社会や学校現場において如何なる資質・能力を有する教員が求められているのか、つまり「デマンドサイド」の視点から教員養成の在り方を研究開発していくことも必要となるだろう。

研究項目⑤と関連して、大学院までも視野に入れた教員養成の在り方の研究は、「在り方懇」報告書では十分検討されなかった問題であるが、今後の教員の資質向上の観点および現職教員の研修体制の再編の観点からも、重要な研究領域となることが予想される。

以上、横須賀による「教員養成学」の提唱は、戦後半世紀に及ぶ教員養成の歴史における本質的課題、すなわち教員養成学部の学問的基礎づけの欠落に真摯に応えるという課題に根差し、「教員養成学」が射程に入れるべき研究項目にまで踏み込んだ提案として傾聴すべきものと言える。

　しかし、同時に確認しなければならないことは、この横須賀の重要な提案は、あくまでも教育研究者の個人としての提案に止まるものであって、一つの大学や教員養成学部としての正式な意思の表明ではないということである。これに対して、弘前大学教育学部の「教員養成学」構想とその取り組みは、ささやかなものではあっても、一つの教員養成学部が、これまでの自らの教員養成活動への真摯な反省を踏まえ、「大学における教員養成」の学問的基礎づけと資質の高い教員の養成という目標の実現を目指した、大学としての組織的な明確な意思表明となっている。

4.「教員養成学」の誕生

　弘前大学教育学部における「教員養成学」構想の成立過程については、第1章および第2章で詳述するので、ここでは、2002（平成14）年3月刊行の『教育学部自己評価委員会報告書』と同年7月の「教員養成系学部の再編・統合に関する構想試案」(基本構想委員会作成)に注目して、弘前大学教育学部の「教員養成学」構想とその意義を確認しておきたい。この2002年3月の報告書は、教員養成学部の総力を挙げて取り組むべき研究課題として「教員養成学」という新たな学問分野の構成を提唱した文書として、「構想試案」は、さらにこの「教員養成学」の研究対象にまで踏み組んで言及した文書として重要である。

　まず、2002年3月の『教育学部自己評価委員会報告書』は、次のように指摘している。

　Ⅰ　理念・目標

4. 教育学部の役割と将来
    (5) 教員養成学を教育学部の研究の中に位置づける。
        大学における教員養成の在り方を専門的に研究し、大学教育に提言する部門が必要である。全体的な立場から教員養成を研究する専門家が求められる。

 V 研究評価
  2. 研究目的及び目標
    (1) 研究目的
        ①「教員養成学」の構築。複雑で困難な現代的課題に対処できるすぐれた教員を育成するためには、どのような教育・研究体制と、免許制度・課程編成・カリキュラム編成・教育内容、及び学生指導のあり方が求められるか。これこそ教員養成学部が全力で取り組むべき基本的課題である。この「教員養成学」の創造・構築に、教育学部を構成する教官全体が協力して取り組む[34]。

ここで見られるように、「教員養成学」という学問名称が使用され、この学問は「教員養成学部が全力で取り組むべき基本的課題」として明確に位置づけられていることに注目すべきである(なお、後述のように、「教員養成学」という言葉を弘前大学教育学部が文書の形で最初に使用したのは、2000年3月のことである)。前述のように、これまでにも教員養成の基礎づけとなる学問領域の必要性は幾度となく主張され、横須賀による「教員養成学」構築の提唱も行われてきたが、「教員養成学」という学問名称を、「自己評価報告書」という対外的にも公表された大学の公式文書として明記したのは、これが事実上最初のものであった。なお、ここで表明された「教員養成学」構想は、前述した横須賀薫の「教員養成学」の提唱をその時点では一切参照することなしに、弘前大学教育学部が独自に構築したものであることを付記しておきたい。

さらに、弘前大学教育学部は、この「自己評価報告書」をより具体化する形で、「教員養成学」構想をより一層具体化し、「教員養成学」の創出とそれ

に基づく取り組みを自らの教員養成活動の活性化のための「メイン・エンジン」とする意思を表明していった。ここでは、2002年7月に教育学部の基本構想委員会が取りまとめた文書である「教員養成系学部の再編・統合に関する構想試案」を確認しておきたい。そこには、次のような記述が見られる。

　これまでの教員養成学部に最も欠けていたものは、大学の教員養成活動そのものを研究対象とし、その改善のための方策を自ら提案し、その提案を実施することであった。そこで、我々は、「教育学部における教員養成の在り方」を開発し、「その成果を附属学校園と一体となって検証する方法論の構築」をめざし、教員養成の在り方を不断に改善するための理論的実践的な研究分野を「教員養成学」と名付け、これを再編・統合後の弘前大学教育学部のメイン・エンジンとする体制を築きたいと考える。具体的には、「教員養成学研究開発センター」を新設する。「教員養成学研究開発センター」は、教員養成の理論的側面としての「教員養成大学・学部研究開発分野」と教員養成の実践的側面としての「教員養成カリキュラム研究開発分野」の2分野から構成される。

①「教員養成大学・学部研究開発分野」は、政策学、比較教育学、教育経営学等の視点から「教員養成大学・学部における教員養成の在り方」を総合的に研究し開発する。
②「教員養成カリキュラム研究開発分野」は、教員養成のための理論的・実際的なカリキュラムの研究・開発に携わる。

　この弘前大学教育学部の「構想試案」で示された「教員養成学」構想は、二つの点で特筆すべきものである。まず、第1に、教員養成の学問的基礎づけという、戦後半世紀に及ぶ教員養成を通底して指摘されてきた本質的課題を、教育学部自らが取り組むべき最優先の課題として明記したことである。前述のように、教員養成の学問的基礎づけという課題への取り組みは、1970年代の宮教大の試みや教育研究者による個別の研究等を除けば、教員養成学部

として公式文書の形で明記されたことは皆無だったからである。第2には、新たな学問領域としての「教員養成学」を教育学部の「メイン・エンジン」として位置づけ、しかも二つの研究開発分野から成る「教員養成学研究開発センター」の新設を明記して、「教員養成学」の研究開発を本格的に推進する体制づくりまで言及していることである。以後、弘前大学教育学部では、こうした構想を具体化すべく、2003（平成15）年10月の教員養成学研究開発センターの発足（学部内措置として）、2004（平成16）年4月からの新たな教員養成カリキュラムの実施、同じく「教員養成学」に関する科学研究費による研究の開始（平成18年度までの3年間）、2005年（平成16）年4月からは文部科学省からの予算措置を受けて、教員養成学研究開発センターの専任教員2名の配置へと、着実に取り組みを推進してきた。

　こうして「誕生」した「教員養成学」は、確かにまだ足元がしっかりした学問とは言えない。しかし、教員養成学部が、「大学における教員養成」の学問的・実践的な深化と質の高い教員養成の実現という戦後半世紀にもわたって事実上無視されてきた課題を、自らに課せられた本質的「課題」として自覚し、その一歩を踏み出したことの意義は大きいと言えるだろう。

　以下、本論においては、こうして弘前大学教育学部における「教員養成学」の取り組みの一端を順次紹介することとしたい。

注
1　日本教育学会編『教育学研究』第69巻第1号、（2002年）。
2　この側面の掘り起こしとして、さしあたり次の論考を参照。山田昇「『大学における教員養成』と教員養成の研究」、日本教育学会編『教育学研究』第62巻第3号、（1987年）。
3　日本教育学会大学教育研究会『宮城教育大学の大学改革』（1974年）、34頁。
4　海後宗臣編『教員養成　戦後日本の教育改革8』（東京大学出版会、1971年）、71頁。
5　主要なものとして、海後宗臣編『教員養成　戦後日本の教育改革8』（東京大学出版会、1971年）、山田昇『戦後日本教員養成史研究』（風間書房、1993年）。戦前の教育養成史については、水原克敏『近代日本教員養成史研究』（風間書房、1990年）がある。
6　引用は、教育刷新委員会とCIEとの折衝に当たった文部省師範学校長玖村俊

雄の言葉。前掲、山田「『大学における教員養成』と教員養成の研究」、248頁。
7 引用は、当時の文部省学校教育局長日高第四郎の言葉。前掲、山田「『大学における教員養成』と教員養成の研究」、248頁。
8 前掲、山田、『戦後日本教員養成史研究』、110頁。城戸幡太郎（1893-1985年）は、心理学・教育学者で、法政大学教授、国立教育研究所所長、北海道大学教育学部長などを歴任した。
9 同上、142頁。倉橋惣三（1882-1955年）は、教育学者（特に幼児教育学）で、東京女子高等師範学校教授、お茶の水女子大学教授などを歴任した。
10 前掲、山田「『大学における教員養成』と教員養成の研究」、249頁。
11 前掲、海後『教員養成 戦後日本の教育改革8』、90-94頁。
12 前掲、山田「『大学における教員養成』と教員養成の研究」、248-249頁。
13 白井嘉一「教員養成学部の専門性の確立」、福島大学教育学部50周年記念刊行会編『21世紀の教師教育を考える 福島大学からの発信』（八朔社、2001年）、13頁。
14 国立学校設置法の一部を改正する法律（1963年3月31日）により、大学の組織体制が、学科—講座制、学科—学科目制、課程—学科目制などに類型化され、各大学の組織体制は、文部省令により定められることになった。岡本洋三『開放制教員養成制度論』（大空社、1997年）、235-237頁。
15 当時の文部省大学学術局庶務課長西田亀久夫の発言。前掲、岡本『開放制教員養成制度論』、235頁。
16 日本私立大学連盟広報委員会「教員養成制度の核心をつく」、前掲、山田「『大学における教員養成』と教員養成の研究」、251頁。
17 前掲、岡本『開放制教員養成制度論』、87頁。
18 前掲、日本教育学会大学教育研究委員会『宮城教育大学の大学改革』、34頁（市川純夫筆）。同委員会の委員長は海後宗臣。
19 同上、128頁（山田昇筆）。
20 林竹二「小学校教員養成のための教育における二三の問題点と改善の方向性について（私見）」（1972年）、同上、47-48頁。なお、林竹二は教師の専門職性と教員養成の問題について、宮教大学長を退任した後の1976年に次のように指摘していた。「教師に課せられている仕事は、その本質から言うと医師の仕事以上に高度に専門的な仕事です。それは、子どものもっている底のしれない可能性を引き出す仕事だからで、それは病気をなおすよりも困難な仕事です。ところが、この困難な仕事にまともに立ち向かうために要求される教師の資質能力を養うための教育は、ほとんど何の実質をもそなえていない。かつて教員養成にたいして責任を負う立場にあった者として、まことに恥ずかしいことですが、そう言わざるをえないのです」『林竹二著作集第Ⅶ巻 授業の成立』（筑摩書房、1983年）、235頁。

21 前掲、日本教育学会大学教育研究委員会『宮城教育大学の大学改革』、35頁。
22 横須賀薫『教師養成教育の探求』(評論社、1976年)、128頁。
23 林竹二「小学校教員養成のための教育における二三の問題点と改善の方向性について（私見）」(1972年)、前掲、日本教育学会大学教育研究委員会『宮城教育大学の大学改革』、46-47頁。
24 前掲、横須賀『教師養成教育の探求』、176-177頁。
25 同上、173頁。
26 横須賀薫「教員養成教育の教育課程論」、『教育』(1971年11月号)、37-38頁。
27 4年生の公立校での1週間の実習は、その後2週間に延長され、小学校教員専攻の場合には3年生の時の3週間と合わせて5週間の実習が義務づけられた。中森孜郎「宮城教育大学における教師養成教育の模索的実践」、『教育』(1984年4月号)。なお、宮教大の教員養成教育改革におけるもう一つの注目すべき実践として、子どもたちに働きかけ、触れ合うことのできる「からだとことば」の訓練の授業の試み（演出家の竹内敏晴が指導）がある。
28 前掲、日本教育学会大学教育研究委員会『宮城教育大学の大学改革』、57頁(小林洋文筆)。
29 横須賀は、教師としての「資格」と「資質」とを明確に区別して、教員養成教育論を展開している。前掲、横須賀『教師養成教育の探求』、参照。
30 横須賀薫「教員養成の自立と充実へ向けての教育学研究の課題」、日本教育学会編『教育学研究』第69巻第1号、(2002年)、124-128頁。
31 小笠原道雄「国立の教員養成系大学・学部の在り方に関する懇談会『報告書』の内容とその検討」、日本教育学会編『教育学研究』第69巻第1号、(2002年)、116頁。
32 同様の認識を横須賀も指摘している。横須賀薫「『大学における教員養成』を考える」、藤田・黒崎・片桐・佐藤編『教育学年報9 大学改革』(世織書房、2002年)、207頁。「在り方懇」報告書と前後して、一部の教員養成大学では、教員養成カリキュラムを中心とした教員養成システムの再検討を開始した。その成果の一部として次を参照。岡本靖正（研究代表者）『変動期における教員養成システム構築に向けた政策研究』(平成13年度科研費報告書—中間報告—)、(2002年)。香川大学教育学部教員養成モデル・カリキュラム研究開発プロジェクト『これからの時代に対応する教員養成カリキュラムの開発に関する研究』(2002年)。同『2002年度教員養成カリキュラムの開発に関する研究』(2003年)。
33 前掲、横須賀「教員養成の自立と充実へ向けての教育学研究の課題」、127頁。
34 『弘前大学教育学部自己評価委員会報告書2002』(2002年3月)、117-118頁。

第1部
教員養成学の理論・歴史

第1章 「教員養成学」の学問的性格試論
――弘前大学教育学部の経験から――

佐藤 三三

1. はじめに

 「師範型」という言葉がある。概して批判的に用いられる言葉である。①正系の学校体系からはずれた傍系の「一段低い中等学校に在学している」ところから来る劣等感。②「初めは無月謝であるばかりでなく、寮費も支給されていた」ことが「家庭の経済事情」で中学校に行けない者が行くところという風潮を作り上げ、「師範学校生徒の気風に影響」した。③教師に高い道徳性が要求され、「師範学校生は、できあがった道徳的人間としての性格を外面的にも現すよう」になった、等である[1]。
 他方現代の教育学部について、佐久間亜紀は、「批判され続ける教師教育(教育学部)」と題して、次のように述べている。「経済が不況に陥っても官僚の不正が後を絶たなくても、経済学部や法学部にその責任を帰する議論はほとんど聞かれないのに、なぜ教育学部には教育問題や教師の質の責任が問われるのか」。「医師が余っても弁護士が余っても、医学部や法学部そのものを廃止しようとする議論は少ないのに、なぜ教師の需要の減少はすぐに教育学部統廃合の議論を喚起するのだろうか」[2]。
 何か根っこは師範学校時代の言説がそのまま息づいているような思いに囚われる。
 個人的なことになるが、筆者は教育学部に属し、専門分野は社会教育であって、研究の対象・領域は学校教育以外にあることからいえば、教員を養成する学部の中では外縁に位置する。そんな筆者が、たとえ試論とはいえ、「教員養成学」の学問的性格について論じることが許されるのは、教員養成学部

の再編・統合問題の時期に、たまたま教育学部長という立場で、弘前大学教育学部を特徴づける概念として「教員養成学」を用い、学内外の場で弘前大学教育学部の立場や特徴や近未来の構想を議論したこと、また、2005（平成17）年4月、二人の専任教員を有する教員養成学研究開発センターが5年間の期限付き施設ではあるが文部科学省によって認められたが、その説明資料の作成や説明の任に当たったことがあるだけのことである。長年の研究の成果としての「教員養成学」論ではなく、極めて個人的で体験的で感覚的な「教員養成学」試論になることをお許しいただきたい。

2. 弘前大学教育学部と「教員養成学」

(1) 教育学部将来計画委員会と「教員養成学」

　弘前大学教育学部が「教員養成学」という用語を初めて用いたのは、2000（平成12）年3月に教育学部将来計画委員会（委員長・矢島忠夫教授）[3]がまとめた『弘前大学教育学部が目指す基本的方向』においてのことであった。とはいえ、その内容の説明については、大学院の中心的研究活動として位置づける必要がある分野の一つに、「教員養成学」をあげ、「教員養成の方法と成果に関する実証的研究」と述べるにとどまった。

　2年後の2002（平成14）年3月に刊行した『弘前大学教育学部自己評価委員会報告書』においては、「教員養成学を教育学部の研究の中に位置づける」、あるいは「大学における教員養成のあり方を専門的に研究し、大学教育に提言する部門が必要である。全体的な立場から教員養成を研究する専門化が求められる」と指摘して、さらに踏み込んだ位置づけとイメージを与えた。前年末の2001（平成13）年11月に「国立の教員養成系大学・学部の在り方に関する懇談会報告書」（以下、『在り方懇報告書』）が出され、教育学部の再編・統合の嵐が吹き荒れるであろうとの予感の中で、弘前大学教育学部は「教員養成学」に明日を託した観がある。

(2) 『在り方懇報告書』と弘前大学教育学部の再編・統合問題

①北東北3大学の再編・統合問題

 2002（平成14）年の春になって全国で本格化した教育学部の再編・統合の嵐は、とりわけ東北6県において激しかったように思う。中でも弘前大学・秋田大学・岩手大学の北東北3大学の教育学部の対応は真剣そのものであったと自負している。3大学持ち回りの『北東北3大学教員養成系学部長懇談会』を組織し、1年間に11回の会合を持ち、真っ正面から激論を戦わせた。その記憶は今も新鮮である。
 弘前大学教育学部は、「北東北の教員養成を統合し、教員養成の担当学部を目指す。担当学部になれなかった場合は、担当学部になった大学を支援する」という方針を将来計画委員会で決定し、終始この姿勢で会合に臨んだ。

②学内問題としての再編・統合問題

 内憂外患であった。小規模な総合大学ではあるが、1学部の利益は必ずしも大学全体あるいは他学部の利益にかなうとは限らない。大学内でも何度も教育学部の主張とその正当性の説明を求められた。しかし全体としては、学長を始め他学部からも肯定的に迎えられていたと思う。
 2002（平成14）年7月、大学主催の学内説明会『弘前大学の現状について』が開かれた。学長「弘前大学の現状について」、副学長「国立大学法人化により大学はどう変わるか」、副学長「北東北国立3大学連携推進の考え方」に並んで、教育学部長「教育学部の再編・統合について」も加えられていた。大学として教育学部の主張を肯定してくれたものと思っている。これを機に、大学（学長）は、2002（平成14）年9月、弘前市近辺の県民を対象に、公募のパネラー5人、学長・副学長・教育学部長4人の計9人による『パネルディスカッション――教育学部の再編統合を考える――』を、同年12月には青森市において、「弘前大学主催・青森県教育委員会共催による弘前大学教育学部の再編・統合に関する『シンポジューム・未来を開く教員の姿』を開催した。
 当時、「なぜ？」と不思議に思ったことがある。それは「弘前大学教育学部

が教員養成の担当大学になりたい」という主張に対し、何人かの県民から「なぜそんなことをいうのか」と疑問視されたことである。今になって思えば、「各県に一つずつ有る方が良いではないか」ということであった。今なら冷静に受け止めることのできる考えである。

(3) 再編・統合問題の中で学んだこと

　大学内外から「弘前大学教育学部」の存在意義を問われた再編・統合問題であった。我々は過去を反省し、未来に自己投企することを強いられた。我々は自己の欠点を、「自らの教員養成活動を相対化し、検証し、改善策を具体化し、実現するための組織と実行力の欠如にある」、と反省し、「自らの教員養成活動を相対化し、検証し、改善策を具体化し、実現するための組織と実行力」を裏づける実践的な学問として「教員養成学」をあらためて標榜した[4]。この時点における「教員養成学」のイメージについては、項をあらためて詳述するとして、ここでは、「教員養成学」の提案にもつながるところの筆者が再編・統合問題の中で学んだことについて、3点ほど言及しておこう。

①教育学部の専門性とは何か

　我々は教育学部が、教員養成を任務とする専門学部であるという事実を自明のこととしてきた。自明のことだから、あえて何をどうすることが、あるいは他と比べてどこがどう専門的であるかを問おうとしなかった。そうした中での『在り方懇報告書』による教育学部の専門性の強調は、筆者にとって衝撃であった。そして、次の2点で筆者の思考の回路を拡大してくれた。

　第一に、教員免許状授与の開放性が維持されている中での教育学部の専門性にこだわった専門性の追求であるべきことである。これによって我々は独善性を避けることができる。

　第二に、戦前の師範教育に関する検討である。師範教育というとすべてが批判され、否定されるべきものといった短絡的な議論もある。それは正しくない。師範教育の最大の問題点は、教員養成に対する国家支配にあったと考

えるべきである。冒頭で、「批判され続ける教師教育」(教育学部)の例をとりあげ、「何か根っこは師範学校時代の言説がそのまま息づいているような思いに囚われる」と述べたが、それは教員養成への国家関与が今も昔と変わらない、ということである。

②「〜からの自由(大学自治)」から、「〜への自由(大学自治)」へ

「象牙の塔」から「開かれた大学」へ、「大学院の拡充と多様化」、生涯学習社会の実現に向けた「中等後教育」の「拡充と多様化・弾力化」、「大学の管理運営の効率化・弾力化」そして「独立行政法人化」等、高等教育をめぐる昨今の変化は「地殻変動」と呼んでいいような一連のラディカルな変化である[5]。しかし、この中に大学人が主導権を握って提案し進めた変化・改革あるいは反対して抑止した変化・改革が一つでもあったであろうか。

上記の変化・変革は大学一般が遭遇している変化である。これらに加えて教員養成にかかわる教育学部の場合はさらに固有の地殻変動に揺さぶられている。少子化が学校教育の規模縮小をもたらし、国家財政の悪化とも絡んで教育学部の縮小再編・統合を要求した。また児童・生徒のみならず成人も含めて人間へのなり方が大きく変質する中で、児童生徒問題、教師問題そして教員養成問題へと連鎖しながら新しい深刻な教育問題を山積させている。これらの教育諸問題への対応策も『在り方懇報告書』として示された。個人の研究として教員養成に積極的な発言はしても、自己が身を置く学部・大学の教員養成問題として、即ち当事者として、どれだけ積極的に我々はかかわってきたであろうか。

大学は、そして知識人としての大学人は、「〜からの自由」を以て大学自治・学問の自由を守り育てる唯一の道のように考えてこなかったであろうか。そのことが逆に大学の自治(教育・学問の自由に立脚した専門職者集団としての主体性と自律性と自己決定)を蝕んでいったことはなかったであろうか。

③変化と教育

教育とはそもそも児童・生徒の心身に変化を生み出すことを目的とした営

みである。教員養成にかかわる教育学部はその目的に教師の養成を通してかかわっていく。「変化」は教育のキーワードである。我々は研究者個人としてはこの変化に敏感であったとしても、学部・大学という組織体としてはどうであったであろうか。そうはありえなかった原因の一つを、教育学部は、教育職員免許法で結ばれただけの専門家のバラバラな集団という性格に求めることはできないであろうか。

　教育学部は医学部と並んで目的学部である。目的学部にふさわしく、学部を構成する教員が、「ある核」を軸に糾合し、児童・生徒の新しい世代の権利を保障しうる力量を持った教員を世に輩出できる構造と機能を持った組織として常に自己を見つめ、改善し、改革し続けなければならないであろう。その「ある核」となる中核概念こそ「変化・変革」ではなかろうか。

3. 附属教員養成学研究開発センターと「教員養成学」

　弘前大学教育学部が、具体的実際的に「教員養成学」の構築に取り組んだのは、2003（平成15）年度の科学研究費に「学部として」応募したことと、同年10月には9名の兼任教員からなる「教員養成学研究開発センター」を学部内措置として立ち上げたことに始まるであろう。

　2度目の応募によって2004（平成16）年度科学研究費を獲得し、さらに同年3月には教育学部紀要『教員養成学特集号』を刊行した。これらによって理論的・実践的な基礎と勇気を与えられて、2004（平成16）年6月末、急遽、「教員養成学研究開発センター」の概算要求の説明に文部科学省に出向くこととなった。文部科学省に提出した説明資料では、「教員養成学研究開発センター」の機能・事業を概略以下のように記した。

　★なぜ、教員養成学研究開発センターの新設か──弘前大学教育学部の教員養成学部としての専門性の確立と自律的で継続的な改革・改善のために
　★教員養成学研究開発センターは「国立の教員養成系大学・学部の在り方

に関する懇談会報告書」が強調する「各大学それぞれの判断に基づいた教員養成を行っていく」ための中核機関として弘前大学教育学部が独自に考え出した構想である。

★教員養成学研究開発センターの研究対象は、弘前大学教育学部である——弘前大学教育学部という特殊の中に普遍を見出し、全国に発信する組織である。

★教員養成学研究開発センターの専任教員は、研究成果に基づく改善策を教授会や種々の委員会で発言・提案し、日常的に教員養成の改善に関わる。

★(A)(B)の二部門を設け、それぞれの部門では以下のことに関する開発を行う。

(A) 教員養成カリキュラム研究開発分野
　①教員の資質向上のための新しい教員養成カリキュラムの研究開発
　②教職科目・教科専門・教科教育法の有機的連関及び各々の内容に関する研究開発
　③小学校教員養成カリキュラムの在り方に関する研究開発
　④4年間で即戦力となりうる教員を養成するための教育実習の在り方に関する研究開発
　⑤大学院レベルにおける現職教育の在り方の研究開発

(B) 教員養成学部組織研究開発分野
　①教員養成学部の教員組織に関する研究開発
　②教師としての適性を考慮した入学者選抜方法に関する研究開発
　③地域社会のニーズと子どもの実態を踏まえた「望ましい教員像」の研究開発
　④附属学校の在り方に関する研究開発
　⑤教員養成学部教員に必要な資質に関する研究開発

2000（平成12）年3月に弘前大学教育学部が「教員養成学」なる用語を初めて用いて以来、「附属教員養成学研究開発センター」の性格・機能・事業と

してのことであったとはいえ、4年目にしてようやく「教員養成学」研究の内容を明示、列記できるだけの段階に到達し、「教員養成学」という新たな学問を構築するための門をたたくことができた瞬間であった。

4. 横須賀薫の「教員養成学」

(1) 形成途上の「教員養成学」

そもそも、現下にあっては、「教員養成学」という用語自体が市民権を得ていない。それどころか一般化もしていないように思われる。浅学の筆者が知るところでは、弘前大学教育学部を除けば、前・宮城教育大学長の横須賀薫が用いているだけである。その場合でも、「教育学研究においては、『教員養成学』という言葉がいいかどうかは別ですが」[6]と、控えめである。しかも、横須賀自身、そう発言したおよそ6ヶ月後の2002(平成14)年9月に刊行された論文「『大学における教員養成』を考える」では、先のシンポジュームの発言を一層詳細に展開しているにもかかわらず、「教員養成学」という用語に限って一度も用いていない[7]。いずれにしても「教員養成学」は新しい学問分野であり、形成途上にある分野の学問といって差し支えないであろう。そのような現状にあればこそ、極めて大胆かつ無謀なことではあるけれども、本州最北端の弘前大学教育学部が、そして附属教員養成学研究開発センターが、「教員養成学」という学問を構築する牽引役を努める意義もあるであろう。

(2) 研究内容

横須賀の『教員養成の自立と充実へ向けての教員養成学研究の課題』に依って概観しよう。この論文は、2001(平成13)年11月の『在り方懇報告書』を受けて日本教育学会常任理事会が急遽、同年12月に開催した「緊急シンポジュウム『国立の教員養成系大学・学部の再編動向を考える』」に、横須賀がシンポジストの一人として登壇した際の発言の採録である。

横須賀の発言内容は、①戦後の教員養成史は教員養成の専門大学（学部）否定論であったこと、②教員養成は機能論ではなく「領域論」として確立されるべきであることの指摘、③「教員養成学」の提唱、というおよそ3点からなる。このうち③「教員養成学」の提唱に限るならば、横須賀はその研究内容あるいは研究領域を次の「7点に整理」している。[8]

①教員養成学部の内部構造論の研究——特に「課程制」を「積極的に意味づけ」、かつ「小学校教員養成」のあり方を研究すること。

②教員組織のあり方に関する研究——内部構造を支える教員集団のあり方、教科区分にとらわれない教員組織のあり方、そして教科教育担当者の所属組織のあり方に関する研究。

③授業研究や教育実習の位置づけを含む統合に軸をもったカリキュラムの研究開発——「統合の軸」をもったカリキュラムの開発研究。

④児童文学、身体による表現指導、作文指導その他の学際的領域の導入等、教員の資質向上のための新しい領域の研究開発。

⑤特に大学院レベルにおける現職教育のあり方の研究。

⑥附属学校の必要性とあり方に関する研究。

⑦教員養成学部教員の資質研究と養成コースの研究。

(3) 「教員養成学」の目的——教育学部の専門性の確立——

何のための「教員養成学」であるのか。『在り方懇報告書』の歴史的意義は、教員養成の専門性とは何か、従ってまた教員養成に当たる教育学部・大学の専門性とは何かを厳しく問うた点にあった、と横須賀は指摘する。自明なはずの教育学部の専門性が、なぜあらためて問われねばならなかったのであろうか。横須賀は、戦後の教員養成が背負わされた戦前との連続と不連続にその答えを見出している。

①「戦前の師範学校による教員養成体制に対する批判」の延長線上において、「戦後教員養成史」の基調は「教員養成の専門大学（学部）」の「否定論」

にあったこと。
② そして教員養成の専門大学・学部否定論を支えたのは「大学における教員養成、開放性、学問研究重視という三本柱」であったこと。
③ さらにそれらを土壌として「教員養成機能論が生まれ」、小学校教員養成の軽視、教科教育の軽視、教育実習期間の短縮、そして新課程の設置（脱教員養成化）に見られるような、「教員養成は機能ですむ、すまされると考えてきたところに今日の教員養成や教育学部の弱体化があった」[9]こと。

横須賀が提唱する「教員養成学」は、教員を専門的に養成する教育学部・大学の専門性を、戦後の教員養成が背負わされた戦前との連続と不連続を踏まえて、新たな歴史の段階において、新たに構築したいとする意志と一体的なものであった。

5.「教員養成学」と「教師教育学」

用語のイメージとしてはもとより実際上の研究状況からしても、我々が提唱する「教員養成学」に最も近いのは、教師教育学会の「教師教育学」であろう。不勉強で「教師教育学」の全体像を承知していないが、日本教師教育学会編『講座教師教育学』の中から佐久間亜紀「国際的視野での教師教育実現のために——課題と展望」を通して、「教師教育学」の特徴を概観してみよう[10]。

佐久間は、「諸外国、とくに英語圏の研究動向を視野に入れ、教師教育研究が直面する課題を整理」するならばということで、その課題を次の5点に整理している。

「1　教師教育に関する言説に関する研究」、
「2　教師教育の場としての『教育学部』研究」、
「3　教師教育の担い手と責任の所在に関する研究」、
「4　教師教育のクライアントに関する研究——子ども・学生・教師——」、

「5　教師教育プログラムの研究──教師と研究者の関係──」である。

　弘前大学教育学部が考える「教員養成学」にとって極めて示唆多き指摘であり、広義の「教員養成学」からすればほとんど重なっているが、狭義には我々は「3　教師教育の担い手と責任の所在に関する研究」の上に立った「2　教師教育の場としての『教育学部』研究」を主要研究対象と考えている。先の横須賀の研究内容もほぼここに集中したものであったように思う。そこで「2」「3」に限ってもう少し佐久間の指摘を注視してみよう。

　「教育学部研究」は、「以下の四群に整理できる」という。「教育学部の社会的・教育的機能に関する研究」「教育学部を取り巻く市場原理に関する研究」「教育学部の財政的基盤の脆弱さに関する研究」「教育学部の学問的基盤に関する研究」

　教師教育の担い手と責任の所在に関する研究は、「教師教育に関する自律性の問題」と「大学内部での責任の所在の問題」、そして「教師教育者のキャリアパタンや能力に関する研究」。

　非常に焦点化された「教育学部研究」であることには間違いないが、概して個々の教育学部の実態を普遍化して成立する従来型の教育学部論、教員養成学部研究のように思われる。

　端的にいえば、我々（正確には筆者のというべきであろう）がイメージしている「教員養成学」は、佐久間が課題あるいは研究領域として指摘する諸点のすべてを、「弘前大学教育学部にあるいは個々の大学の教育学部に焦点化」して総合的体系的に研究するところに成立する研究である。文部科学省に提出した説明資料の中で強調したことは、先にも引用したが、「研究対象は、弘前大学教育学部である──弘前大学教育学部という特殊の中に普遍を見出し、全国に発信する」ことであった。少なくともすべての教育学部（教員養成にかかわる学部）・大学が、「教員養成学」に基づいて自己の教員養成活動を対象とした研究を行い、その総和として広義のあるいは一般論としての「教員養成学」がさらに成立することになるであろう。

6.「教員養成学」の学問的性格試論

　「教員養成学」の構築に真正面から向かうには非力に過ぎる。浅学の筆者にいま許されることは、せいぜい、「教員養成学」はどんな特徴や性格を持った学問として構築されるべきかといった、皮相のところでの議論に参画することぐらいである。

(1) 教員養成学構築の担い手

　『在り方懇報告書』を受けた再編・統合の論議の過程で弘前大学教育学部が気づき、深く反省した要点は、①自らの教員養成活動の全体を研究対象とし、その改善のための方策を自ら提案し、それを具体化・実現するための組織が欠けていたこと、②その結果、自律的自発的かつ組織的な改革・改善を行うことができなかったばかりでなく、その時々の学校、児童・生徒、地域に生ずる教育問題への対応にも鈍感になってしまっていたこと、の2点であった。いいかえるならば、学部として、教員養成の専門性とは何かを問い、明らかにし、学部の教員養成の実態と照合し、問題点を明らかにし、カリキュラムや組織の改善・改革をするという自律的で主体的な一連の行為の欠如であった。

　横須賀は、そういう役割は「本来なら日本教育学会、あるいはその他の学会、日本教育大学協会や国立大学協会という学協会の自主的な力、運動、議論」[11]が担うべきであったと指摘するが、個々の学部・大学もまた、あるいは、個々の学部・大学こそが自律性と主体性を以て対応すべきであったのではなかろうか。「これまでの横並び的な教員養成のあり方から脱却し、それぞれの学部が、自らの専門的立場に立脚した見識により、社会の変化や子どもたちを取り巻く環境の変化を的確にとらえた教員養成カリキュラムを編成し、教員としての専門性の育成と発展に不断に努力していくことが求められる」[12]、「各大学においては、それぞれの判断に基づいた教員養成を行っていくため、それぞれが養成を目指す教員像を明確にし、それに基づき、次に示す教科

専門、教科教育法(学)、教職専門の各科目を体系的に組み合わせると共に、……」[13]、「教員養成における体系的なカリキュラムは、教員養成に携わる教員の間において必ずしも確立しているとはいえない状況にある。教員養成に関する共通的な認識を醸成し、教員の質を高めていくためには関係者においてモデル的な教員養成カリキュラムを作成することが効果的と思われる」[14]等、『在り方懇報告書』が繰り返し強調する「各大学・学部の自主性・主体性・判断・努力」こそが欠けていたのである。

(2) 実践性——検証、提案、実践・改革のサイクル——

「教員養成学」は、単に研究者の自己満足的な、あるいは業績上で光り輝くだけの「研究」で終わってはならないと思う。なぜなら、「教員養成学」の目的は、繰り返し述べてきたように、教員養成にかかわる学部・大学の不断の改善、改革による教員養成の専門性の向上を通して、教育現場で働く教員の資質を向上させるという実践性にあるからであり、教員養成学の研究成果は、養成された教師を通して、児童・生徒の心身の中に具体的に実現されて初めて成果として評価されるものでなければならないからである。教員養成学における「研究」の意味は、実現すべき価値を基準に、教員養成活動の総体を「検証」し、改善すべき問題点を明らかにし、それを具体的な改善案として「提案」し、その提案を実践(実現)するまでの一連の営みを指すものでなければならない。

(3) 研究の体系性——個々の学部・大学内での自己完結性——

日本の教員養成は、憲法や教育基本法、教育職員免許法や課程認定等の一定の枠の中で一定の体系性をもって営まれている。しかし、その枠内でのことではあるが、実際の教員養成は、単科大学の場合もあれば総合大学の中の教育学部である場合もあり、教員数も学生数も学部・大学によって大きく異なり、カリキュラムすらも一様ではなく、しかも、学問の自由によって守ら

れた一つのシステムとして独立している個々の学部・大学で行われている。すなわち、個々の教員養成学部・大学という一つの自己完結体の中で営まれている。従って、当たり前のことであるが、カリキュラムと教員組織は無関係でないし、附属学校の在り方とも無関係なものではない。一つの要因の変化は他の変化を要求し、ある要因の改善は他の要因の改革を必要とする。しかし我々はその単純明快な事実を無視してきた。カリキュラムの改善はカリキュラムの改善のみにとどまり、教育実習の方法と内容の改善は、それ以上には及ばず、諸研究の成果はバラバラに利用されるにとどまった。眼前に広がる矛盾に目を覆ってきた。否、気がつきさえしなかった。自らの意志と努力でいとも簡単に改善・改革できる欠陥を放置してきたように思う。従って研究内容も体系的自己完結的でなければならないであろう。

(4) 研究内容の公開性

「教員養成学」が目指す教員養成の、従って教育学部・大学の専門性の確立は、画一的なたった一つの専門性ではない。いかなる教員像を理想的な養成すべき教員像として設定するかは、まさに教育学部の数ほどあっていいと思し、現にそうである。教員養成は教育職員免許法によってその教育内容が決められていて普遍的ではあるけれども、個々の学部・大学の在り方に応じて、極めて個別性に富んでいるのが実態である。問題は我々がそのことに無自覚であったことにあり、「横並び的な教員養成のあり方」に甘んじてきたことにある。『在り方懇報告書』の内容を再度引用するならば、これからは「それぞれの学部が、自らの専門的立場に立脚した見識により、社会の変化や子どもたちを取り巻く環境の変化を的確にとらえた教員養成カリキュラムを編成し、教員としての専門性の育成と発展に不断に努力していくこと」である。それぞれの学部・大学が「それぞれの判断に基づいた教員養成を行っていくため、それぞれが養成を目指す教員像を明確にし、それに基づき、次に示す教科専門，教科教育法（学）教職専門の各科目を体系的に組み合わせ」ることである。その理論的実践的支柱となるのが「教員養成学」である。従って教

員養成学はすべての教員養成にかかわる学部が各々持つべきものであり、整備すべきものである。そしてその研究内容を公開し、相互に活用すべきである。

　毎年1度、公開し発表し合う学会が立ち上げられてもいいであろう。この点が教師教育学及び教師教育学会と大きく異なる点である。

7. おわりに──広義の教員養成学と狭義の教員養成学──

　教員養成学は、政策学よりももっと実践的である。個々の学部・大学の教員養成を具体的、実践的、直接的に改善・改革する学である。そういう意味で「個別的性格」をことさらに強調したけれども、それでは個々の研究の交流の機会を奪い、普遍性の領域での活発で自由な研究が無数に誕生する機会をも奪ってしまうことになりかねない。「日本教育学会、あるいはその他の学会、日本教育大学協会や国立大学協会という学協会の自主的な力、運動、議論」が可能となることも不可欠である。そのためには、教員養成学を「広義の教員養成学」と「狭義の教員養成学」とにわけ、「広義の教員養成学」は「教員養成学」の個々の学部・大学の個別性を超えて、総論として、より一般論的な理論化を目指すものである。

　本章は、弘前大学教育学部附属教員養成学研究開発センターの機関誌『教員養成学研究』創刊号に発表した論文「『教員養成学』の学問的性格」に、大幅な加筆・修正を加えたものである。

注
1　海後宗臣編『教員養成 戦後日本の教育改革8』(東京大学出版会、1971年)、7-10頁。
2　佐久間亜紀「国際的視野での教師教育研究のために―課題と展望―」(日本教師教育学会編『講座教師教育学Ⅲ 教師として生きる』(学文社、2002年)、270-271頁。
3　現在の基本構想会議の前身。
4　弘前大学教育学部基本構想委員会「北東北の教員養成と教員研修の質的向上を

図るための責任と連携と連携の体制」(2002年10月22日) 等を参照。
 5　佐伯・黒崎他編集委員『岩波講座 現代の教育10 変貌する高等教育』(岩波書店、1998年)、はじめに。
 6　横須賀薫「教員養成の自立と充実へ向けての教員養成学研究の課題」(日本教育学会『教育学研究』第69巻第1号、2002年3月、127頁)。
 7　横須賀「『大学における教員養成』を考える」。
 8　横須賀、前掲6論文、127頁。
 9　同上、124頁。
 10　佐久間、前掲論文、269-278頁。
 11　横須賀、前掲6論文、124頁。
 12　「今後の国立の教員養成系大学・学部の在り方について—国立の教員養成系大学・学部の在り方に関する懇談会報告書—平成13年11月22日」、5頁。
 13　同上、14頁。
 14　同上、13頁。

第2章 「教員養成学」の「学」としての独自性と可能性

遠藤　孝夫

1. はじめに

　弘前大学教育学部は、質の高い教員の養成という喫緊の課題に応えるために、新たな学問領域として「教員養成学」の構築を提唱している。「教員養成学」とは、教員養成学部における教育と研究の総体を不断に検証することを通して、その教員養成活動の質的改善に資することを目的とした学問である。弘前大学教育学部では、この「教員養成学」の構築と連動して、学部の教員養成カリキュラム及び組織の改革に踏み出している。平成15年10月に学部内措置として発足した「教員養成学研究開発センター」は、平成17年4月からは、文部科学省による予算措置を受け、専任教員2名を配置した学部附属施設として本格的な活動を開始したところである。

　しかし、これまでにも教員養成（教師教育）に関する数多くの研究や実践が行われてきた事実を考慮すれば、いま敢えて「教員養成学」という新たな学問領域を構築する意味と必要性が厳しく問われなくてはならないだろう。とりわけ、「教員養成学」を構築することが、教員養成とその研究の在り方に如何なる新たな地平を切り開く〈可能性〉があるのか、またそうした「教員養成学」の可能性を現実のものとしていく上での〈課題〉は何であるのか、という問いに答えることが求められている。このことは同時に、「教員養成学」の研究対象と研究方法とがこれまでの教員養成（教師教育）に関する研究との比較でどのように異なるものなのか、つまり「教員養成学」の「学」としての独自性を明らかにすることと表裏一体の関係にあることは言うまでもない[1]。

　そこで、本章では、新たな学問領域としての「教員養成学」が秘めている

可能性と課題とを、「教員養成学」の「学」としての独自性を分析・検討することを通して、明らかにすることを課題とする。もとより、「方法は、研究の前提であると同時に産物であり、研究の道具であると同時に結果である」(ヴィゴツキー)[2]、「教員養成学」の「学」としての方法論(在り方)は、今後の「教員養成学」による具体的な研究成果とも関連づけられながら、その都度何度でも練り上げられるべきものであることは言うまでもない。その意味で、「教員養成学」の「学」としての独自性及びそれを基盤とする「教員養成学」の可能性と課題に関する小論は、現時点での一試論の域を出るものではない。

2. 「教員養成学」の根底にあるもの
―― 大学が教員養成に「責任」を負うとの自覚 ――

(1) 大学が教員養成に「責任」を負うとの自覚と宮城教育大学の改革

「教員養成学」という新たな学問の構築を促す原動力、この新たな学問の根底にある最も基本的な理念、そしてこれまでの教員養成(教師教育)に関する研究の在り方との大きな差異、それは大学(学部)が教員養成に「責任」を負うという明確な自覚の存在である。これまでの研究においても、個々の研究者(特に教育学者)が教員養成に強い情熱や強い課題意識を有して研究してきたことは事実であろうが、多くの場合はそれは研究者個人の研究という枠に限定されており、従ってその研究者が所属する大学(学部)における教員養成の在り方を全体として改革することに結びつくことは皆無に近かったと言えるだろう。大学(学部)における4年間の教員養成カリキュラムを想起してみるだけで、教職科目から教科教育科目、教科専門科目さらには教育実習と、そこには実に多様な内容と形態の授業科目が存在し、しかも教員養成学部(教員養成単科大学を含む。以下同様)の場合には100人前後の大学教員がそこに関わっていることが知れる。このことだけでも、質の高い教員を養成するための改革を現実的に行うことが、少なくとも一つの教員養成学部としての組織的な取り組みなしには不可能であることは明白であろう。その際に

不可欠なものは、一つの組織体としての教員養成学部が教員養成に対して「責任」を負うことを明確に自覚すること、この「責任」の自覚が大学（学部）全体の中で共有されていることなのである。

　これまでの我が国の教員養成とその研究の中で、このような意味での大学（学部）が教員養成に「責任」を持つとの自覚は皆無に近かったと言わざるを得ない。そうした中で、1970年代の宮城教育大学を希有な事例として指摘することができる。東北大学の教員養成課程を分離・独立させる形で、1965（昭和40）年に設立された宮城教育大学において、全国的に注目されるような大学改革に乗り出すのは、林竹二が第3代目学長として就任した1969年以降のことである[3]。この宮城教育大学の一連の教員養成改革を通底していたのは、まさに大学が教員養成に「責任」を負うという自覚であった（詳しくは、第3章参照）。このことは当時の林学長の言葉として再三にわたって言明されていた。例えば、林は戦後の教員養成の原則の一つである「大学における教員養成」の意味に関連して次のように述べている。

　　「それは（引用者注：大学で教員を養成するということ）は、いま一瞥したように、学問と教育の自由が保証された、長い伝統をもつ大学において、大学の責任において教員を養成するということであります。大学の責任においてというのは、いろいろな基準とか制度や法規という制約を無視して、というのではない。そういう制約の下でなされる仕事であるにもかかわらず、その教育に対して大学が最終的な責任をもつということです。それであってはじめて大学がその責任において、教員養成をするということが言えるわけです。大学が本気で教員養成の仕事にとりくむ責任の意識と計画をもたず、その意志と能力を欠くという事実があっては、国家が直接に教員養成にたいして責任をとるという形が出て来ても、これを批判する我々の立場はよわいものでしかありえないのです。」[4]

　ここには、「大学における教員養成」の原則は、ただ単に大学で教員養成が行われているという制度があるだけでは不十分であり、そこには大学が教

員養成を担うという「責任の意識と計画」が必要とされることが確認されている。同様に、林は自らが学長を務める宮城教育大学で進行中の改革に関連して、それは「本当にささやかなもの」にすぎないと謙遜しつつも、「それでも大学とは一体何なのか、特に教員養成に対して責任をもつためには大学はどうしなければならないかということを考えながら、及ばずながら改革の努力は重ねてきたわけです」[5]とも述べていた。

「教員養成学」は、この宮城教育大学の大胆な教員養成改革の指導理念とも言うべき、大学が教員養成に「責任」を負うという自覚を継承する学問なのである。しかし、このような認識が、弘前大学教育学部において共有されるまでには、いくつかの契機が必要であった。

(2) 弘前大学教育学部における「教員養成学」構想の成立過程

1970年代の宮城教育大学の改革以降、大学(学部)として教員養成に「責任」を持つとの明確な自覚に基づく改革がほとんど見られない状況が続いた。しかし、1991(平成3)年の大学設置基準大綱化に始まり、国立大学の法人化へと至る我が国の大学政策の一大転換、さらに2001(平成13)年のいわゆる「在り方懇」報告書は、教員養成に対する大学(学部)の認識の変化を促す契機となり、従って「教員養成学」構想へと向かわせる外的要因となった。

まず、1991(平成3)年の「大学設置基準」(文部省令)改正は、同基準が1956(昭和31)年に制定されて以来の大幅な改正となった、改正のポイントは次の2点であった[6]。第1に、一般教育や専門教育といった授業科目区分が廃止され、基本的には大学(学部、学科)の教育目標に応じて必要な授業科目を開設することができることとされたことである(設置基準の大綱化)。それに伴い各大学においては、学校教育法に定める大学の目的をより具体化し教育目標を検討し、「体系的に教育課程を編成する」(第19条)ことが求められることとなった。第2に、大学はその目的や社会的使命を達成するために、自らの「教育研究活動等の状況について自ら点検及び評価活動を行うことに努めなければならない」(第2条)と規定され、努力要請ながらも、大学における自己点検・自

己評価の実施が初めて法制上明記されたことである[7]。

この大学設置基準改正以降、一般の大学(学部)においては、自らの教育目標やそれに即したカリキュラムの見直しや自己点検・評価の報告書の刊行が開始された。それと比べると、大方の教員養成学部の場合には、1991年の基準改正への対応(特にカリキュラムの見直し)は極めて鈍いものであった。その最大の要因としては、教員養成学部の場合には「国の計画養成」という庇護の下で、教育職員免許法の適用を受け、教員養成カリキュラムも基本的には、その法律の枠組みを踏襲すれば事足りてしまう事情があったと考えられる。事態は、1998(平成10)年の教育職員免許法改正においても基本的に変化はなかった。

それだけに、2001(平成13)年11月に提出された「国立の教員養成系大学・学部の在り方に関する懇談会」報告書(以下、「在り方懇」報告書)は、大きな衝撃として教員養成学部に受け止められた。「在り方懇」報告書は、「これまでの国立の教員養成学部は、1都道府県1教員養成学部という配置の下、各学部ともほぼ等質的な体制で教育研究が行われてきた」と現状診断し、「これまでの横並び的な教員養成の在り方から脱却し、それぞれの学部が、自らの専門的立場に立脚した見識により、社会の変化や子どもたちを取り巻く環境の変化を的確にとらえた教員養成カリキュラムを編成し、教員としての専門性の育成と発展に不断に努力していくことが求められる」と指摘した。さらに、教員養成学部が如何なる教育目的・理念の下で如何なるカリキュラムで教員養成を行っていくのかに関して、「各教員のコンセンサスが不十分であり、そのことが教員養成学部としての専門的な立場を明確にし、教育全体のまとまりと特性を発揮していく上で大きな障害となっている」との指摘もなされた。この「在り方懇」報告書の内容は、先の林竹二の言葉を借りるならば、教員養成学部には何よりも「本気で教員養成の仕事にとりくむ責任の意識と計画」が欠如してきたことを端的に指摘するものであったのである。

では次に、以上のような教員養成学部を取り巻く状況の中での弘前大学教育学部の対応とそこでの「教員養成学」構想の展開を確認してみよう。弘前大学教育学部は、前述の大学設置基準改正(1991年)を受け、やや遅れて

第2章　教員養成学の「学」としての独自性と可能性　47

1994（平成6）年3月に、初めての自己点検・自己評価の報告書を纏めている。その中では、まだ「教員養成学」という用語は使用していないまでも、それまでの免許法を安易に踏襲するカリキュラム編成を反省し、「教員養成大学・学部における教育を体系的に編成するための実証的・理論的研究」の必要性が指摘されており、このことは後の「教員養成学」構想の萌芽的理念の表明として重要である[8]。2000（平成12）年3月の「弘前大学教育学部が目指す基本的方向」（学部将来計画委員会作成）においては、初めて「教員養成学」という用語が使用され[9]、さらに2002（平成14）年3月刊行の第2回目の自己評価報告書[10]では、「『教員養成学』の創造・構築に、教育学部を構成する教官全員が協力して取り組む」ことが課題として指摘された。ただし、この段階での「教員養成学」の構想は、あくまで教育学部が取り組むべき課題の確認という次元に止まり、そのことが具体的な行動を導くものではなかった。

　弘前大学教育学部が、本格的に「教員養成学」の構想及びそれと連動した教員養成の質的改善に向けた具体的な行動への照準を定めるのは、「在り方懇」報告書に端を発する北東北地区3教員養成系学部の再編・統合論議の渦中においてのことであった。北東北3大学教員養成系学部長懇談会（以下、「3大学懇談会」）は、2001（平成13）年12月に第1回目が開催され、以後翌年にかけて断続的に行われた。この論議の過程で、弘前大学教育学部は教員養成に関わるの自らの在り方を厳しく自問することを強いられ、いわば自らの〈存在証明〉とも言うべき文書として、「教員養成系学部の再編・統合に関する構想試案」（以下、「構想試案」）を練り上げていった。「構想試案」は、「3大学懇談会」において、弘前大学教育学部の基本方針を表明するために学部基本構想委員会が作成した文書であり、改訂されるごとに学部教授会にも報告され、また再編・統合問題に関する学部の基本方針として対外的にも公表されたものである。

　その中でも、2002（平成14）年5月9日付の「構想試案」（同月の学部教授会で報告）は、特筆すべき文書である。何故なら、この文書では、弘前大学教育学部が、再編・統合後の「教員養成担当大学の学部となり、北東北3県の教員養成と教育の諸問題に対し、責任を全うすることをめざす」と記され、「責

任」という言葉を使用して、弘前大学教育学部が教員養成を担当する明確な意志とその重い使命の自覚が表明されていたからである。これ以後、この教員養成に対する「責任」の自覚の深化と相俟って、「教員養成学」の構想は次第に具体的で現実的な姿を現すことになる。すなわち、同年7月10日付「構想試案」では、5月の「構想試案」をさらに発展させて、「『教員養成担当大学の学部』にふさわしい弘前大学教育学部再編案の構想」の一つとして、「教員養成学研究開発センター」を新設することが言明されるに至った[11]。弘前大学教育学部が教員養成に「責任」を持つこと、そのためには新たな学問領域としての「教員養成学」が不可欠であること、さらにその推進組織としての「教員養成学研究開発センター」を設置すること、これらの「構想試案」の方向性は、最終的には同年11月の学部教授会においても承認された[12]。

一方、教員養成学部の再編・統合論議は、翌2003（平成15）年に入ると、国立大学法人化の動きや地元自治体の反発等に基因したと推定される文部科学省の方針転換に伴い、急速に頓挫をきたすこととなった。だが一旦、教員養成に「責任」を負うとの自覚に立脚してからの弘前大学教育学部は、そうした外的状況の変化には作用されることなく、先に決定した基本方針に沿う学部改革を推進していった。すなわち、2003年10月には、「教員養成学」構想に基づき、弘前大学教育学部における教員養成の質的改善のための推進組織として「教員養成学研究開発センター」が設置され、同センターは文部科学省への概算要求を経て、前述の通り2005年4月からは専任教員2名を配置した学部附属組織へと発展していったのである。

3．「教員養成学」の「学」としての独自性

市川によれば、「少なくとも研究目的、対象領域、研究方法、理論体系などのうち一つくらいは他とは異なるところがなければ、独立した学問とは認められない」[13]という。では、「教員養成学」の場合はどうであろうか。ここでは、研究目的、研究領域・研究課題、研究方法の点に注目して、「教員養成学」の「学」としての独自性を検討してみたい。前述した「教員養成学」の

根本理念、すなわち〈教員養成に責任を持つとの自覚〉が、何よりも「教員養成学」の教育目的、研究領域、研究方法の在り方をも規定していると考えられるからである。

(1) 研究目的の独自性

　「教員養成学」は、「教員養成」に関する「学」であるが、それは一般論として、あるいはまったく客観的な分析対象としての「教員養成」の在り方を研究することを目的とするものではない。それはあくまでも研究者自らが帰属する教員養成学部における「教員養成」の在り方を研究し、その総体としての質的改善に資することを究極的な目的とするものである。このことは、既に佐藤が「教員養成学」の学問的性格を論じた論文において、「個別性」という言葉で説明していた「教員養成学」の特質でもある。佐藤によれば、「教員養成学」は「一般論的な教員養成のためのカリキュラム開発や教員養成学部の在り方」のための学問であるべきではなく、あくまでも「それぞれの教員養成学部の教員養成活動」を研究対象とする学問なのである[14]。「教員養成学」の研究として、仮に我が国の教員養成政策を分析したり、教員養成制度の歴史的研究を行ったり、あるいは諸外国の教員養成の在り方を検討することも当然あるであろうが、そうした場合でも、それらの分析・検討が、最終的にはその研究者自身の帰属する教員養成学部の教員養成の総体の質的改善に寄与するものであることが常に自覚されて行われること、この点に「教員養成学」の研究目的の独自性があると言えるだろう。

　こうした「教員養成学」の研究目的の独自性は、従来の教員養成（教師教育）に関する研究及びそれと教員養成学部の関係に対する真摯な反省に根ざしている。すなわち、これまでにも教員養成（教師教育）に関する膨大な研究の蓄積が存在し、その中には個々の教員養成学部における教員養成の具体的な問題にまで踏み込んだ研究も数多く執筆・発表されている。また、日本教育学会も、学会を挙げての重要な取り組みの一つとして教員養成（教師教育）を位置づけ、1983（昭和58）年にはこれまでのところ最も包括的な教員養成に

関する研究成果と目される『教師教育の課題——すぐれた教師を育てるために——』(日本教育学会教師教育に関する研究委員会編：長尾十三二代表)も刊行されている。さらに、1991 (平成3) 年設立の日本教師教育学会 (初代会長：長尾十三二) からも、全3巻から成る『講座教師教育学』(学文社、2002年) が刊行されている。にもかかわらず、こうした一見盛んな研究活動の一方で、前述のように、「在り方懇」報告書において、教員養成学部の在り方に関して、「ほぼ等質的な体制で教育研究が行われてきた」ことや、教員養成学部としての「目的・理念」及び教員養成カリキュラムに関する「各教員のコンセンサスが不十分であり、そのことが教員養成学部としての専門的な立場を明確に、教育全体のまとまりと特性を発揮していく上での大きな障害となっている」[15]との、痛烈な批判が浴びせられている現状がある。ここには、教員養成 (教師教育) に関する数多の研究はあっても、その研究が個々の教員養成学部における教員養成の在り方を根底から支え、それぞれの教員養成学部の独自性や個性を発揮するための理論的基盤となり、質の高い教員を養成するという結果を導くという機能を果たしてこなかったという問題がある。端的には、教員養成に関する研究と個々の教員養成学部との間には、大きな溝が横たわっていると言わざるを得ないのである。

　では、こうした教員養成に関する学問研究と教員養成の現実との断絶を架橋するためには、何が求められているのだろうか。それは、「大学の責任において教員を養成するということ」(林竹二)、この「責任」という明確な自覚の下において教員養成に関する研究を推進すること以外にないであろう。すなわち、教員養成に関する研究が、研究者自らがその「責任」の一旦を担い、従って主体的に関与する必要のある教員養成学部における教員養成の在り方の質的改革に寄与することを目的としてなされることなのである。「教員養成学」はこうした極めて実践性の高い研究目的を掲げる学問であり、教員養成に対する「責任」の自覚こそがこうした独自の研究目的の設定を生み出したと言えるのである。

(2) 研究領域・研究課題の独自性

①主たる研究領域としての〈大学における教員養成〉

　改めて確認するまでもなく、教員としての資質・能力（専門的力量）は、大学（大学院を含めて）における養成段階から、採用段階、さらに現職研修段階という一貫した全ての過程を通して、つまり生涯を通して育成される必要がある。こうした養成から現職研修までの一貫した過程の中で教員の資質・能力の育成を捉えるという認識と研究動向は1980年代以降の大勢となり、それに伴いそれまで主たる用語であった「教員養成」ないし「教師養成」に代わり、「教師教育」が使用されるようになってきた。1991（平成3）年8月に創設された「教師教育学会」の「入会のご案内」では、「教師教育」という概念に関して、「教師」とは「学校の教職員はもとより、社会教育や福祉・医療・矯正教育などに携わるさまざまな分野の教育関係者を含めて」の広い概念であり、またその「教育」とは「大学の教員養成だけではなく、教職員やそれをめざす人たちの自己教育を含め、教育者の養成・免許・採用・研修などの力量形成の総体」を意味するものであると定義されている。

　これに対して、「教員養成学」は、以上のような経緯を十分に認識しつつも、敢えて主たる研究領域を「教員の養成段階」とし、大学（大学院を含む）における教員養成の側面に焦点づけて研究を推進しようとするものである。その場合の「教員」は、学校教育法第1条で規定される「学校の教員」を指している。確かに、その場合であっても、学校の教員と関連させて、その他の「教育関係者」を考察の対象とすることはあるだろうし、また採用段階及び現職研修段階との緊密な関連構造の中で大学での養成段階の在り方を検討することが必要とされることも、極めて当然のことではある。しかし、いたずらに研究領域が拡散することを回避して、大学における教員養成の在り方に焦点を合わせて、教員としての生涯にわたる職能成長を可能にする基盤形成のために大学がなすべきことは何なのかという問題に、まずは全力を傾注しようとする点に、「教員養成学」の独自性があるのである。そして、こうした「教員養成学」における研究領域の自己限定という在り方は、何よりも大学が教員養

成に「責任」を負うことを自覚し、大学の「責任」においてなすべきことは何かを真摯に反省したことの必然的な帰結なのである。

②研究課題──教員養成カリキュラム研究と学部組織研究の同時進行──

では、「教員養成学」が主たる研究領域を大学における教員養成に焦点づけるものであるとした場合に、より具体的にはどのような研究対象・研究課題が想定され、それはまた従来の教員養成（教師教育）研究と比べ如何なる独自性が見られるであろうか。「教員養成学」の主たる研究課題については、既に佐藤の論文「『教員養成学』の学問的性格」や拙稿[16]においても、また横須賀による「教員養成学」の提言的発言も含めて、若干の検討が行われてきている。それらの先行研究やこれまでの教員養成学研究開発センターの活動実績なども踏まえると、現時点では以下のような「教員養成学」の研究課題が想定される。

(A) 教員養成カリキュラム研究分野
　①体系的な教員養成カリキュラムの研究（特に小学校教員養成カリキュラムの在り方にも十分留意した研究）
　②教職科目・教科専門・教科教育法の有機的連関及び個々の内容に関する研究
　③教育の実践（体験）と理論（研究）の統合の在り方に関する研究（特に教育体験の省察の方法論に関する研究）
　④効果的な教育実習の内容・形態に関する研究
　⑤大学院におけ教員養成の在り方に関する研究（学部との連続性、現職教育を含む）
(B) 教員養成学部組織研究分野
　①教員養成学部の構成原理に関する研究
　②教員養成教育の効果検証及びそ方法論に関する研究
　③教員養成学部教員に必要な資質と教員組織に関する研究
　④地域社会のニーズと子どもの実態を踏まえた「望ましい教員像」の研究

⑤学部と附属学校の連携・協働の在り方に関する研究

　以上のような「教員養成学」の研究課題の設定に見られる独自性として、ここでは最も重要な点として次の二つのことを指摘しておきたい。
　まず第1に、教員養成カリキュラム研究と同時並行的に、教員養成学部組織研究が研究課題として措定されていることである。教育実習の内容・形態、教科専門と教科教育の連関などを含めた教員養成カリキュラムに関する研究は、「体系的」なカリキュラム編成を除けば、これまでにも比較的多く研究されてきた研究課題である。「在り方懇」報告書と日本教育大学協会による「モデル・コア・カリキュラム」発表以降は、教育職員免許法に準拠した安易なカリキュラムではなく、教員としての資質・能力を如何なる全体的・体系的な教員養成カリキュラム構造の中で育成するのかという基本的課題も、ようやく検討の気運が生じてきている。「教員養成学」においても、まさにこの意味での「"教師の資質"形成のみちすじ」[17]を明確にした、体系的な教員養成カリキュラムの編成が、重要な研究課題となることは言うまでもない。
　しかし、同時に、こうした教員養成カリキュラムを根底で支え、かつ円滑に実施していくための教員養成学部の組織体制の在り方の研究が推進され、かつ具体化されるのでなければ、体系的な教員養成カリキュラムも〈砂上の楼閣〉と化してしまう。日本の大学人は「自らを『研究者』として自己規定し『教師』としての使命と役割をないがしろにしてきた現実がある」[18]とすれば、教員個々人の「学問とその教授の自由」を保障しつつ、体系的な教員養成カリキュラム等の教員養成学部としての教育目標の実現に向けて、学部を構成する全ての教員が如何にして支援する体制を整備することができるのか、という問題に真剣に取り組まなくてはならないだろう[19]。「教員養成学」は、こうした実態を踏まえて、大学が真に教員養成に「責任」を果たしていくために、「教員養成学部組織研究」を、教員養成カリキュラムに関する研究と同時並行的に、従って教員養成学部における教育活動全体を研究対象としている点に、大きな独自性を有している。
　第2に、教員養成の効果検証及びその方法論の研究を、重要な研究課題と

して設定していることである。このことの重要性を豊嶋秋彦は端的に次のように指摘している。「カリキュラム改革は、単なる教育論議に発する制度作りで終わるわけにはいかない。カリキュラムも教育それ自体もその成否は学生に生じた変化、すなわち『効果』の、実証的把握によってのみ検証できる。教員養成学は効果研究を必須とするのである」[20]。この教員養成の効果検証は、これまでの教員養成（教師教育）に関する研究においてほぼ等閑視されてきたものである。「教員養成学」が真に教員養成に対する「責任」の自覚を根底に有して行われる以上、個々の教員養成学部で構想され、実施されている教員養成が、学生の教員としての資質・能力の育成にとって如何なる効果があったのかを検証することは欠かせない。この教育効果検証なしには、教員養成の意味ある改善は期待できないからである。但し、この教員養成の効果検証は、一般の教育のそれと同様に、何を「効果」と考え、かつそれを如何に「検証」するのか、つまり教育効果の検証の方法論を定めることは極めて困難な課題でもある。従って、「教員養成学」においては、教員養成の効果検証とともに、その検証の方法論の研究が重要な課題とされている。この検証の方法論の研究においては、豊嶋が試行的に行っている心理統計的手法と同時に、稲垣忠彦らが試みたことがある「ライフコース研究」の方法論[21]も参照されることが必要だろう。

(3) 研究方法の独自性——「臨床の知」と「協働的アプローチ」——

さて、前述のように、教員養成に対する「責任」の自覚を根底に据えて、研究者自らが帰属する教員養成学部における教員養成活動の総体の検証及びその改善を行う学問が「教員養成学」であるとすれば、それを推進するための研究方法には、これまでの教員養成（教師教育）に関するそれとは異なる方法原理が必要となるだろう。もとより、「教員養成学」においても、これまでの教員養成（教師教育）に関する研究でも見られた方法論、代表的には例えば政策・制度的研究、教育方法的研究、比較的研究、歴史的研究、思想的研究、実証的研究（社会学的研究と統計的研究）等が、基本的には今後も有効な研究

方法（アプローチ）として継承されるべきことは言うまでもない。その意味では、「教員養成学」の研究方法は多様な在り方が考えられ、「教員養成学」の「学」としての独自性は見られないとも言えるかも知れない。しかし、従来のような多様な研究方法によって対象に迫る場合であっても、「教員養成学」としての研究を行う際には、以下のような二つの独自な基本原理（方法原理）が求められることになる。

　まず、第一点は、「教員養成学」が依拠する「知」の基本的在り方として、伝統的な「科学の知」に対して、「臨床の知」（中村雄二郎）が重視されることになることである。何故なら、これまでの研究においては、基本的には教員養成（教師教育）を研究者からは一定の距離を保つことができる、いわば〈客観的〉な分析対象として措定することができたの対して、「教員養成学」においては、研究者自らが〈日常的〉かつ〈主体的〉に関与している「責任」を負うべき教員養成の在り方を研究対象とし、しかもその研究成果に基づいて教員養成の実践を行うことが求められるからである。そこでは、近代科学（学問）の方法原理である研究者（主体）と研究対象（客体）の分離を保つことは不可能となり、むしろ研究対象との密接な関係の中で、研究者が自らの教育実践を持続的に相対化しつつ「知」を導出するという方法原理が必要となる。この新たな「知」の在り方は、一般に「臨床の知」として知られるものであり、近年多くの学問の方法論として援用されつつあるものである。「臨床の知」とは、周知のように、「普遍性」と「論理性」と「客観性」を構成原理とする近代科学（学問）の偉大な成果と同時にその限界も指摘される状況の中で、この近代科学の方法に対するオルターナティブとして提起された方法原理である。「臨床の知」は「コスモロジー」（固有世界）、「シンボリズム」（事物の多義性）、「パフォーマンス」（身体性をそなえた行為）を構成原理とするものであり、それは端的に「個々の場所や時間のなかで、対象の多義性を十分考慮に入れながら、それとの交流のなかで事象を捉える方法」[22]と規定されるものである。この「臨床の知」の方法原理に即せば、「教員養成学」は、一つの有機的秩序を有する個々の教員養成学部とその教員養成をフィールドとし、研究者がそのフィールドに「身体をそなえた主体」として関与し、同時に「受動＝

受苦にさらされるということ」、つまり「各人が身を以てする決断と選択を通して、隠された現実の諸相を引き出すこと」[23]を、基本的な方法原理としているのである。

　「教員養成学」の研究方法における独自性として、もう1点指摘すべきことは、「協働的アプローチ」という側面である。「教員養成学」が前述のような研究目的と研究対象・課題を自らに課している以上、その研究は、これまでの多くの研究のように、研究者の個人としての課題意識（研究意図）に基づくものというよりは、むしろ教員養成に「責任」を負うことを自覚した教員養成学部の意思と方針に基づくものとなり、教員養成学部に所属する教員で構成される一つの「研究組織」（弘前大学の場合には教員養成学研究開発センターを設置）の形態で推進されることが必要となるだろう。そして、「教員養成学」を推進するこの研究組織においては、教科専門から教職専門まで多様な学問（専門）の大学人が、それぞれの専門（学問）の垣根を越えて、智恵と経験との交換と持続的な対話の中で、つまり「協働的に」(collaborative)、研究対象の本質へとアプローチしていく研究活動が展開されることになる。これまでにも、日本教育学会や日本教育大学協会の内部に研究プロジェクト委員会が組織されているが、「教員養成学」の研究の場合は、「各人が身を以てする決断と選択を通して」関与している自らの教員養成の有り様を、当該大学（学部）の教員集団自身の「協働」によって検証していく点に特質があると言える。

　しかも、この教員集団による「協働的アプローチ」は、「臨床の知」がともすると陥りやすい独善や批判性の欠如という危険性を回避する上でも重要である。河合によれば、「臨床」に傾斜したアプローチが「近代科学の要請する『客観性』をむしろ積極的に放棄してゆくと、下手をすると、とんでもない失敗をしたり、独善的になってしまったりする危険性」があり、それを防止するためには「自分自身が積極的に主観的にかかわっていった現象を、どこかの地点で客観化したり、そこから得られた知見を体系化して、他に示して批判を仰ぐことなどをしなくてはならない」[24]。「教員養成学」は、当該大学（学部）の教員集団による「協働的アプローチ」を重視しているのは、それぞれの教員の専門とする学問研究で鍛えられた批判的分析の目で、教員養成の実践と

4.「教員養成学」の可能性と課題

(1)「教員養成学」の可能性

　それでは、以上のような「学」としての独自性を持つと考えられる「教員養成学」は、教員養成とその研究の在り方に如何なる新たな地平を切り開く可能性を内包しているのだろうか。以下、3点にまとめて指摘してみよう。

①教員養成学部の「統合の軸」の形成
　まず、第1に指摘すべきことは、「教員養成学」の創出によって、教員養成学部とそこでの教育活動全体を貫徹する「統合の軸」が形成され、教員養成学部が「教員養成」に関する結束力のある専門学部となることができるということである。かつて、林竹二学長の下で宮城教育大学が教員養成改革を遂行していたとき、横須賀薫は、それまでの「なわばり無責任論」や「予定調和論」を超えるためには、教員養成における「統合の軸」が必要であるとして、その任を担うべきものとして「教授学」を提唱し実践したことがある[25]。この「統合の軸」という発想は極めて重要な指摘ではあったが、その際の「統合」はあくまでも教員養成のカリキュラムの側面に傾斜し、教科専門と教科教育及び教職専門とを架橋するものとして「教授学」が位置づけられていた。
　これに対して、「教員養成学」は、教員養成カリキュラムのみならず、そのカリキュラムを支える教員養成学部の組織体制をも研究開発の対象とし、しかもその対象に当該学部の教員集団自身が「臨床」と「協働」の視点でアプローチしていく学問であり、その点で「教授学」構想を継承しつつ、より本格的に教員養成学部における「統合の軸」の形成を志向するものと言える。そして、教員養成学部は、この学部全体で取り組む課題としての「教員養成学」という「統合の軸」を持つときに、初めて教員養成に「責任」を持つ自律的な専門学部として再生することが可能となるのである。

②教員養成の実践と学問研究の有機的連関の実現

　第2に指摘できることは、「教員養成学」の研究を通して、教員養成の実践とその学問研究との有機的連関を実現する地平が開かれるということである。従来の教員養成(教師教育)に関する研究は、主として教育学を専門とする研究者と教育学以外の専門ではあるが、学内管理運営のために教育実習等の教員養成に関する仕事に従事することになった教員によって担われてきた。しかし、これまでの教員養成(教師教育)に関する研究が研究のための研究でしかなく、単なる「教師教育研究の『専門家』の話題にとどまってしまうおそれ」[26]があり、研究成果が教員養成の質的改善に結びつくことが極めて少ないことが再三指摘されてきた。

　「教員養成学」は、こうした問題状況を踏まえ、主たる研究対象を大学における養成段階の教育に自己限定し、教員養成学部の教員自身によって自らの教員養成の総体を検証することで、その質的改革を実現しようとする研究として構想されているものである。従って、この「教員養成学」の研究の展開によって、教員養成の実践とその学問研究との不幸な断絶関係を克服して、両者の意味ある連関、つまり教員養成に関する理論と実践の統合の可能性が開かれるであろう。

③教員養成学部の独自性の発揮の理論的基盤の形成

　最後に、第3として指摘すべきことは、第1と第2の可能性を踏まえて、「教員養成学」は、教員養成学部が教員養成の「専門学部」としての独自性を発揮していくための理論的基盤を形成することになるということである。戦後の我が国の教員養成政策は、1958年の中央教育審議会答申「教員養成制度の改善方策について」以降、教員養成のいわゆる「目的大学化」が推進されたことで、研究としてはこうした国の政策を厳しく批判しつつも、個々の教員養成学部のカリキュラムは国が定める教員免許基準の枠組みを踏襲するという、ねじれの実態があった。このねじれの実態は、1990年代以降の大学政策の急展開、特に国立大学法人化に伴い、個々の大学・学部が教員養成と如

何に向き合い、如何なる教育を実践していくのかの「決断と選択」を迫られることとなったとき、その「決断と選択」に耐えるだけの理論的基盤の欠如として図らずも露見することとなった。「決断と選択」のためには、もはや何か一般論ないし理念型としての教員養成の学問研究を借りてくることだけでは済まないからである。

「教員養成学」は、個々の教員養成学部が「本気で、教員養成の教育にたいして責任を引き受ける意志と能力」(林竹二)[27]を、借り物ではなく教員養成学部の教員集団自身が「協働的に」構築していくことを目指すものであり、こうして構築される教員養成に関する「臨床の知」のみが、教員養成学部を変革する「決断と選択」を支える理論的基盤となるのである。

(2) 「教員養成学」の課題

しかし、「教員養成学」が以上のような豊かな可能性を切り開くためには、いくつかの課題を克服していくことも必要となる。ここでは、「教員養成学」の可能性を現実のものとしていく上での最重要課題を、3点に絞って指摘しておきたい

①大学が教員養成に「責任」を負うという自覚の共有化

まず、指摘すべきことは、大学が教員養成に「責任」を負うという自覚を、教員養成学部の教員全体の中でどこまで共有化することができるのか、という課題である。「教員養成学」という新たな学問構築の根底には、大学(学部)が教員養成に「責任」を負うという自覚の存在であることは、前述した通りである。より具体的には、教員養成学部を構成する全ての教員一人ひとりが、教員養成に対する「責任」の自覚を持ち、教員養成学部の明確な方針として教員養成に「責任」を持つことを「決断」することである。しかし、このことが如何に困難な課題であるかは、教員養成学部に関わる大学人なら実感できることだろう。この課題の背景には、戦後教員養成改革以来の「アカデミシャンズ」と「エデュケーショニスト」との鋭い対立の構図が横たわっている。

だが、多様な専門（学問）を背景に持ついわば「ミニ総合大学」との実態を呈している教員養成学部が、例えば体系的な教員養成カリキュラムを編成し、しかもそれが無責任な「予定調和論」を超えて現実に機能するためには、教員養成学部の全ての教員の間で教員養成の理念や目標に関する共通理解を図ることが不可欠の条件となることは明白であろう[28]。そして、その共通理解の根底となるものは、やはり教員養成に「責任」を負うという自覚であり、換言すれば自らが個々の学問の研究者であると同時に"Teacher Educator"であることを意識することなのである。こうした自覚や意識が共有されるか否かに、「教員養成学」と教員養成学部の未来展望は大きく依存していると言える。

②専門家教育としての教員養成の内実の検討

　次に、「教員養成学」として早急に取り組むべき重要課題として、専門家教育（professional education）としての教員養成の内実の検討という課題を指摘しておきたい。このことは既に佐藤学が、「反省的実践家」としての教員像と連動させて再三にわたって主張していたことであるが、日本教育大学協会による「モデル・コア・カリキュラム」の発表、さらに教職大学院の設置動向とも関連して、にわかに緊急性を帯びてきた問題である。佐藤は、アメリカにおける教員養成の理論と実践に関する研究を踏まえ、専門家教育として教員養成を確立するためには、「実践と理論の統合」を図る「ケース・メソッド」（事例研究）がその中心的方法として整備されることが必要としている[29]。この「専門家教育の核心」と位置づけたられた「ケース・メソッド」は、日本教育大学協会の「モデル・コア・カリキュラム」における「実践と理論の往還」の場としての「教育フィールド研究」にほぼ相当するものと考えられるが、どちらもその内実の検討は「課題」として我々の前に提示されたままとなっている。

　今後の学部段階における教員養成が真に〈大学教育〉に値するものとなるのか否か、また教職大学院が「専門家」（professional）ではなく「実務家」（business worker）の養成のための「師範学校の大学院版」にすぎないものとなるのか否

か、この見極めは、ひとえに教員養成の内実、とりわけ「専門家教育の核心」とされる「ケース・メソッド」を、どのような内容と方法で実施していくのかという課題解決如何にかかっていると言えるだろう。

③「教員養成学」の専門研究者の養成

最後に、指摘すべき課題は「教員養成学」の専門研究者を養成する体制を早急に整備する必要があるということである。前述の通り、「教員養成学」は教員養成学部におけるあらゆる学問分野の教員の「協働」によって推進されるべきではあるが、その教員集団の中核には教育学の研究者は不可欠となる。ところが、教育学及び教育学研究者の世界では、教員養成に対する関心が極めて低いという現実がある。このことに関連して佐藤学は、「教師教育を学問研究よりも一段低いものと見なし、教職の専門職化を阻んできたのは他ならぬ教育学者ではなかっただろうか」[30]とまで述べ、教員養成学部の教育学担当者を養成してきた研究大学の教育系大学院の責任の重さを指摘している。筆者の場合も、教育学（教育史）を専門とし、私立大学の教職課程と教員養成学部に通算16年勤務してきたが、教員養成を真剣に自らの課題として認識するようになったのは、ごく最近のことであると告白しなくてはならない。

つまるところ、教員養成学部において、その中核となって教員養成の在り方を検証していく意欲と能力を兼備した専門家、換言すれば「教員養成学」の専門研究者が決定的に欠落しているのである。今後、教員養成学部が教員養成の専門学部としての豊かな展望を切り開くためには、この「教員養成学」の専門研究者の養成をどのような体制で図っていくのか、この課題に真剣に取り組む必要があると言えるだろう。

5. おわりに

以上、弘前大学教育学部が提唱している「教員養成学」の「学」としての独自性を明らかにすることを通して、この新しい学問領域の可能性と課題につ

いて、一つの試論を展開してきた。いま、教員養成の「危機」が叫ばれているが、「危機」はそれへの対応如何によってはまったく新たな展望を切り開くことのできる「飛躍台」ともなる。この教員養成の「危機」の中で直接的に「決断と選択」を求められている当事者は、学会でも日本教育大学協会でもなく、個々の教員養成学部とその構成員に他ならない。弘前大学教育学部は、いまようやく、「教員養成学」という新たな学問領域を「メイン・エンジン」として「飛躍台」を飛び立ったばかりである。この「飛躍」が豊かな展望を切り開くためには、何よりも教育学部構成員全員による不断の合意形成と協働が欠かせないのである。

注

1 「教員養成学」の課題や学問的特徴に関する先行研究として以下の文献を参照。豊嶋秋彦「教員養成学の構造からみた不登校生のサポートと『斜めの関係』—対人専門職への社会化研究の実践的理論的意味—」『弘前大学教育学部紀要』教員養成学特集号、(2004年)、佐藤三三「『教員養成学』の学問的性格」『教員養成学研究』(弘前大学教育学部教員養成学研究開発センター) 創刊号、(2005年)、拙稿「教員養成学部の基礎理論としての『教員養成学』の創出—教員養成教育論の展開から見たその意義と課題—」『弘前大学教育学部紀要』教員養成学特集号、2004年。

2 ヴィゴツキー（柴田義松訳）『精神発達の理論』(明治図書、1970年)、61頁。

3 宮城教育大学の改革に関する先行研究として、日本教育学会・大学教育研究委員会『宮城教育大学の大学改革』(1974年)、千葉昌弘「教育学研究と教員養成教育における統合と分離をめぐる問題—東北大学教育学部と宮城教育大学を事例として—」『日本教師教育学会年報』第9号、(2000年)、等がある。

4 1971年(昭和46年)3月の卒業生へのはなむけの言葉。林竹二『学ぶということ』(国土社、1990年)、67頁。

5 1972年2月、東北放送の番組に出演したときの発言。林竹二『学ぶということ』(国土社、1990年)、168頁。

6 舘昭編『転換する大学政策』(玉川大学出版部、1995年)、参照。

7 なお、2004年の学校教育法の一部改正により、それまで大学設置基準に規定されていた自己評価に関する事項は学校教育法第69条の3に移され、それに伴い国から認証された評価機関の評価を受けることが義務化された。

8 『弘前大学教育学部自己評価委員会報告書（教育と研究の現状と課題）』1994年3月、3頁。

9　2000（平成12）年3月に弘前大学教育学部将来計画委員会によって提出された報告書「弘前大学教育学部が目指す基本的方向に関する提言」は、後に大学設置基準改正（2001年）として具体化されることになる大学審議会答申が出され、大学政策の一大転換が予想される状況を受けて検討されたものである。この報告書の中で、今後の大学院の中心的研究活動として位置づける必要があるものの一つとして、「『教員養成学』（教員養成の方法と成果に関する実証的研究）」が挙げられていた。ただし、この時点ではこれ以上の踏み込んだ記述はされていない。

10　『弘前大学教育学部自己評価委員会報告書2002』2002年3月。

11　2002年7月10日付「構想試案」については、序章参照。

12　2002年11月20日付の教育学部教授会議題資料「北東北3県の教員養成と教員研修の質的向上を図るための責任と連携の体制」（基本構想委員会）。

13　市川昭午「教育行政学の対象領域と研究方法」『日本教育行政学会年報』第18号、（2002年）、4頁。

14　前掲、佐藤三三「『教員養成学』の学問的性格」、15頁。

15　「今後の国立の教員養成系大学・学部の在り方について」（今後の国立の教員養成系大学・学部の在り方に関する懇談会報告書）、2001年11月22日。

16　前掲、拙稿「教員養成学部の基礎理論としての『教員養成学』の創出—教員養成教育論の展開から見たその意義と課題—」。

17　大槻和夫「教師教育研究の課題」、広島大学大学教育研究センター『大学教育ノート』第27号、（1977年）、3頁。

18　佐藤学「教育学部・大学院の将来像」、藤田・黒崎・片岡・佐藤編『教育学年報9　大学改革』（世織書房、2002年）、254頁。

19　日本教育大学協会の「モデル・コア・カリキュラム」においても、「教員養成の新たな課題に十分に応えうる柔軟な教員組織を確立していくこと」の必要性が指摘されている。日本教育大学協会「モデル・コア・カリキュラム」研究プロジェクト『教員養成の「モデル・コア・カリキュラム」の検討—教員養成コア科目群」を基軸にしたカリキュラムづくりの提案』、平成16年3月、39-40頁。

20　豊嶋秋彦「教員養成カリキュラムの体系化とその効果—教育実習関連科目の改訂が学生の自我同一性に及ぼす機能—」、日本教育大学協会編『教科教育学研究』第23集、（2005年）、202頁。前掲、豊嶋「教員養成学の構造からみた不登校生のサポートと『斜めの関係』」においては、教員養成教育が学生に与える効果研究を行う研究を「学生（卒業生）学」と表現し、カリキュラムや組織体制に関する研究を行う「学部学」と対をなす研究とされている。

21　稲垣忠彦・寺﨑昌男・松平信久編『教師のライフコース研究　昭和史を教師として生きて』（東京大学出版会、1988年）。同書は、昭和6年に長野師範学校を卒業した教員たちの約40年間にわたるライフコースをアンケートとインタビュー

調査により調べ、教師としての専門的力量平成のプロセスを研究したものである。この研究の背景には、教員養成の活発な論議にもかかわらず、「教師の資質、力量とは何か、それがどのように形成されるのかの実証的な研究はきわめて乏しいといわなければならない」(稲垣忠彦)という、「教員養成学」の研究課題に通底するものがあった。なお、本書の原型となった研究が、『教師教育の課題──すぐれた教師を育てるために──』(日本教育学会教師教育に関する研究委員会編・長尾十三二代表、1983年)で披瀝されている。

22　中村雄二郎『臨床の知とは何か』(岩波新書、1992年)、9頁。
23　同上、65頁、70頁。このような「教員養成学」の方法原理は、臨床教育学のそれと当然ながら類似した側面を持つことになる。臨床教育学について、さしあたり次を参照。小林剛・皇紀夫・田中孝彦『臨床教育学序説』(柏書房、2002年)。
24　河合隼雄『臨床教育学入門』(岩波書店、1995年)、10-11頁。
25　「教授学」の構想については、さしあたり次を参照。横須賀薫『教師養成教育の探求』(評論社、1976年)、横須賀薫「教員養成における教育改革の課題──私的回顧を軸に──」『教員養成学研究』創刊号、(弘前大学教育学部、2005年)。
26　前掲、大槻和夫「教師教育研究の課題」1頁。
27　前掲、林竹二『学ぶということ』119頁。
28　岩田康之も、「教員養成学」という学問的な枠組みは使用しないながら、今後の教員養成改革の中で学部教員間の「協働」の必要性を指摘している。岩田康之「教員養成のカリキュラムづくりと『協働』『教員養成学研究』創刊号、(弘前大学教育学部、2005年)、94-97頁。
29　さしあたり、佐藤学「『教職専門職大学院』のポリティクス 専門職化の可能性を探る」『現代思想』2005年3月号、佐藤学『教師というアポリア 反省的実践へ』(世織書房、1997年)、参照。
30　前掲、佐藤学「『『教職専門職大学院』のポリティクス 専門職化の可能性を探る」110頁。教育学研究への自己反省を求める発言は、日本教育学会主催シンポジウム「国立の教員養成系大学・学部の再編動向」(2001年12月24日)においても、小笠原道雄、加野芳正、横須賀薫からも提起されていた。このことに関して、序章参照。

第3章　大学が教員養成に「責任」を負うという自覚と宮教大の教員養成改革
―「教員養成学」の根底にある理念の端緒として―

遠藤　孝夫

はじめに

　「近代は、前近代の発展として、出現した。これはいうまでもないことだが、そうだとすれば、前近代の世界で達成されたものの堅固な基礎を欠いた近代は、根なしぐさということになる。前近代は、何らかの形で、近代の中に『生き』(残存ではない)、それを支え根底をなしていなければならない。これは歴史の逆説などというものではない。これがまさしく歴史の論理なのである。」
　　　(林竹二「抵抗の根――田中正造研究への序章」『思想の科学』1962年9月号)

　近年、教員の資質向上が叫ばれ、各地の大学では競うように教員養成改革の多彩な試みがなされている。このことの重要性は論を待たないが、同時に一種のブームのような教員養成改革の状況の中で、こうした新たな試みが「根なしぐさ」にならないための学的な営為もまた必要となるだろう。そして、そのための一つは、これまでの教員養成の歩みの森の中に分け入り、そこから今後の教員養成改革にとっての「堅固な基礎」となり得る豊かな経験や知見を掘り起こす作業であると考える。
　1970年代前半期の宮城教育大学(以下、宮教大)の大学改革とその当時の学長を務めた林竹二(学長在任期間は1969年から75年まで)の言動については、新聞紙等でも取り上げられ、また関係した当事者の回想的な文章や概説的な書物も少なからず刊行され、林竹二の「授業巡礼」に関する論考も散見される状況にはある[1]。しかし、回想や論評の段階からより踏み込んで、宮教大

の大学改革(教員養成改革)の内実とその意味とを、学的に検証する作業は未開拓の状態と言わざるを得ない。とりわけ、①そもそも宮教大の大学改革を貫徹していた理念・基本原理は何であったのか、②その新たな教員養成によって如何なる資質・能力を持つ教員が養成されたのか、③それらの教員がその後、如何なる教育実践を行っていったのか、さらに④1970年代のこの改革がその後どのように継承されたのか。こうした未だ十分に解明されていない論点の学的検証作業は、今後の我が国の教員養成改革にとっての「堅固な基礎」の獲得の点から極めて重要な意味を持つものと考えられる。

　これらの研究課題のうち、本章では、1970年代の一連の教員養成改革に貫徹されていたと考えられる基本原理、つまり大学が教員養成に「責任」を負うという自覚が、どのように形成されたものだったのか、という側面を検討する。既に第2章でも指摘した通り、弘前大学教育学部が提唱している「教員養成学」の構築も、またそれに基づく教員養成改革も、大学が教員養成に「責任」を負うという明確な自覚なしには考えられなかったことである。その点で、こうした「責任」の自覚の形成過程の側面から宮教大の教員養成改革の歩みを検討することは、誕生したばかりの「教員養成学」を理論的にも歴史的にも基礎づける上で、重要な作業になると考えられる。

　ところで、林学長の下で大学改革の第一線を担った横須賀薫は、「これらのこと(引用者注:宮教大の大学改革)は学長が林でなければ実現しなかったものであるだろう」[2]と述べ、同じく岩浅農也は「林竹二においては学問と生きざまが一本にまとまっている」[3]、と回想している。これらの証言は、宮教大の改革が林竹二の強いリーダーシップの存在抜きには有り得なかったこと、しかもその林竹二による大学改革は、彼の「生きざま」とも化していた独自の学問観を根底に有するものであったことを強く示唆している。それでは、いったい林竹二は如何なる学問観を持ち、その学問観は宮教大の教員養成改革とどのように関連していたのだろうか。

1. 林竹二の生涯

まず、本報告の前提的理解のために、林竹二（1906〜85年）の生涯を便宜的に四つの時期に分けて、その学問研究を中心として概観しておきたい[4]。

(1) 終戦まで（1906〜45年）

林竹二は、1906（明治39）年、栃木県の視学を務めていた矢板大安の次男として生まれ、父親の転勤の関係で小学校5年生からは山形県内の小学校と中学校で学んだ。新庄中学校在学中に英語教師角田桂嶽の影響から洗礼を受け（バプテスト派）、さらに東北学院専門部師範科へと進学した。当時の東北学院の英語教師には、ダンテ『神曲』（岩波文庫）の翻訳で著名な山川丙三郎（後に林が最後まで研究し続けた人物の一人である新井奥邃の弟子）がいて、林は大きな影響を受けている。同師範科を1930（昭和5）年に卒業した林は、東北学院中等部で非常勤講師として英語を教えた後、翌1931年にアリストテレスの質量論の研究を志して東北帝国大学法文学部哲学科に入学した。大学在学中、林は石原謙教授から古代中世哲学を学ぶとともに、高橋里美教授の土曜会と阿部次郎教授の木曜会にも出席していた。1934（昭和9）年に大学卒業と同時に東北帝国大学法文学部の副手に就き、翌年には同助手となり、同じ年に林瑞栄（東北帝国大学法文学部国文学科卒）と結婚して林家を継ぐことになった。この間、『文化』（岩波書店）に「プラトンの『場所』上・下」（1934年及び35年）と題する最初の学術論文を発表している。

その後、林は1941（昭和16）年に宮城県女子専門学校の専任講師となるが、その僅か9ヶ月後には、奉安殿への敬礼を怠った生徒を一方的に退学処分とした学校側に抗議する形で辞職している。これ以後、林はいくつかの教育機関の非常勤講師を務めたことを除けば、経済的苦境に加え戦況が悪化する状況にあって、ひたすら学問研究に専念した。特に、この間に行われたテイラー著『ソクラテス』（1932年）の翻訳作業は、本文の約半分にも及ぶ分量の訳者補説を加えるほどの徹底ぶりであり、この翻訳書は二度の戦災焼失を乗り越えて、終戦の翌年刊行（桜井書店）されている。

(2) 終戦から東北大学教育学部教授時代へ（1945～70年）

　林竹二が終戦直後に行った復員軍人・軍学徒の再教育のための講習会は特筆すべき活動である。終戦後仙台に設置された東北復員監部からの依頼で、林竹二は復員軍人・軍学徒の再教育のための講習会実現のために奔走し、講師選定からプログラムの作成まで担当した（山川丙三郎が英語を担当し、阿部次郎も特別講義を引き受けた）。1945（昭和20）年12月8日から開催された講習会で、林竹二は開講の辞を述べているが、そこでは、大学で学問をするということは「疑問を疑問のままにながい間持ちつづける力を養うことから始められなくてはならない」と述べていた[5]。

　その後、林竹二は東北帝国大学工学部講師を経て、1949（昭和24）年には新制の東北大学第一教養部助教授、1952（昭和27）年には東北大学教育学部助教授（教育史講座）、そして翌53年には同教授へと、大学人としての経路を歩み始めた。この間、林竹二は、1952年の「ソクラテス及びプラトンに於ける人間形成の問題」（『文化』第16巻第5号）、1953年の「知識による救い——ソクラテス・プラトンに於ける人間教育の問題——」（『文化』第17巻第2号）といった論考を発表するとともに、1950年代後半の時期からは、森有礼、田中正造そして新井奥邃の研究にも着手している。この1950年代からの林の学問研究が一つの結実を見るのは1962（昭和37）年のことであった。すなわち、この年には、年来の古代ギリシア哲学研究の集大成とも言うべき論文「ソクラテスにおける人間形成の問題」（『東北大学教育学部研究年報』第10集）が発表されたのに続き、「抵抗の根——田中正造研究への序章」（『思想の科学』9月号）と「近代教育思想と森有礼」（『中央公論』9月号）も発表されている。

　林は1963年3月に、森有礼を含む幕末の海外留学生や新井奥邃の足跡の現地調査のために渡米し、特にコロンビア大学では貴重な新資料を多数発見し、さらにヨーロッパ諸国へと研究旅行を続け（パリでは森有礼の孫の森有正と面会）、同年9月に帰国した。折しも東北大学からの教員養成課程の分離問題が表面化し、この大きな混乱の中で林竹二の言動は次第に耳目を集めていくことになる。

東北大学教育学部は、旧帝国大学に師範学校を統合した全国でも唯一の学部として発足したが、実態的には東北帝国大学法文学部教育学講座の後継である教育科学科(約20名の教官)に、宮城師範学校の後継である学校教育学科(教員養成課程、約60名の教官)が完全に従属する組織体制となっており、両者の溝を埋める努力は必ずしも効を奏していなかった。宮城県教育委員会および旧師範学校卒業者による国立学芸学部の独立設置を求める陳情運動が展開され、また国の教育政策の点では1958年の中央教育審議会答申「教員養成制度の改善方策」以降、教員養成の目的大学化の方向性が鮮明に打ち出されていた。当事者である教育学部では、学問研究と教員養成の調和は不可能とすることから教員養成課程の分離を主張する教育科学科(片平部会)と、あくまでその存続を主張する学校教育学科(教育教養部＝川内部会)が鋭く対峙して、学部としての合意形成を図ることができなかった。このような学内外の状況下の1964(昭和39)年12月、東北大学評議会は、約700人もの学生が取り囲み、警察官により警備された学外施設(ホテル)において、ついに教員養成課程の分離を決定した。

　この一連の東北大学の教員養成課程の分離・宮教大設置の騒動の中で、林竹二は、教育科学科の教官としては、教員養成課程の分離に反対の立場を貫き通した数少ない教官であった(一時は教育学部教授の辞表を提出した)。しかも、林は、混乱の責任を取る形で辞任した教育学部長の後任の選挙(1965年2月)において、皮肉にも教員養成課程(学校教育学科)の教官の支持により教育学部長に選出されている。1965年2月からの2年間の教育学部長としての時期は、文字通り「針の蓆に坐らせられた」(林竹二)[6]時期となったが、この間にも森有礼および田中正造に関する論考が幾編も発表されている。

(3) 宮教大学長の時期(1969〜75年)

　1965年4月、東北大学から教員養成課程を分離・独立させる形で宮教大が発足した。発足したとはいえ、まだ宮教大独自の建物があるわけではなく、東北大学の富沢キャンパスを仮校舎としての授業開始であり、初代の学長(石

津照壐）は東北大学学長の兼任（1965年4月～同年10月）、第2代学長（東北大学教授の金倉圓照、1965年10月～69年6月）も文部大臣による任命制によるものであった。そして、青葉山の新校舎に移転した後（1968年4月）、宮教大の教授会（教官の大半はかつての東北大学教育学部教員養成課程の教官）がようやく組織され、その教授会の手で林竹二は第3代学長に選出された。こうして林竹二は、1969年6月から75年6月までの2期6年間（1970年3月までは東北大学教授併任）、全国的にも大学紛争の嵐が吹き荒れる困難な時期に（1969年の東大入学試験は中止）、宮教大の大学改革の陣頭指揮を執ることになる。

(4) 授業巡礼へ（1975～85年）

　林竹二は、1975（昭和50）年6月、宮教大の学長職を退いた。69歳のときである。年齢的には安逸な余生を送ることが普通であろうが、1985年（昭和60）に79歳で亡くなるまでの林竹二の最後の10年間は、文字通り老骨にむち打ちながらの過酷な「授業巡礼」に捧げられることとなった。学長職を退任した翌年の1976（昭和51）年には、林のライフワークの一つとも言うべき田中正造研究が、『田中正造の生涯』（講談社現代新書）として結実している（毎日出版文化賞受賞）。しかし、林のもう一つのライフワークであった森有礼と新井奥邃の研究は、ついに完成を見ることはなかった。その最大の要因は、合計で300回を超した全国各地への「授業巡礼」に忙殺されたことにあり、しかもその過程で、林竹二は自らの授業（教育）観を深化させる作業を最後まで止めなかったことにある。

　林が大学以外のいわゆる学校現場において「授業」を行ったのは、1970（昭和45）年10月、宮教大附属小学校の6年生への「開国」の授業が最初であった。林が学校現場で授業を行うことになった背景には、同年6月から約40日間の入院期間中に、斎藤喜博の著作を「貪るように読んだ」[7]ことが契機となり、「いっぺん、授業というものをしてみたかった」[8]という理由が挙げられるが、同時により本質的には宮教大の学長として教員養成に従事する責任の自覚があったことも重要であろう[9]。いずれにしても、一旦、「授業」を通して学校

現場に直接関わることを開始した林竹二には、「子供が素晴らしい力をもっている」にもかかわらず、「その力は、学校教育の中でほとんど引き出されないで、つぶされてしまっている」という「子供の不幸」を座視できなくなり、「授業を根本から考えなおす」ことを教師に訴えるための「授業巡礼」を続けることとなった[10]。その「授業巡礼」の過程で、林竹二は神戸の湊川高校という「学校教育の捨て子たち」[11]が集う定時制高校に深く入り込んでいるが、それを林自身は「70歳になって湊川に入って、生涯の自分の学問を問い直す機会を与えられて」[12]いると捉え、そこでの自らの立場を「実習生」[13]として位置づけるほど徹底したものであった。

2. 林竹二の学問観

林竹二は、宮教大の学長退任後の1979年の講演で、自らの学問の在り方について、以下のように語っている。

> 「学ぶということは、絶えず自分をつくり変えていくことだ、とわたしは思っています。少し仰々しい言い方をすれば、不断に自己を再形成すること、何度でも出直して自分というものをつくり直す、世界を見直す営み、それが学問だと思うのです。そういう学問についての考え方を、わたしはソクラテス、プラトン、それから田中正造というような人に学んだわけです。わたしは随分良い先生にめぐり合っているのですが、結局本当の師はもの凄く怖いもので、文字通りの厳師であった。その一人がソクラテスであり、田中正造であるわけです。」[14]

そこで、以下、ソクラテス・プラトン・田中正造等から学び取った林竹二の学問観について、三つの相互に関連した側面から明らかにしていきたい。

(1)「己の為の学」としての学問

終戦から間もない時期に発表された論考「学問について——季節外れの考察——」[15]は、学術論文ではないものの、林竹二の学問観が端的に表明されたものとして重要である。林竹二は、この論考で、学問とは、本来的には「人の為の学」、つまり他人から良く思われようと飾りたてるために学ぶことではなく、「己の為の学」、つまり自分自身を磨くために学ぶことであり、この「己の為の学」こそが「真実の学」=「実学」なのだと主張する。ここで「人の為の学」と「己の為の学」という言葉は、直接的には、林自身も引用しているように、『論語』の一節(憲問篇)、「子曰、古之学者為己、今之学者為人」(子曰わく、古の学者は己の為にし、今の学者は人の為にす)に基づいている。確かに、林竹二は論語にも造詣が深かったことは事実であるが、「己の為の学」を本来の学問(実学)と捉える学問観は、「私のいちばん深い、決定的な影響をのこして、現に私の内部に生きている」[16]と林竹二が語っているソクラテスとその弟子プラトンの哲学との格闘の中で獲得されたものであった。

林竹二によれば、「己の為の学」とは、「人間が人間であろうとする、或は自己であろうとすることの追求としての『学』」であり、これこそが「愛智(哲学)で厳密には唯一の『学』であることを、少なくもソクラテス乃至プラトンは信じつづけていた」という。これに対して、「人の為の学」の典型はソフィストのそれであり、そこでは「学とは、世人に伍して有力なるを得しめる一つの術以上ではない」ものであって、その意味で、ソフィストは「学識の小売人、或いは卸売商人以上ではあり得ない」。「己の為の学」は、「よく生きることを可能にする力としての徳」の獲得を目的とするのに対して、「人の為の学」は、「人間の単なる生存を可能にするものとしての技術」の獲得を目的とするものである。

だが、「己の為の学」が「如何なる歴史上の時期に於いても常に困難であった」ことは事実であり、「人の為の学」が流行することは「必然」でもあった。にもかかわらず、林竹二は、それが如何に「季節外れ」で「甚だしいアナクロニズム」であるかも自覚した上で、敢えて「己の為の学」としての学問の在り方を「信じる」立場に固執した。それは林竹二が、「人間とは、与えられて有るのではなく成就せらるべき何ものか」であり、ソクラテスやプラトン

に従って、「学を、それを通して我々が初めて『人となる』底の大事と考えていた」からである。しかし、この「己の為の学」を「信じる」ことは、ソクラテスが刑死を選び取る生き方をしたと同様に、絶えざる「自己の再形成」という厳しい生き方を「決意」することを意味していた。「己の為の学」がいつの時代にも困難であるのは、まさにそれがこうした「人間的決意の問題」だからなのである。次にこの側面を見てみよう。

(2) 「仮借のない吟味」と「自己の再形成」

林竹二は、ソクラテス哲学の核心を次のように理解していた。

> 「ソクラテスは、魂が人間の『自己』であると解した。それ故、魂ができるだけ善くなることによってのみ人間はその本来性において救われると信じたのであるが、人は自己が何であるかを知らないから、救われるためにまず自己に関する無知から抜け出る必要がある。いうところの自己に関する無知とは、自己に属する『物』(身体や財産や名聞等々)を自己そのものと思い込むことにほかならない。自己そのものを明らかに把握して、どのような場合にも自己に属する『物』を自己と思い誤らぬようにすること、そして前者を後者よりも大事にするようなことのないように心がけることが、ソクラテスの教えの核心をなしていた。」[17]

林竹二の捉えたソクラテス哲学においては、人間が真の幸福を得る(救われる)ために不可欠のものである「自己が何であるか」を知ること、つまり「善の知識」を獲得する手段とされたものが、「反駁」(吟味、問答)であった。この「反駁とは自他の思うところ語るとこを仮借のない吟味にかけて、ドクサすなわち自己欺瞞から、あるいは世間一般の通念への囚われから、ひとを自由ならしめる作業」[18]であり、物事を根本から徹底的に追及する営みであった。しかも、この反駁という徹底した吟味によってドクサから解放されることは、最大のドクサが「世間の通念」であるとすれば、人生の価値に関して、世間

一般とは異なる考え方や対し方を持つこと、つまり「十字架を負って生きること」[19]をも意味していた。「己の為の学」を生きる者に、「人間的決意」や「覚悟」が求められるのはこのためである。

「己の為の学」としての学問は、「仮借のない吟味」を通して、本当に自分が求めているものが何であるかを知ことで、本来の「自己」を取り戻す営みである。ここで重要なことは、ソクラテス（林竹二）において、「或るものを美しいと知ることは、それを美しいと見る人間が形成される」[20]ことを意味し、知識を得ることは「自己の再形成」[21]、つまり「知に従って行為する能力」[22]を持つ新たな人間の形成を意味していたことである。この「仮借のない吟味」（「己の為の学」）を通した「自己の再形成」について、林竹二は田中正造の学びの在り方に関連して、次のように述べている。

　　「私はかつて、田中正造のような人においては、一つの事を学ぶということは、その事において自分が新たに造られることだと書いたことがある（『田中正造』201頁）。学ぶということは、田中正造の師友新井奥邃の理解にしたがえば、自己を新にすること、すなわち、旧情旧我を誠実に自己の内に滅ぼしつくす事業であった。その事がなしとげられないあいだ正造においては『理解』は成立しなかったのである。」[23]

(3)　現実に取り組む「責任の意識」に立脚した教育の場としての大学

(1)および(2)で確認されたような独自な学問観に基づいて、林竹二はまた大学の在り方についても独自の考え方を展開していった。

林竹二が「大学の原型」[24]として重視していたのは、プラトンのアカデミィであった。林竹二の理解によれば、プラトンは、「学問を知識の獲得としてではなく、ドクサからの解放、浄化としてとらえる学問観」[25]と、そのドクサからの解放が反駁（吟味、問答）という「共同の追求」としてなされるという学問観[26]を、ともにソクラテスから継承した。そのプラトンが創設した「哲学の学校」であるアカデミィは、指導する者と指導を受ける者とによる「共

同生活と共同研究がおこなわれる場」[27]であり、そこでの教育は数学及び数学的諸科学を中核とした厳しい科学的・哲学的訓練が行われる場であった。

　このプラトンのアカデミィに関して、林竹二が「アカデミィの精神」として特に注意を喚起していたことがある。それは、学問のために「聖別された場所」であるアカデミィにおいては、「日常的利害や関心や立場から自由になって、どこまでも真理が真理のために尊重され、追求されなければならない」[28]ということと、その「もっとも厳正な学問的訓練」が、実は学者ではなく立法者等の現実社会の指導者の教育という極めて実践的な目的のためになされていたという事実である。そして林竹二は、こうした「アカデミィの精神」の根底に、「深い次元で現実に取り組む責任の意識」[29]があったことを強調している。このことを林竹二は次のように指摘している。

　　「すぐに役に立つ技術や知識というものを与えるのではなく、現実にたいする人間の深い責任にこたえるために自己の再形成が要求され、その自己再形成の手段として学問が役立つという信念が、プラトンのアカデミィの根底をなしていたのだと、私はそのように考えております。」[30]

　林竹二は、この「アカデミィの精神」は、「今なお大学にとって死活的な重要性をもちつづけていると私は考えます」[31]と述べているように、こうした「現実に取り組む責任の意識」を根底に持つプラトンのアカデミィ、さらにその基盤を成していたソクラテスの「己の為の学」という学問観を、自らの思想とも信念ともしていたのである[32]。

3. 宮教大の教員養成改革の基本理念

　林竹二は、学長1期目の任期終了を間近に控えた1972（昭和47）年2月に、1969（昭和44）年以来の宮教大の大学改革について触れ、「我々は、やっと少しずつ教育の内容なり実質なりに手をつけるところまで来た」が、それでも「我々が今やっていることは改革などというものではありません。非常にさ

さやかな改善の努力、そのささやかな試みです」[33]と述べている。この林学長が謙遜気味に述べた「非常にささやかな改善の努力」とは如何なるもので、とりわけにそれらの改革を貫く理念・基本原理は何であったのか、次に確認してみよう。

(1) 封鎖学生との対話

林竹二は、学長就任2週間後の1969（昭和44）年7月と9月の2度、一部学生集団により大学施設が封鎖・占拠されるという深刻な事態に直面している。実は、この事態への対処の在り方が、その後の宮教大の大学改革の方向性を定めるものとなったと考えられる。林竹二はこの事態に、封鎖された建物の中に乗り込み、長時間にわたって学生たちと「対話」を行っている。その後、2度の封鎖とも、学生自身の手で自主的に封鎖が無条件解除され、他の大学とは異なり機動隊の導入なしに紛争が解決されている。

林竹二が「警察の力」を借りることをしなかった背景には、東北大学からの教員養成課程の「切り捨て」がまさに警察の力を借りてまで断行された経緯を、林竹二自身つぶさに目の当たりにし、そこから「大学と大学人についていろいろなことを学んだ」ことが据えられていた。この経験から、林学長は「どんなことがあっても、大学内に起きた問題を、警察の力を借りて解決するようなことはすまいという肚をかためていた」[34]という。そうした決意を抱いていた林学長が選択した道は、「『封鎖』そのものを教育の場にとり入れること」、つまり封鎖した学生たちとの徹底した対話を通して、「大学全体として負うべき学生の教育にたいする責任をはたすために、大学がどうあるべきか、何をなすべきかを根本から捉えなおすこと」[35]であった。その際に、林学長は、封鎖した学生たちを「暴力学生」として排除の対象と見るのではなく、むしろ「封鎖という行為に託して何かを語りかけている学生」[36]と見る立場から、根気よく対話を継続していった。

言うまでもなく、対話（吟味）によって問題を根底（根本）から追求するという方法は、林竹二がソクラテス・プラトン哲学から学び取った学問の方法

に他ならず、しかもその対話（吟味）は相手ばかりでなく自分自身にも向けられるべきものである[37]、と林竹二が再三指摘してきたことを実演するかのように、この封鎖学生との対話は「大学とその教育の現実を問うこと」[38]に向けられていくことになる。その結果、学生を封鎖へと駆り立てた「根本の動機」が、宮教大の教育とそれを行っている教官への「告発」であること、つまり東北大学からの教員養成課程の「切り捨て」に強硬に反対した教官たちが宮教大に移って現実に行っていることが、「一々がかつての主張を裏切ることばかり」であり、「教官たちのこの背信への告発」であることが理解されてきた[39]という。2回目の封鎖の最中に出された「学長声明」（10月14日付）[40]の中で、「教授会の責任は重大である。私は出来るだけのことはする」という林学長の言葉は、学生からの「告発」を真摯に受けとめ、宮教大とそこでの教育活動の在り方を根底から捉え直していこうとする断固たる決意表明であった。

(2) 全学集会と学長・学生部長のリコール制の導入

　第1次の封鎖を受けて、7月15日の教授会において「大学改革委員会」の設置、8月1日には同じく「広報委員会」（委員の1人として林学長も加わる）の設置が決定され、大学改革が徐々に開始されていった。この広報委員会による「広報」第一号（9月27日付）[41]は、実は林学長自身が執筆したものであったが[42]、一連の大学紛争の中で大学として「きびしい反省と決意をせまられ」る中で、当面する大学改革の基本方針を示したものであった。その中で次の3点は特に重要である。
　第1に、この「広報」は、「学生・職員相互のあるいは教授会との間の『対話』が生まれる機縁」を意図して発行されていること、つまり「対話」が大学改革の前提として明記されていることである。第2に、「まず着手したい改善措置」として、「大学内では単に被教育者として見られたことから、ともすれば無権利状態におかれた学生の地位についての再検討」が挙げられていたことである。その際に、学生を「大学の重要な構成員として固有の権利と自由をもつと同時に、その反面、学生としての責任をになっているという立

場」と見る原則が示され、その原則に沿って「学生規程」その他の諸規則を「徹底的に改訂する」ことが確認された。そして、第3に、第2の立場を踏まえて、「全面的に現行の教育課程等を検討、改革していく」との方針が示されたことである。

この「広報」第1号で表明された三つの基本方針のうち、第1と第2の基本方針を具体化した措置が、全学集会と学長・学生部長のリコール制の導入であった(1970年12月9日の教授会で正式決定)。12月18日発行の「広報」第11号[43]は、制度化された全学集会と学長・学生部長のリコール制の趣旨を説明したものであるが、この文章も林竹二学長自ら起草したものであった[44]。そこでは、「基本的に教育と研究を任務とする組織」である大学においては、「教官と学生は、教育と研究という共通の課題をともに担うものとして、その相違と対立にも拘わらず根本において同質性をもっている」こと、その意味で全学集会は「交渉の場」ではなくむしろ「根本的な問題の問い直しが成される場」、つまり「討論の場」であること、そしてリコール制の根底には、学長及び学生部長の職責と権限が「学問の研究・教育の場としての大学」においては、「教職員や学生の絶えざる批判のもとに行使されなければならない」、という考え方があることが確認されていた。そこには、指導する者と指導を受ける者による「共同生活と共同研究がおこなわれる場」としてのプラトンのアカデミィの理念が反映されていた、と言えるだろう。

(3) 教育（教員養成）への「責任」の自覚と教員養成改革

宮教大の大学改革の核心は、以上のような大学運営上の改革と同時並行的に行われた、教員養成の在り方自体の改革にあった。この宮教大における教員養成改革のための基本方針を最初に打ち出した文書が、「広報」第3号(1969年10月11日付)に掲載された「今後の授業計画などについて」[45]である。この文書で、何よりも注目すべきことは、今後の解決を要する課題の中で、「授業は最も重要なもののひとつ」と位置づけ、授業つまり学生教育の在り方を改革することが「学生に対して、教官が実際に責任を負う道」であると述べ

て、大学改革の基本理念として、大学とその教員が学生の教育に「責任を負う」という自覚ないし姿勢が明示されたことである。

　この「責任」という言葉が林竹二の学問観の鍵的概念であったことは、前述した通りである。事実、林竹二は学長としても、大学が学生への教育（ここでは教員養成）に「責任」を負うという自覚を基本理念とする大学改革の方向性を繰り返し主張していた。そのことを資料的に確認できる最も早い文書が、1970（昭和45）年6月、教育大学学長会議に林竹二が提出した「小学校教員養成のための教育における二、三の問題点と改善の方向について（学長私見）」[46] である。この文書で林学長は、「義務教育学校の教員養成にたいして責任をもつ大学（学部）」の「根幹」を成すはずの小学校教員養成課程が、「陽のあたらない部分」ないし「伴食的な位置」に置かれている「現実」があり、この事態を解消しない限り、教員養成大学（学部）はその「もっとも重大な責任を空しくしているといわざるをえない」と、厳しく現状批判を行っている。その上で、林竹二は、この問題解決の点で「もっとも根本的なもの」として、小学校教員養成における「中核」ないし「諸教科を統合する軸」の必要性を挙げ、より具体的には、①教育実践との結合、②教育実践を対象とする科学的研究の教授、この2点を指摘していた。

　こうした、学生への教育、特に当時の宮教大で実態的に最も軽視されていた小学校教員養成にこそ、「責任」を負うという自覚から大学を根本的に改革しようとする林竹二の考え方は、「その後の宮教大の教育改革（教員養成の充実）のなかをずっと貫くものになる」（横須賀薫）[47] のである。1979年の時点で、宮教大の改革の現状報告を行った中森孜郎（体育科教育）は、大学紛争以後の宮教大は、教員養成を目的として「つくられた大学から、みずからの意志によってつくる大学への一歩をふみ出した」[48] と述べている。この「つくられた大学」から「つくる大学」への転換は、林竹二が学問研究を通して明らかにし、また学長としても再三に主張してきた大学の理念、端的には学生に対する教育（教員養成）に大学として「責任」を負うとの自覚があって、はじめて起こり得たことだったのである。

最後に、林竹二が学長を務めていた時期に行われた教員養成改革の主なものを列挙すれば、以下の通りである。

①一般教育ゼミナールの開設

1969年後期の授業から、一般教育（教養教育）に従来の講義形式の授業に加えて、学生と教員との議論を中心とするゼミナール形式の授業が導入された。その趣旨は、従来の「概論的通説的な性格」の授業に対して、「それぞれの学問的研究方法をふまえながら」、しかも「少人数の発表や質疑応答や討論などを含む授業」[49]によって、「科学や芸術を自己のものにするための出発点を築く場」[50]を創出することにあった。導入初年度の1969年後期の時点で、「科学の方法論入門」（高橋金三郎）等の30以上のゼミナールが開設された。

②「教授学」の試み

「諸教科統合の軸」となることを志向した新たな授業科目として、1971年度から「教授学」及び「教授学演習」が開講された（正式な学科目となったのは1974年度から）。「教授学」とは、その運営の中心的存在となった横須賀薫によれば[51]、教育実践を根底に据えることで、「各教科の教育法教育を統合し、教育学教育、個別科学・芸術・技術の教育の相互連関をはかっていく位置づけをもつ」ものであり、端的には「教員養成が展開する軸」として機能するものとして構想されていた。関連して、1974年には「授業分析センター」が開設され、その専任教授として斎藤喜博が招聘された。

③「合同研究室」の創設

入学後2年間は研究室所属がなく、教育と指導体制の点で大きな問題を抱えていた小学校教員養成課程の学生のために、1973年度からの学内施設の再配置計画の過程で、学生と教員の共有する空間としての「合同研究室」が設けられた。1973年の開設時に10の合同研究室が誕生している[52]。

④教育実習の見直し

3年次で2週間の観察・参加実習と4年次で3週間の教壇実習が基本であったものを、1971年度から3年次で3週間の教壇実習（附属校）と4年次で1週間（翌年からは2週間）の応用実習（公立校）に改革された。しかも、実習生の指導を附属校に一任してきた在り方を、「学部の全教官が教育実習の指導にあたるように」することで、「学部主導型」へと大きく転換することも志向された[53]。

おわりに

以上の検討から、結論的にほぼ次のことを確認することができたと思われる。すなわち、林竹二は、学ぶ者に「仮借のない吟味」を通して「自己の再形成」を迫る「己の為の学」こそが「真実の学」であり、大学はそのような意味での「己の為の学」を組織することに「責任」を負うべき教育の場であるとの学問観と信念を有していた。そして、この林竹二の学問観は、大学紛争後の宮教大の大学改革、特に教員養成改革を貫徹する理念・基本原理となっていった。大学が一つの組織体として教員養成の在り方を改革する際には、教育と学問研究の関係が厳しく問われ、大学全体として如何なる理念に基づいて学生への教育を行うのか、その一貫した「意志」が問われることになる。その点で、1970年代の宮教大においては、ソクラテス・プラトン哲学から林竹二が学び取った学問観の存在が、同じく大学紛争を経験した他の大学とは異なる独自の教員養成改革を推進させ、大学としての一貫した「意志」を持ち続けさせることを可能にしていたのである。

なお、未完には終わったものの、林竹二学長自身大きく関与していた大学院構想については、本章では論及することができなかった。今後の教職大学院の設置とも関係して興味深いこの論点の検討は、1970年代の宮教大の教員養成改革の教育効果の検証も含めて、今後の課題としたい。

注

1 宮教大の改革に関する総括的な新聞記事として、朝日新聞宮城版連載記事「宮

教大の素顔　大学改革10年」(1979年11月2日から同11月21日)、河北新報宮城版連載記事「開学30周年　宮教大の挑戦」(1995年9月5日から同10月6日)、等がある。宮城大の改革および林竹二の言動に関する回想的・概説的文献として、国土社編集部編『林竹二　その思索と行動』(国土社、1985年)、『思想の科学』1985年11月臨時増刊号 (林竹二研究のために)、小林洋文『人間を学ぶ　林竹二先生の人と思想』(径書房、1990年)、日向康『林竹二　天の仕事』(社会思想社、1992年)、大泉浩一『教育の冒険　林竹二と宮城教育大学の1970年代』(本の森、2003年)、中森孜郎「宮城教育大学における教師養成教育の試み」中森孜郎編著『講座日本の学力16巻　教師』(日本標準、1979年)、向井浩子「戦後教員養成論の再検討(上)」『東京大学教育学部紀要』第15巻、(1975年)、等がある。より踏み込んだ研究として、日本教育学会・大学教育研究委員会『宮城教育大学の大学改革』(1974年)、横須賀薫『教師養成教育の探求』(評論社、1976年)、千葉昌弘「教育学研究と教員養成教育における統合と分離をめぐる問題─東北大学教育学部と宮城教育大学を事例として─」『日本教師教育学会年報』第9号、(2000年)、山田秀「生命への畏敬と教育の根源─林竹二博士の人と教育哲学─」南山大学社会倫理研究所編『社会と倫理』第6号、(1999年)、等がある。

2　横須賀薫「学長としての林竹二」『思想の科学』1985年11月臨時増刊号、72頁。
3　岩浅農也「大学を真に改革する力」『思想の科学』1985年11月臨時増刊号、63頁。
4　ここでの林竹二の生涯の概観に当たっては、特に断らない限り主として次の文献を参照した。前掲、日向康『林竹二　天の仕事』、小林洋文『人間を学ぶ林竹二先生の人と思想』、『思想の科学』1985年11月臨時増刊号、山田秀「生命への畏敬と教育の根源─林竹二博士の人と教育哲学─」。
5　前掲、日向康『林竹二　天の仕事』、49頁。日向によれば、講習会参加者のほぼ全員が翌年には東北帝国大学に進学した。その後も林竹二は希望者に自宅で読書会 (如月会と命名された) を開いている。プラトンや論語等を素材としたこの読書会は1953年頃まで継続された。
6　林竹二『教育亡国』(筑摩書房、1983年)、75頁。
7　林竹二『授業・人間について』(国土社、1990年。初版は1973年)、179頁。
8　同上、369頁。
9　同上、223頁。
10　林竹二『教育の再生をもとめて　湊川でおこったこと』(筑摩書房、1977年)、i～ii頁。林竹二自身、全国各地での授業実践を「巡礼」という言葉で表現していた。「ほんとうにいま考えても、よくあれほど根気よくつづけられたとわれながら呆れるほど、根気よく学校現場を廻って歩きました。一種の巡礼です」。林竹二『問い続けて─教育とは何だろう』(径書房、1981年)、92頁。
11　同上、vi頁。

12　同上、30頁。
13　同上、189頁。
14　林竹二「学ぶということ」(1979年)、『林竹二著作集10　生きること学ぶこと』(筑摩書房、1987年)、142-143頁。
15　林竹二『学ぶということ』(国土社、1990年。初版は1978年)、2-17頁。なお、林竹二の下で宮教大の改革を担った一人の小野四平も、林竹二のこの論考に注目して、林の学問的特質を説明している。小野四平「林竹二における学問―『自分の手に神を携えている者』たちとのたたかい―」、前掲、国土社編集部編『林竹二　その思索と行動』、34-48頁、林竹二『学ぶということ』巻末に付された小野四平による解説文。日向によると、この論考は、如月会時代の門下生が、青山書院に勤めて、『科学圏』の編集担当になったことを機会に、林竹二が執筆したものという。前掲、日向『林竹二　天の仕事』、258-259頁。
16　林竹二『若く美しくなったソクラテス』(田畑書店、1983年)、9頁。
17　林竹二「知識による救い―ソクラテスおよびプラトンにおける人間形成の問題」(初出は1953年)、『林竹二著作集1　知識による救い』(筑摩書房、1986年)、167頁。
18　前掲、林竹二『教育の再生をもとめて　湊川でおこったこと』、49頁。
19　林竹二「プラトンのアカデミィについて」(1973年の講演)、前掲、『林竹二著作集1　知識による救い』、216頁。
20　林竹二「アカデミィの精神」(初出は1962年)、前掲、『林竹二著作集1　知識による救い』、235頁。
21　前掲、林竹二『教育の再生をもとめて　湊川でおこったこと』、168頁。
22　前掲、林竹二「プラトンのアカデミィについて」、229頁。
23　林竹二『田中正造の生涯』(講談社新書、1976年)、160頁。
24　前掲、林竹二『学ぶということ』、52頁。
25　前掲、林竹二「プラトンのアカデミィについて」、225頁。
26　同上、212頁。
27　同上。
28　前掲、林竹二「アカデミィの精神」、233頁。
29　前掲、林竹二「プラトンのアカデミィについて」、225頁。
30　同上、229頁。因みに、プラトンのアカデミィに関するほぼ唯一の邦語文献である廣川洋一『プラトンのアカデメイア』(岩波書店、1980年)では、この学園が立法者の養成という「実践的動機をその基本意図として抱くものであった」ことは指摘されているが、林竹二が最も注目した「現実に取り組む責任の意識」という側面への論及は見られない。
31　前掲、林竹二『学ぶということ』、65頁。

32　前掲、林竹二「プラトンのアカデミィについて」、229頁。
33　林竹二は1977年の時点で大学の在るべき姿を自らの学問観に立脚して、次のように指摘している。「借りものの学問には、学生を教育する力はない。絶えず学びながら、自らの学問をつくり出しながら、その『学ぶということ』を学生に教える場所が、大学である。研究は大学に不可欠だが、より根本的なのは、教師の教育への意志、あるいは教育にたいする責任の意識である。それの欠けたところには、大学はないのである。……大学が大学になるためには、この一つのことだけは避けることはできない。大学で学ぶということは、人間や社会や、世界を、その根底においては自己を、根本から問いなおす作業をはじめることである。語を換えていえば、俗見と俗情から自己を浄めることである。その事の成ることに大学は責任をもたなければならない」。前掲、林竹二『教育の再生をもとめて　湊川でおこったこと』、6-7頁。
34　前掲、林竹二『学ぶということ』、179頁。
35　林竹二『教育亡国』(筑摩書房、1983年)、82-84頁。
36　同上、84頁
37　同上、85頁。
38　林竹二「ソクラテスにおける人間形成の問題」、『林竹二著作集1　知識による救い』、57頁。
39　前掲、林竹二『学ぶということ』、ⅲ頁。
40　同上、ⅵ～ⅶ頁。
41　同上、36頁。
42　同上、140-145頁。
43　同上、271頁（小野四平の証言）。
44　同上、156-164頁。
45　同上、164頁（小野四平の証言）。
46　『宮城教育大学十年史資料集（下）』(1977年)、197-199頁。
47　同上、145-146頁。
48　前掲、横須賀薫「学長としての林竹二」、72頁。
49　前掲、中森孜郎「宮城教育大学における教師養成教育の試み」、308頁。
50　「広報」第4号(1969.10.25)、前掲、『宮城教育大学十年史資料集(下)』、199頁。
51　「広報」第3号(1969.10.11)、同上、198頁。
52　前掲、横須賀薫『教師養成教育の探求』、173頁。
53　1973年に設置され1996年に廃止となった「合同研究室」の取り組みについて、次の文献は貴重な資料となっている。『「学ぶ」を学びなおす―宮城教育大学合同研究室の軌跡―』(「共同探求通信」第22号、2004年)。
54　前掲、日本教育学会・大学教育研究委員会『宮城教育大学の大学改革』、57頁。

第2部
教員養成学に基づく教員養成の実践・検証

第4章　教員養成カリキュラムの体系化の試み

豊嶋　秋彦

1. はじめに──教員養成学と新カリキュラム構想──

　第1部で見たように、弘前大学教育学部では2002（平成14）年度に、"これまでの教員養成学部において自らの教員養成活動とそのシステムを研究対象とする研究の展開が不十分であった"という自己評価に基づいた改革に着手した。このような自己批判は、既に1994年、教育学部自己評価委員会報告書においてなされており、そこではその対策として、"専門諸科目の有機的連関の実現"と、そのための"実践的・実証的・理論的研究"を、「教員養成大学・学部が専門的に研究すべき科学の一つとして位置づけること」が「重大な課題」であるとした（同報告書、3頁）。これが、我々が「教員養成学」のイメージを語った端緒である。

　しかし、この課題に手つかずの時期がしばらく続いたし、教員養成学のイメージも、まだ「専門諸科目の有機的連関」に焦点づけられていた。転換が2002年だったのである。同年、教育学部基本構想委員会(2002)は、「『児童生徒に働きかけ、読みとり、働きかえす力を持った教育プロフェッション』の養成に向けて、教員養成の在り方を不断に改善するための理論的実践的な学」を教員養成学と名づけ、その対象を教員養成活動全体に広げ、ただちに、新カリキュラム構想作りに着手した。そして、やや遅れて、教員養成学の概念を精緻化しつつ構築していく作業にも入っていく（例えば、遠藤　2004；豊嶋　2004）。

　なお、「児童生徒に働きかけ、読みとり、『働きかえす』力を持った教育『プロフェッション』」というキーワードは、その後、「児童生徒に働きかけ、読

みとり、『働きかけ返す』力を持った教育『プロフェッショナル』」に変更されている。ちなみにプロフェッションの語を用いたのは、学生に高度の専門性 (speciality) をつけていくだけではなく、教職それ自体を準専門職 (semi-profession) から専門職 (profession) に上昇させるべきとの筆者の想いの反映であった。専門職の規準は様々だが、竹内 (1975a, b)、天野 (1982) 等の社会学系の論者は専門性のみならず高度の自律性を強調し、経営心理学者 Schein (1968) も、「組織のヒエラルキー原理によるサンクションではなく、フェロー・プロフェッション同士によるサンクションのみの受容」を強調する。プロフェッションには自律性が要求されるのである。

　新カリキュラム構想には二つの柱があった。第一は、専門諸科目の有機的連関のために、まず、全授業科目を組み直し関係構造を明確化し体系化していくための枠組みの提示である。その詳細は次節で紹介するが、「自己形成 (fundamental formation) 科目」群の履修から開始させ、ついで「学校臨床 (school clinical practice) 科目」群を経て、「教員発展 (professional development) 科目」群の履修に至る"という流れを考えた。

　第二の柱が、カリキュラムの主軸となる教育実習関連諸科目を、新設も含めて大改訂しながら体系化することである。これについては2004 (平成16) 年度入学生の1年次から実施されていった。

　「自己形成科目」群とは、主に1・2年次に履修させる基礎科目として位置づけ、「教職導入科目」「教職と教科の基礎的必修科目」、次の学校臨床科目群につなぐための「学校臨床準備科目」などからなる。

　「学校臨床科目」群は3年次を中心に開設するもので、「授業臨床科目」「生活臨床科目」「総合臨床科目」「学校外臨床科目」などの実習科目を想定した。このうち"生活臨床"とは、授業臨床以外の、児童生徒の学校生活全般にわたる活動に対する指導や支援的 (supportive) な関与を指す本学部の造語である。この語が採用されたのは、我々のフレンドシップ事業 (例えば羽賀 2002)、不登校児童生徒サポート活動 (豊嶋ほか 2002；豊嶋 2004) を背景にし、かつ、"教師には授業専門職 (teaching profession) でありつつ対人専門職 (psycho-social supporting profession) であることが要請される"という認識 (豊嶋 2004) を

反映している。

「教員発展科目」群は、実習科目の履修と併行し、あるいは、実習科目の履修後に、そこでの体験を踏まえ教職としての専門性を高めていく科目群であるが、2002年時点ではおおまかな構想を示したにとどまり、2004年以降に可能なものから実際に授業を立ち上げ試行されていくことになる。

2. 新カリキュラムの枠組みとその発展

(1) 新カリキュラムの基本方針と枠組み

　ここでは、「児童生徒に働きかけ、読みとり、働きかえす力を持った教育プロフェッションの養成——児童生徒の確かな学力と自律力を育むために——」を副題として、2002（平成14）年度に学内外に文書で発表した「カリキュラム作成の基本方針と開設科目のねらい」を示したい。各科目群における「開設科目の例」には、発表時に教員養成担当大学を目指していた我々が、"教員の増員や適任者の非常勤講師雇用が可能"という前提で理想水準で描き出した科目も多く書き込まれていたが、それらは省略してある。ただし「開設科目の例」以外の本文部分は発表時のままにしてあるので、理想の一端はほの見えるであろう。

　また、「臨床」の語に奇異感を覚える向きがまだあったため、原文では注記した「臨床の定義」も削除してある。

カリキュラム作成の基本方針と開設科目のねらい

Ⅰ．目的

　幼稚園幼児から高等学校生徒までの子どもたち（以下、児童生徒）に確かな学力と自律力を育むには、「専門性と自律力、卒業後も自らを教育プロフェッションとして高度に発展させていく自己指導力に溢れた学生」を送り出さねばならない。そのために、「**1. 自己形成科目群**」「**2. 学校臨床科目群**」「**3. 教員発展科目群**」からなるカリキュラムを用意する。これは、これまでの教員養成においては、大学で学んだことが教育現場でどう有効に働くのかを検証し、それをもとに学び直し専門性と自律力を発展さ

せていけるカリキュラムが決定的に不十分であったという反省に立つものであり、二つの特徴をもつ。
　①大学での学修と附属校園・公立学校での実習が緻密な連環をなすように構成する。
　②我々が「担当大学教育学部のメイン・エンジン」と位置づけている「教員養成学」の成果を絶えず取り込みながら、カリキュラムの有効性も絶えず検証していく。

Ⅱ. 新カリキュラムの全体構造
1. 自己形成科目群
教育プロフェッションとしての多面的な基礎と現場に臨む基礎を培う、学校臨床のための《事前指導》科目。
2. 学校臨床科目群
現場での体験を積むことによって①〜③をねらう。
　①児童生徒に働きかけ、読みとり、働きかけ返す力をつけること
　②自らの知識とスキルの不十分性に気づかせること
　③より高度な専門性へのニーズを引き出すこと
3. 教員発展科目群
学校臨床科目群での体験をもとに、着実な自己再形成とより高度な専門性を発展させ、卒業研究につなげていく。学校臨床の《事後指導》科目。

Ⅲ. 各科目群の特徴と構造
(1) 自己形成 (fundamental formation) 科目群
　教育プロフェッションとしての自己形成の礎となる知識とスキル、教職への展望を着実に定着させる。全てが学校臨床科目履修のための≪広義の事前指導≫として構造化される。

1-1　教職導入科目
次の2点を柱に教職への導入を図る。
　①児童生徒と学校の実態に触れさせる「ふれあい体験(フレンドシップ)実習」と「学校生活体験実習」。
　②教員の生涯発達に関する教員養成学の実証研究の成果を反映させた講義。
開設科目の例
　「教職入門」(但し、現行のものからは一新される)

1-2　教職専門科目

教職の意義及び教員の役割、職務内容等に関する知識・スキルの修得と確かな教職展望を形成させる基本的な科目。おおむね、幼24単位、小30単位、中20単位、高14単位、養護教諭10単位となる。

①教員一種免許状取得のための免許法上必修の教職科目の多くはここに配されるが、科目名称の改訂も含め、従来のものからは一新される。
②障害や生育の地、国籍の違い、性（ジェンダー）の違いなどに対する偏見‒差別というバリアから自由な児童生徒を育てる「広範囲バリアフリー教育」と、特別支援教育への入門を組み込んだ科目も新設する。

対応する現行必修教職科目の例
「人間教育論Ⅰ」「同Ⅱ」「教育の社会制度論」「生涯学習論」「子どもとカリキュラム」「道徳の歴史と方法」「特別活動」「教育工学演習」「生徒指導心理学」「各教科教科教育法」など

1-3　教科専門科目

教科内容の背景となる専門的な知識・スキルを修得する科目のうち、教員一種免許状取得に最低必要な単位数の科目に限定してここに配置して、内容の確実な定着を図る。単位数は幼6単位、小8単位、中および高20単位、養護教諭28単位である。

1-4　学校臨床準備科目

学修の**連続性を確保**するために、1-2、1-3と「学校臨床科目群」とを**橋渡しする**科目である。これまで修得した知識とスキルを組み替え発展させ、学校臨床・教育臨床に応用できる段階にまで統合することをねらう。**「授業臨床準備科目」**と**「生活臨床準備科目」**に大別される。

1)「授業臨床準備科目」
各教科の「教科専門科目」・教科教育法等と現場での授業臨床との橋渡しをする科目。

①教科専門担当教官と教科教育担当教官、北東北3県の公立学校園からの交流教員が緊密に連携・協働して実施する。
②各教科にかかわる科目で修得した知識とスキルを再編整理させ、学校での授業実践に向けて融合していく。例えば「学校○○」（○○は各教科名）」は、その教科の知識とスキルを、授業実践に応用できるように統合していく。
③小学校生活科に係るこの科目は生活科専任教官が担当する。

開設科目の例
「学校○○」、あるいは「○○科教材研究方法論」「同教材開発方法論」など

2) 「生活臨床準備科目」

教職専門科目と、児童生徒の情意面での発達と豊かな学校生活を作り出し自律力を育むための学校生活臨床とを橋渡しする科目。児童生徒に《声が届く》教員をつくる「自己表現演習」の新設は特徴の一つである。

開設科目の例

「カウンセリング基礎論 (教育相談やエンカウンターの理論と技法)」「学校不適応 (問題行動・いじめ・不登校) 論」

1-5　自己再形成科目

「学校臨床科目群」を履修した後、より高度な自己形成と学校臨床展開を図るための科目。3・4年次に配置。学校臨床事後指導の性格も併せ持ち、「3. 教員発展科目群」にも属する。(開設科目の例は「3. 教員発展科目」の項を参照)

(2) 学校臨床 (school clinical practice) 科目群

大学での学修から得た知識・スキルを、学校現場・教育現場で実践していく科目群であり、「授業臨床科目」「生活臨床科目」の二つの柱と、両者を総合する「総合臨床科目」などからなる。以下の通り、**これまでの教育実習を大胆に改編し、飛躍的に拡充したところに大きな特徴**がある。

①従来の短期集中型の実習から、学んだことをそのつど附属校園等で試行していく常設型の実習 (例えば、各週1コマの授業実習など) を大幅に取り入れる。
②多彩な実習科目を新設する。その中で、教員としての人間関係とコミュニケーション能力の開発も図る。
③「3. 教員発展科目」の履修を経て再び現場に入る科目 (例えば「教育インターンシップ」) も新設する。
④臨床の主要な場は附属校園であるが、教育インターンシップ科目は、本学部学生を求める北東北全域の学校、適応指導教室等に学生を派遣するものである。
⑤以上を補完するために「学校外臨床科目」も置く。

2-1　授業臨床科目

授業実践の実習科目である。このうち、不登校や保健室等登校の児童生徒に状態に応じたきめ細かい個別的授業実践を行う「不登校授業実習」なども新設される。

開設科目の例

「学校○○実習 (○○は各教科、例えば週1コマ)」「学校養護実習」「特別支援教育実習 (障害児教育専攻学生の必修)」「幼児教育実習」「教科専門インターンシップ (TT、

補習等)」など

2-2　生活臨床科目
授業学習以外の学校生活の諸局面で、児童生徒の情意面での発達と豊かな学校生活を作り出し自律力を育むことをねらう科目。
開設科目の例
　「特別活動指導実習」「特別活動インターンシップ」「適応指導支援インターンシップ（教委等所管の適応指導教室において）」など

2-3　総合臨床科目
授業臨床と生活臨床の両者を総合して実践する科目。短期集中型の教育実習（「集中教育実習」）が中心であるが、「総合的学習実習」のように、授業臨床と生活臨床の体験を積んだ後「3．教員発展科目群」の「総合的学習開発論」を学ばせる段階を踏んで、再び臨床実習に入る科目も置く。
開設科目の例
　「集中教育実習」「集中養護実習」など

2-4　学校外臨床科目
教員には、学校外での教育・支援活動や、学校外で教育される体験も望まれるために、学校外での体験の推奨をねらう科目。教員養成学に基づく事前指導が行われる。

(3) 教員発展（professional development）科目群
学校臨床科目群の《広義の事後指導》科目であるが、大学での学修と現場での臨床体験を総合的に自己点検させ、①～③を培うことを通して、教育プロフェッションとしての生涯にわたるステップアップの基盤を形成する。
　①自ら課題を発見し、それに相応しいように自らの知識とスキルを再編改造して課題を解決する力。
　②自己研修を生涯にわたって継続していく態勢。
　③教員養成学部卒業生に望まれる、卒業後ただちに学級・教科が担任できる域までのステップアップ。
設置科目は三つに大別されるが、互いに密接な関連を持たせ、最後に、本学部での学修と臨床体験の成果をまとめさせる「卒業研究」を置く。

3-1　学校臨床事後指導科目

学校臨床の《狭義の事後指導》と、再び臨床に入るための再導入科目（「自己再形成科目」）からなる。
 1) 学校臨床事後指導
学校臨床で知識とスキルを応用した結果をここで点検、総合化・理論化させ、教員としての力量を再編・再構築させる科目。ここでは児童生徒の発達段階の違いにも対応できる内容を用意する。
 2) 自己再形成科目
それまでの学校臨床体験をフォローしつつ、次の臨床体験に備え高度の自己形成を図る事前指導科目である。「1. 自己形成科目群」の性格も併せ持つ。
　①「スキルアップ演習」…自分自身や児童生徒の自己表現、コミュニケーションの難しさを体験して、それを乗りこえようとする学生を対象とする科目。
　②「学校づくり演習」…学級・学校づくりや、教師間あるいは保護者との連携の難しさを実感して、それを乗りこえようとする学生を対象とする科目。

3-2　専門性発展科目
「学校臨床事後指導科目」を承けて、**教科系**と**学校教育系**の専門性を一層発展させて、総合演習や卒業研究に至る科目。特徴は2点である。
　①個性豊かな得意分野をもつ構成員たちの連携・協働によって初めて充実した活動が展開できるのが学校組織であるという視点から、必修科目に加え、個性や得意分野を深化・発展させる適切な選択科目を用意する。
　②大学での学修と現場での臨床体験を総合させることをねらう、総合系の科目をおく。

3-3　卒業研究
「学校○○発展演習」をはじめとする「学校臨床事後指導科目」から「総合演習」に至る流れと、教科系と学校教育系の「専門性発展科目」からの流れの合流点で、それらを踏まえつつ、各自の関心に応じて展開させる。

IV．結語
　①本学部は、《未来に開くラセン》をたどるように三つの科目群を履修させるカリキュラムによって、「確かな学力と自律力を持つ児童生徒」を育てる力量を備えた学生、すなわち、「個性・得意分野」「学校現場の今日的課題」に適切に対応する力に富む教育プロフェッション、教職に就いてのちも社会の変化や学問領域の進展に自ら対処でき専門性を深めていくことのできる教育プロフェッションを送り出そうとする。

②新教育学部のメイン・エンジン「教員養成学」は、学生および教員がその知識と能力を自己点検し再編しながらステップアップしていく過程を捉え、その成果を、教員発展科目群に不断にフィードバックしていく。

(2) その後の展開と「新々構想」

　前出の枠組みは、2005（平成17）年度入学生から本格適用することが目指されたが、新カリキュラムの主軸である学校臨床関連諸科目、すなわち実習関連諸科目の改革－実施は前倒しされ、2004（平成16）年度入学生から試行された。これについては次節で紹介するので、ここではそれと平行して練り上げられていった「教員発展科目群」に関わる「新々カリキュラム構想」を簡潔に紹介しておきたい。新々構想の第一は、2004年度入学生に対する3年次教育実習の大改革であり、第二は、「教員発展科目群」に属する4年次新科目を2005年度に立ち上げ、過年度入学生に試行し、その検証に基づき2006年度以降も発展させていることである。

　まず3年次教育実習は、「カリキュラム作成の基本方針と開設科目のねらい」の発表時点では、"学校臨床科目群に常設型の実習（例えば、各週1コマの授業実習など）をおく"としていたものであるが、これを次のように変更した。通年隔週3コマ集中で、学部教員の指導の下、附属校園において授業臨床と生活臨床を行い、学部にもどってその都度「学校臨床事後指導」を受ける。このために、火曜日の午後3コマを学生も教員もあける徹底した時間割管理を行った上で、2006年度から実習を実施している。これを『Tuesday実習』と命名し、教職必修科目としたのである。このような3コマ集中の通年連続形式の実現によって、「カリキュラム作成の基本方針と開設科目のねらい」の言う「学校臨床科目」と「専門性発展科目（学校臨床事後指導）」が融合できたのである。これは「カリキュラム作成の基本方針と開設科目のねらい」の枠組みを越え、進化と言うに相応しい展開と言えよう。『Tuesday実習』の詳細は本書第7章で述べられる。

　第二の、「教員発展科目群」に属する新科目とは、2005年度から、4年生を対象に大学院生の希望者も参加させて、自由科目として試行した『教員養成

総合実践演習』である。2005年度には、文部科学省放課後チューター事業を本学部が発展的に継承した「学校サポーター」活動と併行する事中指導としてまず展開され（大谷ら、2005）、その増設も行われた。その詳細は第8章で報告されるが、近い将来「学校臨床科目」に組み入れる予定のサポーター活動という「学校臨床」活動と「教員発展科目」の融合として特記できるものである。

　このように我々の構想は枠組み自体を進化させつつ、1年次科目から上向する改革と4年次科目から下降する改革を同時に遂行しており急展開を見せているが、新しい動きを整理すると二つである。

　まず、学校臨床関連科目改訂の急展開を、**表4-1**のようにまとめることができる。要点は、従来、特別活動系の科目という位置づけの下、カリキュラム構想からは相対的に独立して展開されてきたフレンドシップ活動科目（2・3年次対象）と、通年で毎週半日、適応指導教室で通室生をサポートする科目（3・4年次対象）、さらには文科省事業として開始した放課後チューター活動、前出『教員養成総合演習』を、学校臨床科目の体系に明確に位置づけたことである。

　第二は、「新カリキュラム構想」の鍵概念の一つ「自律的発展力」を、「自らの教育実践の省察を通して、より高次の教育実践を紡ぎだす能力」と再規

表4-1　2006（平成18）年度における学校臨床関連諸科目の新々体系

学年	科目（群）名称	:	概　要
1年	① 教職入門*	:	夏期集中。講義・パネルディスカッションと公立小中で観察実習
2年	②学校生活体験実習	:	附属校園。夏期集中の観察実習＋フレンドシップ活動8時間
	③フレンドシップ実習	:	学校、社教施設等で随時の集中。事前指導は宿泊研修
3年	④**Tuesday**実習	:	附属校園で、火曜日午後に通年で実施
	⑤集中型実習	:	附属校園における夏期集中の従来型教育実習
	⑥学校外臨床実習	:	社教機関、子ども会等における3年次フレンドシップ活動
4年	⑦学校教育支援実習	:	協力校、附属校。協力校では⑧とリンクさせる
	⑧協力校教育実習	:	協力校での集中型実習。時期は夏季に限定しない
	⑨自律的発展力向上演習	:	本文の通り

注1　＊平成16年は観察実習を附属小中で実施したが、公立校に変更
　　2　アンダーラインは必修科目

定した上で、教育実践と省察とを往還させる4年次科目『教員養成総合実践演習』を『自律的発展力向上演習』として増設・展開していくことである。前出の演習に加え、既に「学級経営」「生徒指導実践論」という二つの演習が実施されており、1998（平成10）年度以来実績のある「不登校支援教育」もここに位置づけられる。さらにこれらの演習は大学院科目への乗り入れ、統合を展望しつつ実施していくこととなる。

3. 学校臨床関連科目の改訂の全体像と新「教職入門」

(1) 2004（平成16）年度入学生に対する改訂

1年次の前後期で計50コマのうち30数コマが共通教育（「21世紀教育」と呼ぶ）専用の時間に充てられていたり、卒業所要単位数を増やしにくい全学体制下で教職科目の小出しの新設は行いにくい制約の中で、2004年度入学生に対して表4-2のような学校臨床関連科目の改訂を行った。「教職入門」の改訂以外の要点を整理すると、次の5項になる。うち②⑤は、ふれあい活動や体験活動を重視して教員養成に画期を拓いた信州大学（土井、2001）や、「入門教育実習」を1年次に開設した新潟大学（岡野ほか、2004）と連動する問題意識に発している。

表4-2 2004（平成16）年度入学生に対する学校臨床関連科目の体系

学年次	旧（平成15年度入学生まで）	新（平成16年度入学生）
4年		「学校教育支援実習（協力校、附属校）」［随時］
	「**教育実習（協力校）**」［夏期集中］	「教育実習（協力校）」［夏期集中］
3年		新「**教育実習**」**集中実習**［夏期集中］
	「**教育実習（附属校）**」［夏期集中］	**Tuesday実習**［通年隔週］
2年	「学校生活体験実習」［夏期集中］	新「学校生活体験実習」［夏期集中＋通年］
	「**教職入門**」［前期毎週］（座学）	
1年		新「**教職入門**」［夏期集中］

注1　「　」：科目名　　［　］：実施時期　　反転文字：教職必修科目
　　2　新旧とも、1年後期に「人間教育論Ⅰ」（［第3欄　理念・歴史・思想］に対応）と「人間教育論Ⅱ」（［第3欄　発達・学習］に対応）が配置されている。ただし平成17年度入学生からは「人間教育論Ⅰ」は1年前期に前倒しした。

①教育実習関連科目の附属校への"丸投げ"を排し、学部教員が事前事後指導、実習指導を行うことによって、関与度を飛躍的に強める。

②「教育実習」には、「授業臨床」のみならず、特別活動や児童生徒の体験活動指導、生活指導、フレンドシップ活動のように、児童生徒とのふれあいを通した学生自身の体験の拡大深化と対象化をねらう「生活臨床」を含ませる。

③5単位の必修教育実習は全て3年次に附属校で実施する。これには、従来型の「集中的実習」に加え、「恒常的実習(Tuesday実習)」を組み込む。その体制作りのため、2003年度から、各教科・講座単位の研究会を立ち上げ、学部と附属校の全教員が1以上の研究会に所属し活動した。

④協力校での4年次「教育実習」は、3年次教育実習を一定水準以上の評価で通過した学生向けの選択科目として設定し、当該学生には「学校教育支援実習」も準備する。後者は、従来、少人数対象に正課外で行われていた4年次放課後チューターや4年次フレンドシップ活動等の受け入れ校を増やして拡充するとともに、実習授業科目として行わせる。

⑤2年次夏の「学校生活体験実習」で初めて附属校に入って、1週間、教育実習と児童生徒の学校生活を観察実習させていたのを改め、一部を1年次に下し、下した分(少なくとも5コマ分)、「学校生活体験実習」の枠内で、附属校でのフレンドシップ活動を行わせる。なお本学部のフレンドシップ活動は、平成10年度来、公立校や社会教育施設における2～4年次授業「特別活動実習」として展開されてきたが、教育委員会との連携で実施する性格から附属校での活動は行っていなかった。

しかし、まず我々が2003年度中の最大課題としたのは、「教職入門」の大改訂であった。この科目はそれまで、2年次前期の毎週開講授業として、学部の各教科・講座が各1回の授業を出し、それに附属校教員の講話を加えたオムニバス座学で実施されていたが、平成16年度入学生に対しては、**表4-3**のように改訂した。

新「教職入門」は「自己形成科目群」の「教職導入科目」として、全ての教職科目に先立って1年次夏期休業中の集中授業として配置するとともに、「教

表4-3 2004（平成16）年度入学生に対する新「教職入門」の構成

内　容	担当者	日　時	
1 附属校に入るための事前指導	附属校の実習担当教員	7.21（水）11時限	
2 講義　教職の意義	教育学講座教員	9.11（土）	5・6時限
教職キャリア論	心理学講座教員★		7・8時限
観察の方法	新カリキュラム委員会		9・10時限
3 講話　教職キャリア形成過程 　　　　―教員としての喜び・悩み―	公立小学校教員	9.12（日）	3時限 〜 8時限
	公立中学校教頭		
スクールカウンセラーの経験から 　　　　―学校・教師との連携―	スクールカウンセラー歴の 豊富な臨床心理士		
4 パネル・ディスカッション	講話者3名＋学部教員 司会　新カリ委員長★		
5 グループ討議：観察実習のめあて	引率・指導担当教員 17名 （新カリキュラム委員会 　委員長ほか6名のメン 　バーを含む）		9・10時限
6 附属小学校教育実習の観察実習 　および、観察実習まとめ		9.13（月）1日	
7 附属中学校教育実習の観察実習 　および、観察実習まとめ		9.14（火）1日	
8 事後指導		10月に1コマ	

★は豊嶋である

育実習の観察実習」に向けて展開を構造化し、学校臨床準備科目の性格を併せ持たせた。**表4-3**の1〜5は観察実習の事前指導として位置づけた。そのために、「観察の方法」も講義として組んでいる。「教職キャリア論」講義は筆者が担当し、6章の効果研究で焦点とするアイデンティティへの関心を高める目的で組み入れた。「3. 講話」「4. パネルディスカッション」は、「教職キャリア論」講義と連動させる狙いから、公立小中学校教員に"教員としての自己形成過程の自己開示"を求めたが、それにスクールカウンセラーを招いたのは、学校での生活臨床を教師とは異なる視点と専門性から行っている者の知見を知らせるとともに、これからの学校教育では外部から学校に派遣される専門職とのコラボレーションが必要なことを知らせる目的による。ちなみに青森県ではスクールカウンセラーの配置が決定的に遅れており、教員養成学部の学生でその存在すら知らないものが多い。また「4. パネルディスカッション」にパネラーとして加わった学部教員は、公立校教師として長い生徒指導歴をもつ大谷であった。

　「観察実習」では学部教員1人に学生15人前後を配属し、学部教員が引率

して附属小学校と附属中学校で各1時限の実習授業を詳細に観察させ、その日のうちに観察実習のまとめを行わせた。

5章と6章では、2004（平成16）年度入学生に対する「教職入門」の効果を検証していく。

(2) その後の再改訂

前節の**表4-1**にまとめた通りであるが、「教職入門」の実施形態と内容は毎年変化しているので指摘しておく。2005年には二つの改訂があった。第一は、2004年にはすべての教職科目に先駆けて実施したのを、2005年からは、教員免許法第3欄の「理念・歴史・思想」に関する科目、『人間教育論Ⅰ』を1年前期に履修したのち「教職入門」を受講させるカリキュラムに変えた。教職の意義を捉えた上での受講となるので好ましい改訂と言えよう。第二は、観察実習の場を附属小中学校から公立小中学校に変えたことである。附属校園では2年次の「学校生活体験実習」、3年次の「Tuesday実習」と「集中実習」を実施するので、1年次には公立小中学校での体験を入れようとの意図によるものである。

2006年には、「講話」「パネルディスカッション」に招聘するスクールカウンセラーを諸事情から、それまでのベテランから若手に代えた。このことが学生に与えた影響については未検証である。

2007年には、「教職入門」には、スクールカウンセラーに替えて、養護教諭を招くこととなった。学生にとって身近な存在である養護教諭の参画によって"学校内専門職とのコラボレーション"への関心が増すことが期待される。

また、2007年にはこれまで一貫して附属学校に"丸投げ"していた「学校生活体験実習」を学部教員の引率指導の下で実施する計画が進行中であり、2006年に試行した「Tuesday実習」の成果をふまえた改革も行われるであろう。

文献

1　天野正子『転換期の女性と職業』(学文社、1982年)。
2　土井進「フレンドシップ事業を契機とした教員養成カリキュラムの改革」『平成12年度弘前大学教育学部フレンドシップ事業報告書』(2001年)、60-71頁。
3　遠藤孝夫「教員養成学部の基礎理論としての「教員養成学」の創出―教員養成教育論の展開から見たその意義と課題―」『弘前大学教育学部紀要』(教員養成学特集号)、(2004年)、3-16頁。
4　羽賀敏雄・清水紀人・豊嶋秋彦「地域の社会教育施設及び公立学校と連携したふれあい活動―平成13年度弘前大学フレンドシップ事業の意義と展望―」『弘前大学教育学部研究紀要クロスロード』6 (通巻46)、(2002年)、43-54頁。
5　弘前大学教育学部自己評価委員会『自己評価委員会報告書―教育と研究の現状と課題―』(1994年)。
6　弘前大学教育学部基本構想委員会「北東北3県の教員養成と教員研修の質的向上を図るための責任と連携の体制」(2002年)、(弘前大学教育学部編『弘前大学教育学部外部評価報告書2003』2003年、92-94頁に再掲)。
7　岡野勉・宮薗衛・室賀美津男・常木正則・堀竜一・鈴木真由子・伊野義博・森下修次・大庭昌昭・長澤正樹・福原昌恵「教員養成カリキュラムとしての1年次教育実習―新潟大学教育人間科学部「入門教育実習」における学びの様相」『教科教育学研究』22、(2004年)、103-116頁。
8　大谷良光・平井順治・福島裕敏・斉藤尚子・山田秀和・中野博之・遠藤孝夫「新科目「教育実践総合演習Ⅰ」と学校サポーター活動の往還により教師力を養成するカリキュラム開発」、日本教育大学協会『2005 (平成17) 年度研究集会報告集』(2005年)、37-40頁。
9　Schein, E. Organizational socialization and the profession of management, *Industrial Management Review*, 9, 1968, pp.1-16.
10　竹内洋「専門職業を巡る諸問題」岩内亮一編著『職業生活の社会学』(学文社、1975年a)、174-192頁。
11　竹内洋「教員―専門職業としての教師」岩内編著、前掲書 (1975年b)、215-223頁。
12　豊嶋秋彦「教員養成学の構造からみた不登校生のサポートと「斜めの関係」―対人支援専門職への社会化研究の実践的理論的意味―」『弘前大学教育学部紀要』(教員養成学特集号)、(2004年)、27-42頁。
13　豊嶋秋彦・長谷川恵子・加川真弓「非専門家学生における適応支援者としての社会化過程―不登校生徒の長期支援学生に対するPAC分析―」『弘前大学保健管理研究』20-2、(弘前大学保健管理概要23、2002年)、15-35頁。

第5章　1年次教職科目「教職入門」における「教育実習観察」の効果と課題についての一考察

太田　伸也

1. 本稿の目的と方法

　弘前大学教育学部では、平成16年度から教職科目「教職入門」を1年次学生対象の授業として位置付け、内容を大きく改訂して実施した。この授業は、教職の意義と教員の役割、及び教職志望の確立をねらいとするものであり、本学教育学部における教員養成カリキュラムの開発、とりわけ教育実習のあり方に関する新しい試みの一つである[1,2]。

　平成16年度の「教職入門」では、附属小学校および附属中学校での「教育実習の参観」が、その柱の一つになっている。ここでは、授業記録をとることを学生にとっての中心的な課題とする観察実習が行われた。授業記録は、授業の評価、授業研究等において重要な役割を果たすが、1年次の学生にとってはその入門として、教育活動をみる視点を養うという意義がある。たとえば、授業を教師から生徒への知識や技能の伝達と捉えていれば、授業でみるべきものはいかにうまく教師が伝えるかであり、授業をみる視点は主として教師に注がれる。実際、初めて授業を参観する学生の場合に授業記録にほとんど児童生徒が登場しなかったり、教育実習における研究協議において児童生徒の実態を根拠とした議論ができなかったりするという例が多い。逆に言えば、授業における児童生徒の活動を観察できるということの中には、すでに児童生徒の活動や教師を含めたコミュニケーションによって教育活動を捉えていこうとする方向性が見出される。1年次の学生に対する観察実習の中でどこまで要求できるかはわからないが、具体的な教材の議論に入らない段階でも教師の役割をそれまでと異なる視点で考える場面をつくることはでき

るであろう。

　本稿では、「教職入門」における附属小学校、附属中学校での観察実習に焦点をあてる。本稿の目的は、「教育実習の授業の参観」として行われた「観察実習」での学生の取り組み方の考察を通して、その効果と課題を明らかにし、今後の指導への示唆を得ることである。そのために、学生の授業記録の取り方と参観後の研究協議における学生の状況を分析、検討する。

2．弘前大学教育学部1年次教職科目「教職入門」の概要

(1) 授業の全体像

　1年次教職科目「教職入門」（必修、2単位）は、主として9月の附属学校における3年次学生の教育実習期間に集中授業として行われた。その概要は**資料5-1**の通りである。

資料5-1　弘前大学教育学部1年次教職科目「教職入門」実施プログラム（平成16年度）[3]

7月21日（水）	
①観察実習の事前指導	17:40～
9月11日（土）	
②講義「教職の意義」	12:40～
③講義「教職キャリア教育論」	14:20～
④講義「観察の方法」	15:50～
9月12日（日）	10:20～
⑤-1　教職キャリア形成過程——教員としての喜び・悩みを巡って—	
（小学校教師から）	
⑤-2　教職キャリア形成過程——教員としての喜び・悩みを巡って—	
（中学校教師から）	
⑤-3　スクールカウンセラーの経験から——学校、教師との連携を巡って—	
⑤-4　パネルディスカッション（学生からの質疑を含む）	
⑥グループ討議「観察実習のめあて」　16:00～17:30	
9月13日（月）	
⑦「附属小学校教育実習」観察（グループごとに1つの授業を参観）	午前
⑧グループ討議「附属小学校教育実習観察のまとめ」（グループごとに90分）	午後

9月14日(火)
⑨「附属中学校教育実習」観察(グループごとに1つの授業を参観)　　　午前
⑩グループ討議「附属中学校教育実習観察のまとめ」(グループごとに90分)　午後
 9月末～10月
⑪グループ討論「教職入門事後指導」(グループごとに日程を決めて90分)

(2) 「授業観察の方法」についての指導

　資料5-1の⑦「附属小学校教育実習」観察、⑨「附属中学校教育実習」観察では、授業記録をとることを作業課題としていた。学生にとって授業者の立場から授業を客観的にみることは初めての経験であり、授業記録をとることも初めてであることから、④「観察の方法」では、テキスト「観察実習の手引き」(砂上、吉田 2004)[4]に基づいて、授業観察の視点や授業記録の取り方について具体的な指導が行われた。資料2は授業で学生に配付されたテキストから授業記録の取り方に直接かかわる部分の概要を抜き出したものである。

資料5-2　教職入門「観察実習の手引き」2004年度用より

2．観察の心がまえ
　(1) 先入観にとらわれずに素直な気持ちで授業を観察すること
　(2) 自分の授業の見方に自覚的になること
　(3) 理念や理論でなく、授業の事実を観察すること
　(4) 必ずメモをとること
3．メモの取り方
　(1) 授業者と学習者のやりとりを書く
　　ア　授業者の働きかけ
　　・言葉による働きかけ
　　・身振り、動作による働きかけ
　　・教具を使った働きかけ
　　・教科独特の働きかけ
　　　　　　※指示、発問はできるだけそのまま書く。説明はまとめてもよい。
　　　　　　　言葉以外の働きかけは図などを適切に使う。
　　イ　学習者の反応
　　・話しことばによる反応
　　・文章を書くことによる反応
　　・身振り・動作による反応(積極的な反応だけでなく、授業と関係ない手遊びやあくびなどの消極的な反応)

・教科独自の反応
　　　　※学習者の話し言葉による反応もできるだけそのまま書く。
　ウ　教材・教具
・授業で使われる素材（事例、作品、資料など）
・教材を物的に使うもの（教具）
(2)　できるだけ細部にわたって正確にメモする
　例示している内容
・教師の発問するときの表情、声色、姿勢
・児童生徒の回答内容だけでなく自信をもっているか自信なさそうに恥ずかしそうに答えているか
・事実と別に自分が感じたことも記録する。その際にも「○○さんは眠そうだけれど、どうしたんだろう」などできるだけ具体的に書く
(3)　時間や数を記入する
・授業の中での「時間」や「数」は授業について考える材料になる。たとえば「ほとんどの児童が挙手」よりも「28名（30名中）が挙手」と書いた方がよい。
(4)　メモのコツ
・筆記用具や略記号のうまい使い方
・グループ活動のように学習者中心の授業の場合は、メモの対象の学習者をしぼる。特定のグループ、場合によっては個人でもよい。
（以上のような指示、解説に加え、資料として実際の授業における記録（メモ）例、授業記録の書き方の例を示している：筆者注）
4.　観察後の討論について
(1)　事実確認　授業者や学習者の発言で聞き取れなかったところ、メモできなかったところなどを確認する。
(2)　授業者の働きかけ、学習者の反応、教材の中から特徴的なものをそれぞれ2〜3選び、その意味について意見を交換、議論する。考えが異なった場合に無理にまとめる必要はない。
(3)　授業者がどのようなねらい（教育内容や目標）をもっていたのかについて確認し、そのねらいが達成されたかどうかについて議論する。議論をまとめる必要はない。

　資料5-2のように、この観察実習では、特定の教科の指導内容や指導法にかかわる議論を深めることではなく、授業の観察の仕方について、それぞれの興味に応じた視点の自由度を認めながら経験させ学べるようにすることを意図したものである。

3. 学生の授業記録の分析

　この授業を受講した学生の数は約250人である。**資料5-1**の⑥〜⑪では、15人程度の人数で17グループを構成し、それぞれに担当教員がついて引率、指導を行った。以下では、一つのグループの学生の活動を中心に考察する。

　学生が**資料5-1**の⑥までの講義、討論を経たあとで、授業のどこに着目しているか、また、授業の事実を把握できているかについて、授業記録をもとに把握することを試みる。以下は、授業参観後、グループ討議に入る前の段階での授業記録を分析の対象としたものである。

(1) 授業記録で把握している教師の働きかけや児童生徒の反応の量について

　ここでは、授業記録の記述を、教師からの働きかけと児童生徒の反応に分け、その数をとらえる。**表5-1**のように、教師の働きかけと児童生徒の反応

表5-1　授業記録の記述数の分類の枠組み

教師からの働きかけの記述	T1	教師から全体への発問や指示	
	T2	教師から児童生徒全体への働きかけ（言葉によるものでも抽象的に記述されているものはここに含む）	例；「みんなにあてている」「BB（黒板）に書く」「先生は席を見て回る」「先生は（教室の）中央に動く。一緒に読む」「○○はどういうことか聞く」「まだ書いている子がいるので待つ」「練習問題を解かせる」「今日の復習をする」「子どもに話しかけるような口調で説明」
	T3	教師から児童生徒への個別的働きかけ	例；「見回って声をかけている。後ろの方の生徒のところにはあまり行っていない」「○○に教える」「○○のノートをのぞきこむ」
児童生徒の反応の記述	P1	児童生徒全体の反応（発話）	
	P2	児童生徒全体の反応（発話以外）	例；「みんな大きい声で読み始める」「挙手7人」「読むペース、声の大きさは人それぞれ」「生徒どうしで教え合う様子はみられない」「反応がない」「2分くらいで半分の生徒は鉛筆を置いている」
	P3	児童生徒の個別的反応（発話や行動）	例；「ドア側の2番目の子が読んでない」「○○がふでばこで遊んでいる」「○○は声が大きくてよい」「（ノートに写すとき）遅い子は早い子と2、3行の差あり」「（教師の解説のときも）わからず解き続ける（解き直す）子もいる」「一つ目の問題が解けなかった子はやはり（二つ目も）解けない」

第5章 1年次教職科目「教職入門」における「教育実習観察」の効果と課題についての一考察　107

のそれぞれを、さらに3通りに分類した。

　表5-1のT3、P3は、授業の中で全体の場面には表れない教師や児童生徒の活動に焦点をあてた記述を把握しようとしたものである。これは、教育活動をあらかじめ決められた授業者の意図だけで観察するのではなく、特に個々の学習者がどのような状況にあるかをみようとする意識の表れとみることができる。ただし、記述が抽象的にとどまり事実の把握につながりにくいもの、たとえば、「ノートをみてまわる」、「声の大きい子もいるが声を出していない子もいる」などは、特定の児童生徒を明確にしていない限りそれぞれT2、P2に分類した。T1、P1は、それぞれ授業全体の流れの中に表れた教師や児童生徒の発話（言葉）を忠実に記録しようとしたものである。これは、後に授業研究や評価活動において重要な役割を果たすことから、T1、P2と区別した。

　表5-2は、あるグループの学生13人の授業記録の記述数を、**表5-1**の分類に従い整理したものである。1回目の参観（9月13日）は小学校3年の国語、2回目の参観（9月14日）は中学校1年の数学で、いずれも教育実習生の授業である。

　授業の内容や構成は大きく異なり、国語は児童の読みを中心にした展開、数学は方程式の解き方を考えたり練習の場面をつくったりする場面であった。**表5-2**から、二つの授業について、記述量全体や、教師と児童生徒への着目の仕方などについて大まかな傾向は似ていることがわかる。欄外に示しているように、試みに他のグループの2人の学生P、Qについて調べてみたが、この分類による記述の数については、授業の内容や形態による違いは小さかった。

　表5-2から、全体的な傾向として、次の(a)〜(d)がわかる。

(a)　全体としては、教師の働きかけと児童生徒の反応とを同じくらいの量で記録している。

　表5-2から、T1〜T3の小計とP1〜P3の小計に極端に差がある例はみられなかった。最初の授業観察としては、児童生徒よりも教師に目がいくことが多いということを考えると、1年次の学生としては予想以上に児童生徒

表5-2 授業記録における「教師の働きかけ」と「児童生徒の反応」の記述数

	学生	A	B	C	D	E	F	G	H	I	J	K	L	N	平均	P	Q
9/13 小3国語	T1 教師から全体への発問、指示等	30	25	12	25	11	24	7	19	24	11	3	16	26	17.9	42	48
	T2 教師から全体へ（言葉以外）	11	11	2	8	17	5	17	14	6	14	39	40	14	15.2	13	17
	T3 教師から児童への個別の働きかけ	0	0	0	0	0	0	0	0	0	0	0	1	0	0.1	0	1
	小計（教師の働きかけ）	41	36	14	33	28	29	24	33	30	25	42	57	40	33.2	55	66
	P1 児童全体の反応（発話）	35	11	2	9	9	29	2	3	17	2	4	19	30	13.2	20	19
	P2 児童全体の反応（発話以外）	8	12	8	22	8	7	8	12	11	19	11	31	12	13.0	9	18
	P3 児童の個別的反応	28	6	16	26	4	12	11	10	4	11	12	6	19	12.7	6	12
	小計（児童の反応）	71	29	26	57	21	48	21	25	32	32	27	56	61	38.9	35	49
	記録の合計	112	65	40	90	49	77	45	58	62	57	69	113	101	72.2	90	115
9/14 中1数学	T1 教師から全体への発問、指示等	26	23	24	5	10	19	10	22	16	20	7	12	24	16.8	42	42
	T2 教師から全体へ（言葉以外）	9	7	9	2	24	15	34	14	11	21	26	34	26	17.8	10	5
	T3 教師から生徒への個別の働きかけ	2	1	2	2	4	2	1	1	1	2	0	3	2	1.8	3	1
	小計（教師の働きかけ）	37	31	35	9	38	36	45	37	28	43	33	49	52	36.4	55	48
	P1 生徒全体の反応（発話）	9	4	8	0	6	5	4	4	2	7	1	0	11	4.7	7	6
	P2 生徒全体の反応（発話以外）	28	13	17	14	11	16	17	11	21	17	12	22	27	17.4	22	23
	P3 生徒の個別的反応	32	5	22	8	9	9	5	6	10	7	15	14	15	12.1	8	6
	小計（生徒の反応）	69	22	47	22	26	30	26	21	33	31	28	36	53	34.2	37	35
	記録の合計	106	53	82	31	64	66	71	58	61	74	61	85	105	70.5	92	83

学生P、Qは他のグループの学生の場合を比較のために示したものである。（9／13は小6国語、9／14は中1体育）

の活動に着目しようとしていることがわかる。

(b) 授業記録の中に、授業の流れの中で表面には出てこない児童生徒の個別的な反応に関する記述が多くみられる。

表5-2のP3に注目すると、1回目(9/13)では個人差はあるが全体としてはP1、P2に匹敵する数の記述がみられる。2回目(9/14)ではP1が少ないのに比べP3は相当数の記述がみられる。このことが(1)で示したように児童生徒に関する記述の量につながっていると言える。

(c) 記録の全体量や、T1～T3、P1～P3それぞれの記述の割合などについては学生の個人差が大きい。

表5-2から、それぞれの最大数と最小数を取り出すと**表5-3**のようになる。T1～T3、P1～P3それぞれの割合をみても、学生により差がある。個々の学生の着眼点の違いが表れているとみることができる。

(d) 1回目と2回目の記録の量(記述数)については、授業の質の違いにも依存すると思われることから、単純には比較できない。

1回目よりも2回目の方が飛躍的に(5割以上)記述量が増えた学生が2人いる。他に、5割以上減った学生が1人いるほかは、全体として大きな変化はみられなかった。なお、記述量が大幅に減った学生の記録からは、授業の途中から授業に対する個人的な思いや生徒の状況に対する感想が多くなり、事実の把握から意識が離れてしまった部分があることが見受けられた。

参観した授業は同じであっても、たとえば学生Cは記述全体が増えている

表5-3 授業記録における「教師の働きかけ」と「児童生徒の反応」の記述数の最大と最小

		最大	最小			最大	最小
9/13 小3国語	T1	30	3	9/14 中1数学	T1	26	5
	T2	40	2		T2	34	2
	T3	1	0		T3	4	0
	小計	57	14		小計	52	9
	P1	35	2		P1	11	0
	P2	22	7		P2	28	11
	P3	28	4		P3	32	5
	小計	71	21		小計	69	21
	合計	113	40		合計	106	31

のに対して、学生FはT2、P2が増えてT1、P1、P3が減っている。これは(3)でも述べた着眼点の違いによるものであろう。

(2) 授業記録の内容（質）について

授業記録の内容(質)についても学生により差がある。ここでは、以下の(a)、(b)の二つを事例として紹介する。

(a) 授業の事実を客観的に記述しようとしている学生の記録と、自分の言葉に置き換え一般的な表現にしてしまっている学生の記録に大きな違いがある。

次に示す〈記録A〉と〈記録B〉は、同じ授業の同じ部分についての二つの記録である。

〈記録A〉

```
54　よみはじめる
　T　この日はどんな／
　子　父さんが出征した日
　みんな　同じです
58　T　p.○の後の「からだの弱い～ちいちゃんは──しました」まで (2行) ノートにていねいに書いて下さい。
　静かに書く。先生の方を向く子や
　　「体の弱いお父さんまでいくさに行かなければならないなんて」
　　お母さんがポツンと言ったのがちいちゃんにはきこえました。
00　T　お母さんの気持ちをとなりに書いて下さい。
　　T　書いたら，お母さんがポツンと言った気持ちを書いてください。
03　T　ちいちゃんの気持ちも書いて下さい。
05　T　お母さんの気持ちは？
　　S　悲しい気持ち　　　　　　　　　　　子から子に
　　S　不安そうな気持ち　　　　　　　　　あてさせる
　　S　いくさなんてなければいい
　　S　淋しい気持ち
　　S　○○と同じでかなしい気持ち
06　T　ちいちゃんの気持ちは？
　　S　なんでポツンと言うのか？
```

```
   S  かならずかえってきてね
   S  母に大丈夫って
   T  この気持ちを込めて,「聞こえました」まで大きい声でよんで下さい。
      みんな大きい声でそれぞれよみはじめる。   ○○の子, 声でかく good
10 次にすすみたい。「〜」までみんなで読もう。                やさしい。
   ○○の子がふでばこで遊んでいる。読んでない。          ちゃんと言う
   T  ちいちゃんと兄の気持ちは?                        (しっかり)
   S  楽しい気持ち  キョロキョロ
   S  ずーとかげおくりができればイイな            先生がくり返す
   S  父さん大丈夫かな?                         わかりやすい
   S  また家族でかげおくりがしたい。
```

〈記録B〉

```
55  音読を始める (しない子もいる)
T   書きおわったらポツンと言ったときのお母さんの気持ちを考えて書いてみよう
    書きおわったらちいちゃんの気持ちも書いてみて下さい
    ふざけながらねてしまう子もいる
    教生は注意しないで素通り
    聞いてみたいと思います         7人挙手
    ちいちゃんの気持ち    はじめ1人のみ挙手
                      のちにプラス3人
    児童の答えたことはちゃんと板書にかく
    自分のペースで音読    読まない子もでてくる  声の大小は様々
12:10 授業後半になると,あくびをしたり背伸びをしたりまわりの子らと笑いあ
    うことが多くなる。
```

〈記録A〉は授業が再現でき、また教師の発問や児童の言葉が具体的に記されている。これに対して〈記録B〉では、多くの児童の発話が省略されている。また、授業の流れの外にいる子どもに着目はしているが、「ふざけながらねてしまう子もいる」「読まない子もでてくる」などのように児童を特定しないで記述されている部分が目立つ。これは、多様であるという一般的なとらえ方にとどまり、教室にいる児童個々の事実に迫ることができない。つまり、指導者の授業の流れがあくまで優先され、それと異なるものがあるということにとどまるのである。〈記録A〉のように子どもの発話に忠実にこだわって

いけば、ときには授業の中で気付かなかった子どもの考えや気持ちをその言葉から気付かされることがある。

(b) 2回目の授業記録では1回目に比べて個々の生徒の記録を明確に書こうとするようになる。一方、(1)で指摘した「子どもの発話や事実を忠実に書く」ことにはなかなかつながらない。

次の〈記録C〉は、(1)の〈記録B〉と同じ学生のものである。

〈記録C〉

```
T  みなさん，この問題をといてみて下さい。
        3x－2（x－1）＝8
   Bの子，ペンが動かない
   Mの子は教科書をみながら解いている
   IとJの子は早く終わって答え合わせ　後ろむいて話している
T  「終わった子は見直してみて。もしかしたらまちがって
T  「黒板に書いてくれる人」
     6人挙手
   Aの子，解いた過程を説明する。
     Eの子がブツブツ「分配法則だ」と言っている
   Aの子，分配法則（　　）のはずし方について，教生に相談
T  「分配法則って覚えていますか？」
Eの子  「おぼえてます!!」　←　1番でかい声
T  「教科書読んでみて」
```

1回目には「ふざけながらねてしまう子もいる」のように全体的な漠然とした記述であったが、2回目には「Bの子、ペンが動かない」「Mの子は教科書をみながら解いている」というように、生徒個々の記録として具体的に書こうとしていることがわかる。授業の流れの中での生徒Eの気持ちの動きも具体的に把握しようとしていることがわかり、1回目よりも大きな進歩がうかがえる。

しかし、どのように解いているかは具体的に書かれていない、「Aの子、解いた過程を説明する」などのように、どのように説明しそこでどのような事実があったのかが記録されていないなど、発話や事実を忠実に記録するという点では1回目とあまり変わっていない。この点に関しては、同様の傾向

を示す例が多かった。後の4.で示すように1回目の授業を参観したあとの討論を経て授業観察の視点がひろがるが、発話などの事実を忠実に記録するという点についてはもっと意識的になる必要がある。

4．授業参観後の討論の進め方とその内容

(1) 授業参観当日の討論から

　資料5-1の⑧、⑩の授業観察後の討論では、あらかじめ学生の授業記録をコピーしておき、それをまわして自分のとった記録と比較する時間をとった。これによって、記録できなかったところを確認したり、自分にはなかった観察の視点を見出したりすることができた。その後、一人ずつ考えたことを発表し、いくつかの点について意見交換を行った。内容としては「ア　授業者の働きかけについての気付き」「イ　学習者の反応についての気付き」「ウ　協議」に分類できるが、ここではイとウを中心にその概要を示す。

〈附属小学校の授業（教育実習生、小3国語）参観後の討論（9月13日）〉
ア　授業者の働きかけ
T2　児童個々への働きかけに関すること
　・読む気がなさそうな児童に声をかけなかったが自主性に任せたのか
　・グループごとに机をつけるという配置で、その場所に教師が行けば複数の子どもを見ることができる
イ　学習者の反応
P1　授業の流れの中での児童の活動
　・一斉に読んだときに比べて「自分のペースで読んでください」という指示の時は読まない子どもが増えた
P2　表面に出てこない児童の活動の様子
　・○○の場面で、きれいにノートに書いている児童と、字の大きさがばらばらで雑な児童とがいた

・○○さんは音読の場面であまり読む気がなさそうだった
ウ　討議内容
　ウ–1　音読についての教師のアドバイスはどのようにしたらよいか。
　・教師のアドバイスのしかたによっては児童の創造性をつぶすのではないか。
　・児童が出してきた意見をもとに呼びかけたらよかったのではないか。
　・自由に読む場面ではわざとへんな読み方をして笑わせている児童がいた。むしろ一斉に読んだ方がよい。
　・一斉に読む場面でも読まない子どもがいた。
　・読まない子どももいるが放任でなく声をかけることが必要だろう。
　・○○のあたりで、読んでいなかった児童にTA（他の教育実習生）がつき、TAが読んでついて読ませるという方法をとっていた。それによって読むようになった子どももいた。
　ウ–2　授業のねらいについてどのように考えたか
　・小学校3年生ではまだ表現力が十分ではないことがわかった。
　・読むことについては変化がなくても、児童の内面では変化があったのではないか。

〈附属中学校の授業参観（教育実習生、中1数学）後の討論（9月14日）〉
ア　授業者の働きかけ
T2　児童個々への働きかけに関すること
　・教師が表に出ることがなく個人個人にアドバイスしてまわっているのによい印象をもった。
　・「だいじょうぶですか？」「わかりますか？」と何度も聞いていて、全員にわかってほしいという気持ちは感じたが、実際には生徒の中にはわからないままでいる者がいた。全員にわかるように教えるとしたらどのようにしたらよいだろうか。
イ　学習者の反応
P2　表面に出てこない児童の活動の様子

- 目の前にいた生徒は問題が解けないでいたが、黒板を写すでもなかった。
- 目の前にいた生徒は黒板は写したがわかっていなかった。
- ○○にいた生徒は、ノートをみるとちゃんとやっている生徒だったが、小数係数をもつ方程式のときは鉛筆が動かなかった。教師が来て話しているうちに考えがわかったようだが、整数係数に直すよりも小数係数のまま解いた方がよかったようだった。

ウ　討議内容

　ウ-1　生徒の発表のしかたとして、黒板の所に出て説明したときと、座席のところで説明したときがあったが、それについてはどうか。
- 前に出て説明した方が伝わりやすい。
- 前に出にくい生徒にとっては座席のところで説明させた方がよいかもしれない。
- 小学校でも児童全員の方を見て発表させていた。全体を見て発表させることが大切ではないか。

　ウ-2　教師が「整数係数にした方がよい」といったのは悪いことではないと思うが、生徒によってはその方法をとらない者がいた。また、どちらがよいか多数決をとっていたが、その方法はどうか。
- ほとんどの生徒が「整数係数に直す」という方に手を挙げていたが、ノートなどを見ると反対の考えの生徒もいたのは事実ではないか。反対の方に手を挙げることのできる雰囲気ではなかった。
- 自分の中で考え判断するということでよかったのではないか。
- はじめて新しい方法を知る生徒にとっては固定観念をもってしまうので多数決はよくないのではないか。自分でも小数係数のまま方程式を解くことがある。
- 一方の考えを強制的に与えていくのはよくないが、楽な方法はどちらかということを伝えたかったのだろう。そのことは必要だから、新しいスキルとして指導することは必要である。

＊これに対して、次の2点を確認した。
- 「多様に考えること」を大切にしようとしていろいろな考えを発表させる

ことがよくあるが、それを一つだけ取り上げて他は捨ててしまうと、生徒の発表の意欲をそぐことになる。発表されたもののよいところを明らかにすることが必要である。
・子ども（人間）は自分の考えにこだわるという事実を知っておく必要がある。特に納得するまでは自分の方法にこだわっていく。今回の授業でも、全体の流れと別に小数を分数に直して計算する生徒がいたが気づいたか？（これに対して、「自分の見ていた生徒もそうだった」「小数を整数に直そうとしてかえって間違えている生徒もいた」という学生の指摘が出された）

ウ-3　問題を早く解いてしまう子どももいたが、できないままの生徒もいた。次の時間に練習などで状況を把握する必要があると思うが、どうか。

＊これに対して、生徒の状況を把握すること、それに基づいて次の授業の計画を考えるということは重要な評価活動であるということを確認した。また、その点からの机間指導の役割についても確認した。

以上の議論から、学生の授業の見方の中に、次のような重要な側面が生まれていることがわかる。
・子どもの反応（発話やノートの記述などの事実）をとらえ、それに基づいて授業をみようとしている。
・授業の表にでてくる教師と生徒のやりとりには表れない事実を把握し議論している。

これらは、3.の授業記録の分析を通してみたことと共通である。今後の授業研究に通じる論点が提出され、事実に基づく授業研究への姿勢をつくるという点で、重要な役割を果たしていると言える。

(2) まとめの討論から

資料5-1の⑪まとめの討論は次のように進めた。
(a) 授業研究では、教師や生徒の言葉や行動の事実が考察の対象になるということから、授業記録について、なるべく事実をそのまま記録すると

いう点をあらためて確認した。
(b) 「授業に取り組もうとしない児童生徒にどう対処するか」ということを課題として掲げている学生がいたので、それを受けて、「授業中に何もやろうとしていない児童生徒がいたとするとき、その原因としてどんなことが考えられるか」を出し合った。
(c) 授業における教師の働きかけとしてどんな事柄が考えられるかを出し合い列挙した。目に見える働きかけ表に表れない働きかけがあることを意識した。
(d) 教育実習までの自分の課題、あるいは教師になるための自分の課題について考えを出し合った。また、「教職入門」についての要望を聞いた。ここでは、①児童生徒理解に関する事柄、②授業における指導力に関する事柄、③自らの学力や人間性に関する事柄などが出された。③については、次のような声があった。
- 教育理論をしっかりもちたい。
- 「いい教師」「自分のめざす教師」の前に、ちゃんとした大人にならなければならない、小学校は子どもが先生のまねをするので、責任があると思った。
- 自分を客観的にみることができたらいい。
- 自分の専門にこだわらない幅広い知識が必要だと思った。

5. まとめと今後の課題

「教育実習の参観」として行われた「観察実習」において、学生の授業記録には次の特徴があった。
(1) 全体としては、教師の働きかけと児童生徒の反応とを同じくらいの量で記録している。
(2) 授業の流れの中で表面には出てこない児童生徒の個別的な反応に関する記述が多くみられる。
(3) 記録の全体量や、記述にみられる教師、児童生徒それぞれの活動の質

とその割合などについては学生による個人差が大きい。
(4) 授業記録をもとにした協議の場をつくることで、授業をみる新たな視点を見出すことができる。これによって授業記録の取り方は具体的になるが、教師や生徒の発話や行動を事実として忠実に記録することに関しては不十分さが残された。この点については今後の課題として意図的な指導が必要である。

なお、最後のレポートの記述の中に、教職の意義や教師の役割、教員志望の確立に関すること、また、「教育実習の観察」に関することとして、次のような記述がみられたことを付記しておく。この授業のねらいに該当する内容である。
(1) 教職の意義や教師の役割、教員志望の確立
・生徒一人一人に気配りするのは大変であるから難しいが、やりがいがある仕事だとつくづく感じた。
・教育のスタイルというものは決してひとつではないことを感じた。それと同時に教師というものの難しさを知った。……私が教師になるために足りないものはまだ山のようにある。ただ、今回の講義や実習で、教師の大変さだけではなく、教師のすばらしさを知ったのは確かである。
・この観察実習をやってみて授業の難しさと厳しさをわずかではあるが感じることができた。厳しいが、やりがいのある仕事だということを再認識できたし、良い教師になろうという気持ちがさらに強くなった。
・授業を通して、教師からも生徒からも一生懸命な様子を感じ取ることができた。……この二者が、私の「教師になりたい」という気持ちを一層強くしてくれた。
(2) 「教育実習の観察」について
・教師は生徒に対し、柔らかい口調で話していたし、何度も見てまわり、熱心だった。このような先輩の授業を見れる機会はあまりないので貴重な体験になった。
・観察実習の後にみんなで集まって、自分の気づいたこと・疑問に思っ

たこと・良かったことなどを議論しましたが、自分ひとりでは気づかなかった新たな発見や、他の人の意見を聞くことができたので自分自身の視野を広げることができたと思います。
・今回の観察実習では、普段大学では学ぶことが出来ない体験をした。実際に学校という現場に行って子どもたちを見て学んだことは、私にとって大きいものになったので、これからに生かしていきたい。

注および参考文献
1 遠藤孝夫「教員養成学部の基礎理論としての「教員養成学」の創出―教員養成教育論の展開から見たその意義と課題―」『弘前大学教育学部紀要』(教員養成学特集号)、(2004年)、3-16頁。
2 豊嶋秋彦「教員養成カリキュラム改革と教育実習関連科目の体系化の試み」、平成16年度日本教育大学協会研究集会発表資料 (2004年)、87-88頁。
3 授業「教職入門」で学生に配付した資料から概要を引用した。
4 授業で学生に配布した次の資料から引用した。授業の担当者がテキストとして作成したものである。
　砂上史子、吉田孝『教職入門「観察実習の手引き」弘前大学教育学部』(2004年9月)。

第6章 アイデンティティ、教職志望、適性感からみた「教職入門」体験

豊嶋秋彦・花屋道子

1. 教員養成学における効果研究の方法論

「児童生徒との相互反応性に富み、かつ、社会的要請に応えられる教師に向けた予期的社会化の装置である教員養成学部の、教員養成活動とそのシステム（組織やカリキュラム）を検証し、その成果に基づいて変革していく実証科学」、社会（組織・集団）－文化－人の三者関連を扱う臨床社会心理学の立場からすれば教員養成学の定義はこのようなものになる。従って、教員養成学の研究対象は大きく組織（学部）と学生に大別でき、両者を媒介するのが、学生の変容や、それを通した組織変容を対象とする「効果」研究である。

もちろん教育組織にとってまず押さえるべきは、学生の変容である。カリキュラムも教育それ自体もその成否は、その受け手である学生に生じた変化の、実証的把握によってのみ検証できる。教員養成学は、「学生に対する効果」研究を必須とするのである。

「学生に対する効果」を分析する枠組みとして、豊嶋（2004）は、研究対象としての人格要因について、「知識・スキル変数」と「全人的な変数」を対置した上で、「全人的変数」を長期スパンで追跡していく「専門職への社会化」研究が必要であると主張した。教師には知識やスキルといった人の部分的、フラグメンタルな要素を統合しつつ全人レベルで児童生徒に関わることが求められるからであり、さらに、授業臨床や生活臨床を通して、あるいは、それらをこえて、児童生徒の全人的な自己実現と成長を支援する心理臨床も求められるからである。こうして、全人レベルでの学生の変化を実証的追跡的に把握することこそが必須となる。

第6章 アイデンティティ、教職志望、適性感からみた「教職入門」体験　121

　紅林ら(1999、2001)も類似の立論をする。我が国の教育実習研究の多くが拾い上げている「学生にとっての意義」が教師になって振り返ると些末なものでしかないことを鋭く指摘した彼等は、長期的影響力を持つ意義を捉える必要性を主張し、教師のライフコースに教育実習を位置づけて意義を探る方法を有望とした。もっとも、重要なのは"体験化された意義"と、その長期的機能を捉えることであろう。ここで「体験」とは、単なる経験ではなく、いわば実感や体感を揺り動かし人格全体にインパクトを与える経験を言う。効果研究にとって対象変数となりうる人格内要因と「体験」との関連性を図示すると、図6-1のようになる。

　"体験化された意義"を捉えるには、個人の体験を数量的かつ間主観的に構造化できるケース・メソッド、PAC分析(内藤 1997)があるが、1事例につき数時間の面接調査となるのでマスデータ処理にはなじまない。そこで、全人的変数の変化を質問紙法で追跡していく方法を我々は採用した。なお少数事例を対象にPAC分析を適用して、学生の長期的臨床活動の体験を構造化し

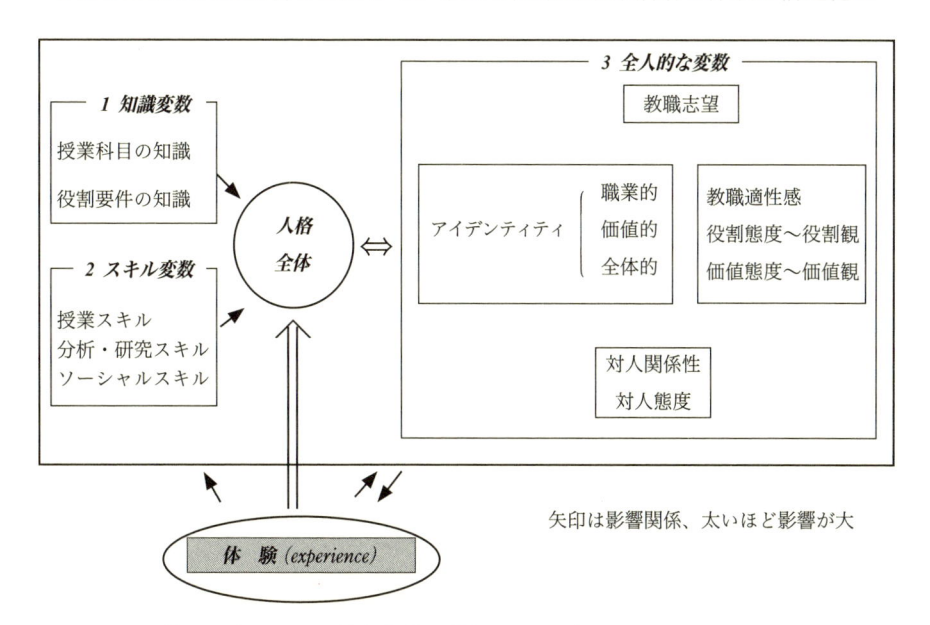

図6-1　効果研究における対象変数と「体験」の関連イメージ（豊嶋 2004を補正）

共通項を抽出する試みの例として、豊嶋ら (2002、2004) がある。

2. 改革後の「教職入門」と効果測定の観点

　我々の改革の初年度、改革元年の2004 (平成16) 年度入学生にとって新カリキュラム下の最初の授業であり、かつ、初めて出会う教職科目が、1年次9月、夏期休暇中の集中授業として実施された「教職入門」であった。学生の生き方・あり方にとっての意味も含めた教職の意味を伝えるためには、「教職の意義・役割・職務内容、進路選択」の講義のみでは決定的に不十分である。学校臨床に触れさせること、教員の自己形成過程に触れさせること、教員とは相対的に独立した視点で児童生徒に臨床を展開しているベテランのスクールカウンセラーからみた教職像に触れさせること、などを重視した我々は、「教職入門」を「導入科目」と「学校臨床準備科目」の性格を併せ持ち、臨床性を強く滞びた次のような内容に改革したのである。
　まず、「教職の意義」「教職キャリア論」を講義し、次に、公立の小学校と中学校の現職教師による「教師としての自己形成過程」の講話、「スクールカウンセラーから見た学校・生徒」の講話、さらに、講話者3名に加え、中学校教員歴の長い学部教員によるパネルディスカッション (学生の質問を受けた討論を含む) によって、各自に問題意識を持たせる一方で、観察実習の技法修得のために「観察の方法」も講じた。これらを経て、学部教員とともに附属小中学校におもむき、教育実習生 (3年次学生) の授業を綿密な記録を取らせながら観察実習させ、さらに、大学に戻ってから引率の学部教員の指導によって省察させた。このように新「教職入門」は、「導入科目」として始まりながら、「学校臨床準備科目」に収斂していく構造をとる。改訂された「教職入門」の概略は第4章の**表4-1**にも示した。
　以下、〈3〉では、新「教職入門」履修前後に実施した質問紙調査の項目 (**表6-1**) のうち、アイデンティティを中心とした全人的変数に注目して、「教職入門『体験』」の効果を調べる。調査項目は**表6-1**の通りである。プレ調査は教職入門の初日に、ポスト調査は教職入門終了1カ月後に実施した。プレ・

表6-1 「教職入門」調査項目

① 加藤の同一性地位尺度
② 職業同一性ステートメント
③ 教職志望強度
④ 他職志望強度
⑤ 本学部の教員養成カリキュラムの適合感
⑥ 教職役割観
⑦ 学校臨床関連科目の内容への評価
⑧ 「学校臨床科目」体験による教職志望と教職適性感の変化

注・斜字体は全人的変数
・「学校臨床科目」は1年次調査では教職入門
・⑧は、教職入門ポスト調査以降の項目
・今回の分析では②及び④〜⑥は取り上げない

ポスト間に1月おいたのは、学生による不登校生徒サポート体験の研究の中で、"体験の効果が現れるのに1ヵ月程度を要する"という感触を得ているからである。なおポスト調査も、1年次教職必修科目の時間に質問紙を配布し、翌週の授業時間内に回収する手続きで実施しているので、未回収者はプレ調査の未回収者と同様、教員養成プログラム進行からの脱落者とみてよい。プレ、ポストそれぞれの資料数は**表6-2**に掲げた。「対応サンプル」とは脱落者を除いたサンプル数である。

また、〈4〉では、新「教職入門」の内容を1.「講義」(「教職の意義」と「教職キャリア論」)、2.「現職教師の口演」、3.「スクールカウンセラー口演」、4.「パネルディスカッション」、5.「観察実習」の五つに大別し、それぞれに対する学生の評価(**表6-1**の⑦)と、プレ・ポストの両調査と2年次調査(2005年10月実施)における全人的変数との関係から、教職入門の効果を検証していく。なお教職志望を切り口にした詳しい分析は、豊嶋・花屋(2005)に譲る。

表6-2 「教職入門」プレ・ポスト調査の資料数

課程（定員）	資料数		対応サンプル
	プレ	ポスト	
学校教育教員養成課程　（160）	151	143	142
養護教諭養成課程　　　（ 25）	25	24	24
生涯教育課程　　　　　（ 75）	57	54	51
課程不明	1	―	―
全　課　程　　　　　　（250）	234	221	217

ここで、表6-1の諸変数のうちアイデンティティに注目する根拠を述べねばなるまい。アイデンティティ（自我同一性）とは、「私は何者で、どこから来て、どこに行こうとしているのか？」という問いに対する解としての、生き方・あり方の自己定義を言う。さらに岡本 (1997) は、それに加えて、「私はだれのために存在し、だれに役に立っているのか？」という問いへの解でもあるとした。無藤 (1994) も、ケアというテーマは青年期の発達課題であると示唆する。つまり、アイデンティティの確立によって人は、心理-社会的な安定感、自発性・主体性、創造性、柔軟性と、他者の成長や自己実現をサポートする力を備えることができる。教師に求められるのはまさにこれであろう。しかもアイデンティティの達成は、青年期の発達課題群を統括する最大で最終的な発達課題とされる（エリクソン　1973）。我々がまず重視すべきはアイデンティティなのである。このために、「教職入門」初日の「教職キャリア論」は教職アイデンティティ論として展開したし、教職必修科目「生徒指導心理学」（教育職員免許法第4欄「生徒指導、教育相談及び進路指導等に関する科目」に属する2単位講義）でも我々は、過去15年に亘って児童生徒のアイデンティティ作りを柱の一つとする講義を行ってきている。

　アイデンティティにも、図6-1の例示のように様々な水準があるが、追跡調査では「全体的アイデンティティ（total identity）」に焦点を当てる。Marcia (1966) は全体的アイデンティティの状態、すなわち同一性地位 (Identity status) を、選んだ生き方・あり方を現実化するための自己投入 (commitment) と、生き方・あり方の迷い・苦闘を意味する危機体験 (crisis) の強度を規準に、同一性達成、早期完了、モラトリアム、同一性拡散の4地位に分類した。同一性達成地位とはアイデンティティ確立者のことであり、同一性拡散地位とは病態であるが、他の二つには解説が必要であろう。

　早期完了とは、安定的だが権威主義的で硬く非主体的で、危機に出会うと崩れやすいあり方であり (Marcia 1966 ; 無藤 1979)、Marcia (1976) は6年間の追跡によって早期完了地位者における閉鎖的なライフスタイル、パーソナリティと志向性の変容の乏しさを見出し、Waterman *et al.* (1974) は、非内省的な衝動性を見出した。高橋 (1991) の文献展望によれば、対人関係がステロ

表6-3 加藤（1983）による同一性の6地位と出現率

地位	危機	自己投入(傾倒)	出現率
同一性達成（A：Identity Achievement）	体験済み	傾倒中	12%
A－F中間	不明確		12
早期完了（F：Foreclosure）	未体験		4
積極的モラトリアム（M：Moratorium）	その最中	希求中で未傾倒	15
D－M中間	体験済み〜未体験	不明確	53
同一性拡散（D：Identity Diffusion）		弱、希求も弱	4

タイプで表層的でもある。同一性達成者に比べた低創造性はよく指摘される。モラトリアム地位とは、それまでの生き方に確信を失い、複数の生き方選択肢の中で真剣に迷い、模索と苦闘をしているあり方である。

しかし1人1時間以上を要する「同一性地位面接」によって地位判定するMarciaの方法は、マスデータをとるのになじまない。このネックを一応解いたのが「自我同一性地位尺度」による判定（加藤 1983）である。そこでは、「現在の自己投入」「過去の危機」「将来の自己投入の希求」の3下位尺度値を組み合わせて、二つの中間地位も加えた6地位に分類される（**表6-3**）。なお、「積極的モラトリアム」とは、我が国の日常語としてのモラトリアムが原意と大きく違っているので区別する目的で加藤が用いた語である。

3.「教職入門」体験が1カ月後の学生にもたらしたもの

まず、対応サンプルのデータによって「教職入門」体験の意味を探る。同一性地位の分布を**図6-2〜6-5**に示した。加藤（1983）が同一性地位尺度標準化に使用した「国立大学1〜4年生」における分布（**表6-3**）や、弘前大学全学部の4年次学生の分布（同一性達成から順に、12〜14％、9〜17％、3〜7％、8〜14％、51〜61％、1〜5％）（豊嶋 1995a）を参照すれば、今回の地位分布は大学生のそれとしては偏倚しているわけではないことがわかる。ただし、養護教諭養成課程（**図6-4**）については、サンプル数が少ないので、各地位の分布を論じるのは無理がある。

プレ・ポスト間の6地位全体の分布には差はないが、地位ごとに増減を調

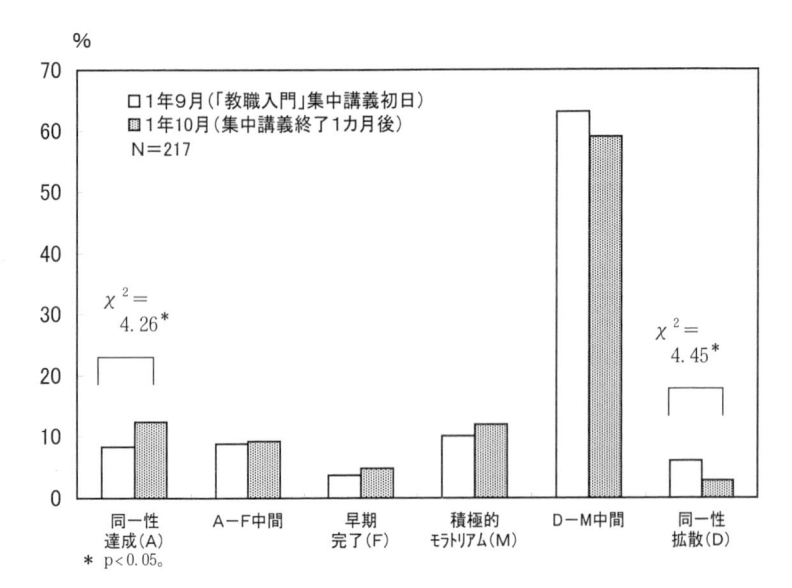

126　第2部　教員養成学に基づく教員養成の実践・検証

図6-2　「教職入門」実施前後における同一性地位の変化（全課程の学生）

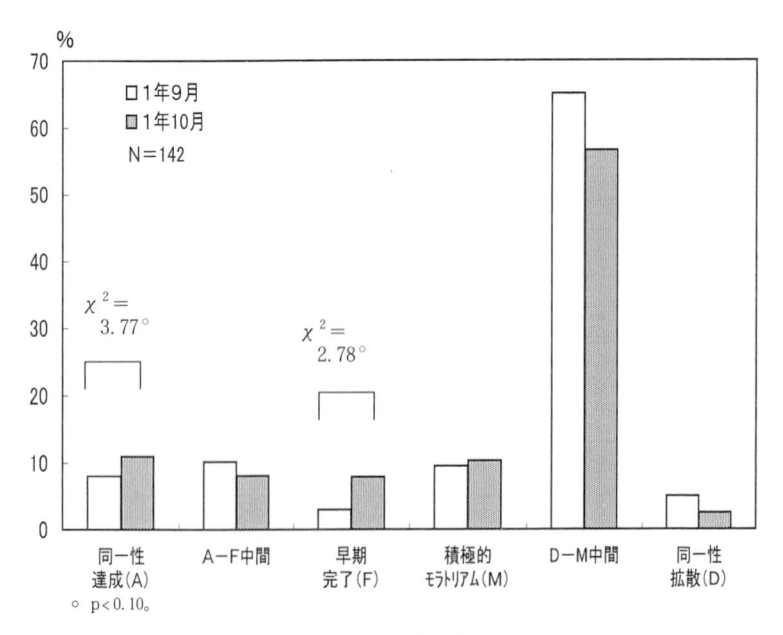

図6-3　学校教育教員養成課程学生の変化

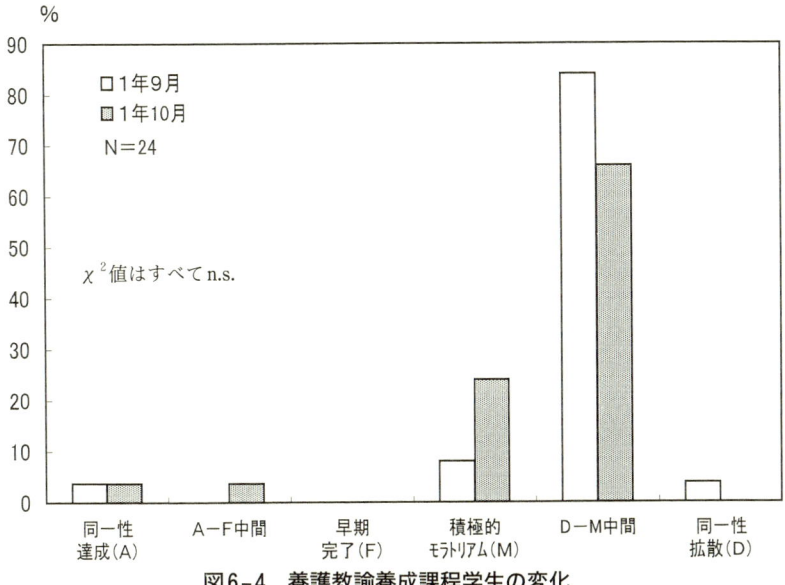

第6章 アイデンティティ、教職志望、適性感からみた「教職入門」体験　127

図6-4　養護教諭養成課程学生の変化

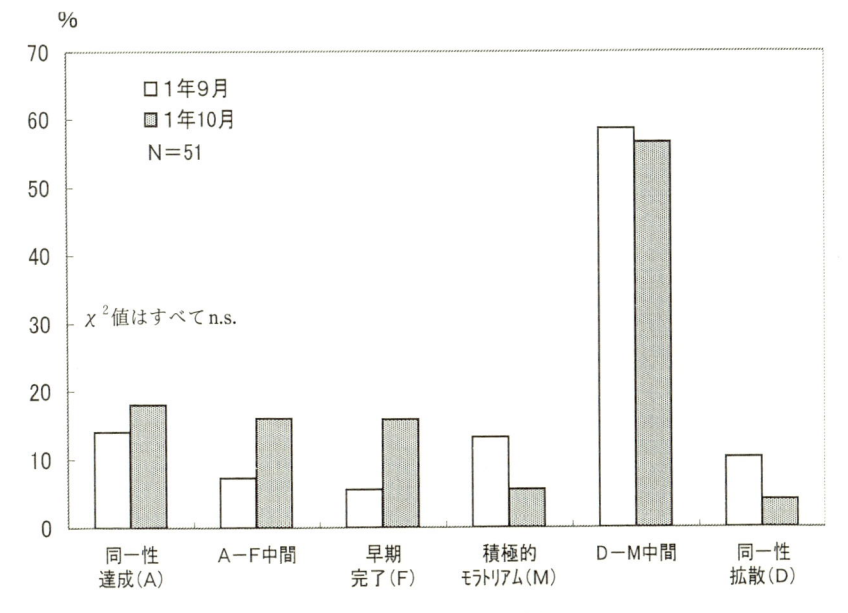

図6-5　生涯教育課程学生の変化

べる（当該地位か否かのMcNemar法 χ^2 検定、 d f = 1）と、全課程学生では同一性達成地位が増えて同一性拡散地位が減じ、学校教育教員養成課程では同一性達成地位と早期完了地位が増える傾向にある。さらに学校教育教員養成課程の、D－M中間地位と同一性拡散地位とを合わせた「拡散的」地位も減じた（$\chi^2 = 4.00$, $p < 0.05$）。生涯教育課程でも同一性達成地位とA－F中間地位を合わせた「達成的」地位が増えている（$\chi^2 = 4.00$, $p < 0.05$）。養護教諭養成課程ではサンプル数が少ないので統計的増減は見出せないものの、他課程と同様、達成化への動きがみて取れる。このようにおおむね達成方向への地位変化があったと言えるが、これを同一性地位尺度の3下位尺度値でみると、達成化への動きがより明瞭である（**表6-4**）。学校教育教員養成課程では下位尺度すべてで、養護教諭養成課程では「過去の危機」、生涯教育課程では「将来の自己投入の希求」で、有意な得点上昇がえられた。

　ここで、つい、地位分布における達成化への動きと、自己投入に関する2下位尺度得点の上昇に目を向けがちとなる。もちろんそれは、同一性達成地位の増をもたらすから好ましいことである。しかしむしろ重要なのは、学校教育教員養成課程と養護教諭養成課程における「過去の危機」得点の上昇である。教師として望ましい特性を備えた地位である同一性達成地位に達するには、危機体験、すなわち積極的モラトリアム体験が必須であることを繰り返したい。身近でリアルな職業人モデルが教師しかない小中高生が進学進路選択に当たって教師を選ぶのはすこぶる順接的であって、一般に、教員養成

表6-4　「教職入門」を経た対応サンプルの変化

主要変数		全体		t値と差の方向	学校教育	養護教諭	生涯教育
		プレ mean (SD)	ポスト mean (SD)		差		
同一性地位尺度の下位尺度値（各4～24点）	現在の自己投入	16.77 (3.51)	17.44 (3.46)	3.77*** <	*** <	n.s.	n.s.
	過去の危機	16.91 (3.85)	17.81 (3.71)	4.67*** <	*** <	** <	n.s.
	自己投入の希求	16.29 (3.18)	17.04 (3.23)	3.89*** <	** <	n.s.	* <
カリキュラムの適合感（6点尺度）		3.81 (0.79)	3.99 (0.91)	3.23** <	n.s.	n.s.	** <
教職志望強度（6点尺度）		4.47 (1.35)	4.48 (1.35)	n.s.	n.s.	n.s.	n.s.
他職志望強度（〃）		3.27 (1.56)	3.39 (1.53)	n.s.	○ <	n.s.	n.s.

○ $p < 0.10$,　* $p < 0.05$,　** $p < 0.01$,　*** $p < 0.001$

学部に入学する大学1年生が入学以前にどれほどの「危機」を体験したか疑問である。教職入門体験が危機をもたらしたことこそ歓迎すべきである。我々（例えば、豊嶋 2002；豊嶋ら 2002、2004）は本学部の3・4年次学生10数名〜20名を通年で毎週半日、不登校生対象の適応指導教室にサポーターとして派遣する事業を10年近く実施しながら、学生の対人支援（学校臨床〜心理臨床）職としての発達と社会化の事例研究を内藤のPAC分析も適用して積み重ねているが、そこで繰り返し明らかになったのは、彼等の抱く教師役割像や支援者役割像が通用しないことをサポートの中で実感し、揺れ、それら役割像を崩し、順接幻想を捨てて初めて、通室生との関係性が開かれ、通室生の適応を促進できる事実であった。そして、インテンシブなスーパービジョンがないと、この段階に達するまで半年ほどが経過することも知られる。要するに、「過去の危機」得点の上昇は望ましいことなのである。もちろん、危機に耐えきれず同一性拡散に向かうケースも出現するので、学部としての下支えは必要になる（そのために、先述した「生徒指導心理学」では、聴講学生自身のアイデンティティを考えさせ、再建の方途までをも講じてきている）。アイデンティティ以外の全人的変数をみると、「教職志望強度」と「他職志望強度」ではプレ・ポスト間の差異は乏しく、わずかに学校教育教員養成課程の「教職志望強度」が強まった傾向を見せるにとどまる（表6-4）。しかし、"教職入門を受講する前と比べて強まったか"という設問によって教職入門体験がもたらし

表6-5 「教職入門」履修による教職志望と教職適性の変化感

項目	課程	mean (SD)	変化の方向* 数字は人数（%）		
			強まった	不変	弱まった
教職志望	全課程	3.71 (0.79)	**122 (46.8)**	80 (40.0)	7 (3.3)
	学校教育	3.78 (0.77)	**87 (61.7)**	51 (36.2)	3 (2.1)
	養護教諭	3.43 (0.72)	9 (39.0)	**13 (56.5)**	1 (4.3)
	生涯教育	3.62 (0.84)	**26 (50.9)**	22 (43.1)	3 (5.9)
教職適性	全課程	3.05 (0.80)	51 (23.5)	**120 (55.3)**	44 (20.3)
	学校教育	3.06 (0.80)	34 (23.1)	**79 (56.0)**	28 (19.8)
	養護教諭	2.95 (0.63)	4 (17.4)	**14 (60.9)**	5 (21.7)
	生涯教育	3.07 (0.77)	13 (25.5)	**27 (52.9)**	11 (21.6)

＊5点尺度の5〜4点、3点、2〜1点に3分割、太字は最頻カテゴリー

た変化感をポスト調査で直截的に問うたところ、**表6-5**の通り、養護教員養成課程以外では教職志望が「強まった」とする者が最頻であるから、「教職入門体験は教職志望を強めた」とまとめて良い。しかし、その一方で「教職適性の変化感」では、むしろ「弱まった」者と「強まった」者の数値がほぼ等しく、教職入門体験によって教職適性感に揺らぎを生じた者が多いこともわかる。これらが示すのは、マスレベルでみると教職入門体験は学生を積極的モラトリアムに向けて押し出したということである。というのは、「教職志望の強まり」とは、「将来の自己投入の希求」の強まりを含意し、教職適性感の揺らぎとは危機性の強まりを意味するからである。

ただし一方で、データは別の危惧を生む。それは、学校教育教員養成課程における早期完了地位の増加である（**図6-3**）。これは対応サンプルについての数値なので、対応していないサンプル、つまり、我々の教員養成プログラム進行からの脱落者も含めた全サンプルでみてみると、5名から10名に倍増している。かつて我々が、同一性地位面接と同一性地位尺度による判定の一致度を調べたところ、唯一早期完了地位については一致度が低く、面接で早期完了と判定された者の60％が同一性地位尺度でD-M中間地位と判定された（豊嶋 1995a）から、実態としてはもっと多いと推定できる。早期完了地位を同一性達成地位に押し上げるには、危機体験を提供しながら下支えしていくことに尽きる。

以上、新「教職入門」の体験は、アイデンティティ達成化の動きと危機体験の進行とをもたらした一方で、危機として体験化できずに自己投入のみを図る者も増えたとまとめることができる。このうち、達成化の動きと危機体験の進行は、弘前大学の四つの学部学生における同一性地位を4年間に亘って追跡した調査研究（豊嶋 1995b）において、教育学部学生では他学部に比して達成化への動きが優位であり、かつ、「過去の危機」得点の上昇が特徴的であることを明らかにし、その背景を、規準的進路の存在と教育実習体験に求めているが、それと同様の結果を得たことになる。なお、「教職入門」体験を通した適性感の揺らぎなどの危機を再統合できた者が達成化に向かったと考えることもできるが、この仮説の検証は次の課題としたい。

4. 学生評価からみた「教職入門」の効果

「教職入門」における「講義」「現職教師の講話」「スクールカウンセラー（以下、SC）の講話」「パネルディスカッション（以下、PD）」「観察実習」のそれぞれに対する学生評価と、1年次プレ・ポストの両調査と2年次調査における全人的変数との関係から、効果を検討する。ここで学生評価は、体験を揺り動かしたかを規準としたことを断っておく。設問は「"興味を引いた"、"考えさせられた"、"不安になった"など、プラスかマイナスかは問いません。感ずるところがどのくらいあったかを6段階で答えてください」である。

2年次調査は、附属校園における児童生徒の学校生活の観察実習（夏期集中で実施）とフレンドシップ活動（前期から後期にかけて附属校園と学生の日程を摺り合わせて各自実施するが、積極的な学生ほど前期に済ませている）から構成された新「学校生活体験実習」の、観察実習終了1月後、2年次10月に、学校教育教員養成課程の学生のための教職必修科目の時間中に配布、回収した。分

表6-6 「教職入門」の5内容に対する学生評価と全人的変数との関係
（数字は、Pearsonのr×1000, N=127）

項目		「教職入門」の内容	講義	講話 教師	講話 SC	PD	観察実習
教職入門の履修前後	1年9月	現在の自己投入	167○	208*		171○	154○
		過去の危機		152○	358***	233*	231*
		自己投入の希求				353**	
		教職志望強度		305**	154○		191*
	1年10月	現在の自己投入				211*	
		過去の危機			217*	175○	195*
		教職志望強度		439***			307**
		「教職入門」による変化感 教職志望	228*	423***		258**	473***
		教職適性感		264**		205○	311**
2年10月		過去の危機			220*		227*
		教職志望強度		335***			
		「体験実習」による変化感 教職志望		276**			
		教職適性感				190○	

○ $p<0.10$, * $p<0.05$, ** $p<0.01$, *** $p<0.001$

析資料は、1年次プレ・ポストの両調査でも回答している127名であり、教員養成プログラムからの脱落者の資料は含まれていない。相関分析の結果、有意水準10%以下になったものに絞って、**表6-6**に示した。

まず目を引くのは、「現職教員の講話」「PD」「観察実習」と全人的変数の関連が強いことである。これらに揺り動かされる者は、1年9月時点で「自己投入」「過去の危機」が強く（このことは、9月時点でのアイデンティティが達成的であることを示唆する）、「教職入門」を通した教職志望の強まりも適性感の強まりも得やすいのである。さらに、「現職教員の口演」に揺り動かされるほど、2年10月の教職志望も良好になる。

「過去の危機」では特徴的な関連が見出された。「SCの講話」と「観察実習」に揺り動かされる者ほど、3調査時点のすべてで、「過去の危機」得点が高くなるのである。これは、1年9月時点までに危機を体験しているほど「SCの講話」と「観察実習」への感受性が強まることと、強まった感受性がその後、危機を感知させやすくすることの二つを意味しているようである。このうち「SCの講話」への高い感受性は、過去に本人または周囲に、何らかの不適応エピソードがあったことを窺わせるから、「過去の危機」得点との相関は了解できるところではある。

これらに比して、「講義」の評価と全人的変数との関連は薄いようにみえる。1年9月時点での「自己投入」が強い者ほど「講義」に揺り動かされ、「講義」に揺り動かされるほど「教職入門」体験を通して教職志望が高まりやすいことが知られるが、講義でアイデンティティを論じているので当然かもしれない。しかし、表には掲げていないが、2年次の「学校生活体験実習に対する積極性」を調べると、「講義」に揺り動かされた者ほど積極性が強かった（r = .245, p < 0.05）。「現職教員の講話」と「PD」も「学校生活体験に対する積極性」と関連するが、相関係数は .100台（p < 0.10）にとどまった。

表6-6の二重囲みの中が、「教職入門」5内容の1年後の効果として相関分析から明示できるものであるが、今後多変量解析によって隠れた効果を拾い上げていきたい。しかし、1年後の教職志望と危機感受性を強めていることはこの分析段階でも明らかである。ちなみに、今回分析対象とした改革元年

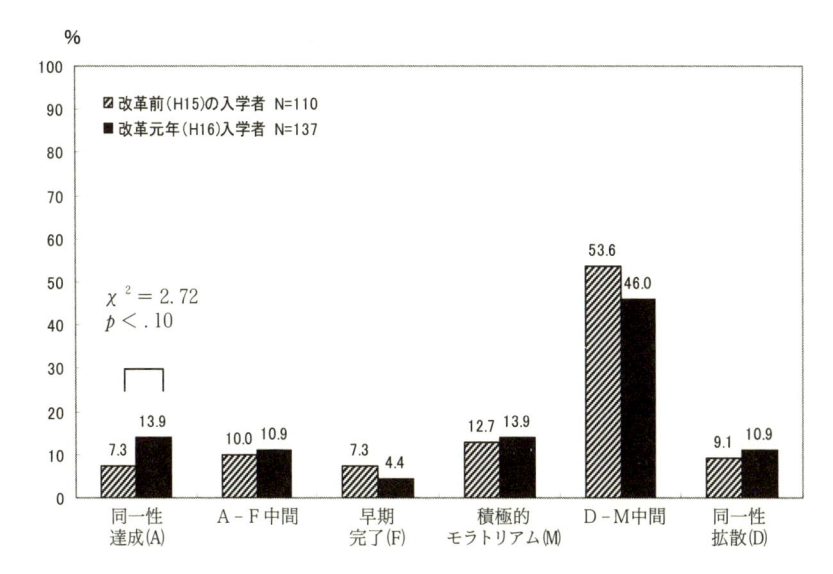

第6章 アイデンティティ、教職志望、適性感からみた「教職入門」体験　133

```
%
100
 90    ▨ 改革前(H15)の入学者 N=110
 80    ■ 改革元年(H16)入学者 N=137
 70
 60                                                      53.6
 50   χ² = 2.72                                               46.0
 40   p < .10
 30
 20                                              12.7 13.9
              13.9                                                       10.9
 10    7.3         10.0 10.9   7.3                                  9.1
                                   4.4
  0   同一性     A-F中間    早期       積極的       D-M中間    同一性
      達成(A)            完了(F)    モラトリアム(M)            拡散(D)
```

図6-6　2年次10月における同一性地位の改革前と改革後の比較

入学の学校教員養成課程学生と、その前年度入学の学校教員養成課程学生における2年次10月時の同一性地位を、**図6-6**に示した。いずれも、2年次9月までに教員養成プログラムから一旦脱落した者も含んでいる。改革元年生に同一性達成地位者が増え、早期完了地位者の絶対数が減っている。これが直ちにカリキュラム改革の成果であるとは言えないものの、我々の意を強くするデータである。

文献

1　紅林伸幸・川村光「大学生の教職志望と教師化に関する調査研究(1)―学校体験と教育に対する意識」『滋賀大学教育学部紀要（教育科学）』49、(1999年)、22-38頁。

2　紅林伸幸・川村光「教育実習への縦断的アプローチ―大学生の教職志望と教師化に関する調査研究(2)」『滋賀大学教育学部紀要（教育科学）』51、(2001年)、77-92頁。

3　エリクソン，E.H.（小此木啓吾監訳『自我同一性―アイデンティティとライフサイクル』(誠信書房、1973年)。

4　加藤厚「大学生における同一性の諸相とその構造」『教育心理学研究』31(4)、

(1983年)、20-30頁。
5 Marcia, J.E., Development and validation of ego-identity status, *Journal of Personality and Social Psychology*, 23 (5), 1966, pp.551-558.
6 Marcia, J.E., Identity six years after : a follow-up study, *Journal of Youth and Adolescence*, 5 (2), 1976, pp.145-160.
7 無藤清子「「自我同一性地位面接」の検討と大学生の自我同一性」『教育心理学研究』27(3)、(1979年)、178-187頁。
8 無藤清子「青年期とアイデンティティ」『こころの科学』53、(1994年)、47-51頁。
9 内藤哲雄『PAC分析実施法入門：「個」を科学する新技法への招待』(ナカニシヤ出版、1997年)。
10 岡本祐子『中年からのアイデンティティ発達の心理学』(ナカニシヤ出版、1997年)。
11 髙橋浩行「同一性地位アプローチによる自我同一性の検討」『ADONIS HEALTH (福井大学保健管理センター年報)』14、(1991年)、43-51頁。
12 豊嶋秋彦「働く若者の生活と危機」菊池武剋編『大人のメンタルヘルス・エッセンス　働くこと、楽しむこと』(日本文化科学社、1995年a)、59-84頁。
13 豊嶋秋彦「自我同一性の発達的変化と学校教育・教育相談(Ⅱ)―大学期における同一性地位の発達―」『弘前大学保健管理概要』17、(1995年b)、5-28頁。
14 豊嶋秋彦「教員養成学の構造からみた不登校生のサポートと「斜めの関係」―対人支援専門職への社会化研究の実践的理論的意味―」『弘前大学教育学部紀要』教員養成学特集号、(2004年)、27-42頁。
15 豊嶋秋彦・長谷川恵子・加川真弓「非専門家学生における適応支援者としての社会化過程―不登校生徒の長期支援学生に対するPAC分析―」『弘前大学保健管理概要』23、(2002年)、15-35頁。
16 豊嶋秋彦・近江則子・斉藤千夏「教員養成学と不登校生徒サポーターの対人専門職への職業的社会化―方法論の検討とPAC分析を通して―」『弘前大学教育学部紀要』教員養成学特集号、(2004年)、65-87頁。
17 豊嶋秋彦・花屋道子「教職への職業的社会化―教職志望との関連で―」『東北心理学研究』55、(2005年)、3頁。
18 Waterman, C.K. and Waterman, A.S., Ego identity status and decision styles, *Journal of Youth and Adolescence*, 3 (1), 1974, pp.1-6.

(付記) 本章は、「教員養成カリキュラムの体系化とその効果―教育実習関連科目の改訂が学生の自我同一性に及ぼす機能―」(日本教育大学協会編『教科教育学研究23』2005年、201-210頁)のデータと論旨を継承しつつ、新たな分析を加えたものである。

第7章　Tuesday実習の実施の試みと効果検証

福島裕敏、伊藤成治、平井順治、長﨑秀昭、中野博之

1．Tuesday実習のねらい
――児童生徒の観察・理解を中心とした長期・継続型実習――

　弘前大学教育学部では、「自己形成科目群」「学校臨床科目群」「教員発展科目群」の三科目群からなる体系的教員養成カリキュラムを作成し、平成16年度入学生から実施している。うち、「学校臨床科目群」では、学生たちが学校等の教育現場に臨み、児童生徒の成長と発達についての理解を深めたりと、「自己形成科目群」などで培った知識・技能を試すことが期待されている。また、そこで自覚された自らの知識・技能の不十分性さやより高い専門性へのニーズは、「教員発展科目群」の科目により補われ、再度、そこで得た知識・スキルは一段高い教育実践体験に応用されるという、フィードバック型の履修構造になっている。

　この「学校臨床科目群」の中核をなすのが、3年次の「集中実習」と「Tuesday実習」である。そこでは、1年次の「教職入門」の一部としておこなわれる観察実習や2年次の「学校生活体験実習」「特別活動実習」を通じて培われた児童生徒を理解し、彼らにかかわる力を発展させることが目指されている。

　「集中実習」は、従来からおこなわれてきた2週間連続の教育実習である。それは、一日・一週間の中で教師の果たす教育活動を短期間で集中的に体験することによって、主に学習指導に関する内容を理解し実践することをねらいとしている。しかしながら、実際には、学校における教育活動は1ヶ月・1年という長いスパンでおこなわれており、そのもとでの児童生徒の変容を捉えることは「集中実習」ではできない。そこで、年間を通じて火曜日に附

属小学校・中学校でおこなわれる、省察を伴う長期・継続型の3年次教育実習「Tuesday実習」を用意した。

「Tuesday実習」の中心的ねらいは、長期間にわたる継続的な観察を通して、児童生徒の実態と変容についての理解を深めることにある。ただし、当然ながら、「集中実習」の前後ではねらいを異にする部分もある。「集中実習」実施前の前期は、授業に対するイメージを長期にわたり段階的に形成することが、教職に対する意識と技量を高めることにつながると思われる。したがって、児童生徒の観察を中心としながらも、学習に関する内容・方法についても観察のテーマ・協議事項に含め、総合的に教師としての資質を高めていくことも目的としている。一方、「集中実習」実施後の後期においては、児童生徒理解や授業技術の向上が予想されるため、より主体的に授業づくりを進めたり、学生同士の評価にもとづく検討会などをおこない、自己評価・相互評価などを通して自らの知識・技術の到達点と課題を認識し、より高い専門性に向けて自律的な発展向上を目指す資質・能力を身につけることをねらっている。

ただし、上記のような共通なねらいをもちつつも、小学校・中学校に分かれておこなわれる「Tuesday実習」は、各学校段階の教育活動の特性などを反映して異なる形で実施されている。次節以降では、各学校段階おける実施概要を紹介していきたい。

2. 小学校Tuesday実習──子どもの実態と変容の観察・理解──

(1) 目 標

小学校Tuesday実習は、子どもの発達段階や場面による態度の違いに留意しながら、特定の学級の子どもたちの実態と変容を観察・理解することに重きをおいている。それは、小学校教育においては、学級担任制を基本として、子どもの発達段階や学校生活全般における実態に対応することが重要な指導的配慮となることによる。

実際、学生たちは各学級に配属され、授業観察や授業実施をおこなう他、集中実習もその学級でおこなう[1]。ただし、発達段階を考慮しつつ児童理解を図る上では他の学年との比較が不可欠であり、別の学級・学年を参観する機会も設けている。

(2) 実施体制

①対象学生と担当教員

小学校Tuesday実習対象者は、小学校教育専攻3年次学生と障害児教育専攻小学校選択の計91名である。原則としては、該当年度の集中実習を履修する者が対象者となるが、平成15年度以前の入学者2名は対象外となった。学生たちは、複式3学級を含む21学級に配属された。

担当する学部教員はTuesday実習委員会[2]の小学校小委員会のメンバー13名である。その構成は、小委員長1名、各教科から8名と各系列(人文・自然・芸体・教育)から4名である。委員長を除く12名は各学年担当として配属され、また高学年・中学年・低学年の担当から1名ずつその責任者が選出された。

②活動日の動き

表7-1 小学校Tuesday実習の1日の活動の流れ

	場　所	活　動
13:10	教生研究室	出欠確認、諸注意、連絡
13:25		各教室へ移動
13:35 – 14:20	配属学級 (or他学級)	5校時・授業観察 (or実施) 各教室へ移動
14:30 – 15:15	他学級 (or配属学級)	6校時・授業観察 協議場所へ移動
15:25	各協議場所	記録整理 配属学級毎の話し合い ①配当学級について ②他学級について
16:20		学年報告会 指導教員講評
16:40	分担箇所	清掃 解散

活動日の動きについては、**表7-1**を参照されたい。午後の1～2校時間にわたり授業観察や授業実施をおこなうことを基本としている。授業観察の場合には、配属学級1時間と学年を異にする学級1時間と、異なる学級・学年の観察をおこない、観察終了後、配属学級・学年別に授業観察などの結果を協議する。一方、授業実施の場合には、1校時間授業を実施した後、協議に入ることになっている。

③評　価

評価は出席状況、実習中の態度、毎回の観察記録およびレポートにもとづく。前期は、配属学級の子ども3名についての様子、学級（学年）の特性（他の学級（学年）の様子を参考に）、集中実習で試みたいことについて、後期は、実施授業の様子と問題点・改善案、1年間を通した児童の変容、自身の授業観の変容を、それぞれテーマとしていた。

(3)　内　容

小学校Tuesday実習は、その目的上、集中実習を挟んで前期・後期で内容的な特色を異にするものとなっている。

①前期：児童の実態を知り、授業作りのイメージをつかむ期間

前期は「児童の実態を知り、授業作りのイメージをつかむ期間」と位置づけた。従来、2週間の集中実習の開始時におこなわれていた児童観察を先取りし、集中実習をより効率的・効果的におこなうためである。また、集中実習の期間の短さを補強するとともに、学校組織の理解や授業に対するイメージを長期にわたり段階的に形成することが、学生の教職に対する意識と技量を高めることにつながる。したがって、児童の観察を中心としながらも、学習に関する内容、方法、学校組織のあり方についても観察の要素として協議に含め、学生たちが総合的かつ多角的に学校全体に対する理解を深めていくことを目指した。

実際には、前期においては、ガイダンス1回と授業観察6回（うち1回は、授業観察後に発表会を実施）の計7回にわたり実施した。その概要は**表7-2**に示す通りであるが、各回異なる観察の視点を設定している。配属学級の実態把握を基本としながらも、別の学年の観察し、1〜6年の発達段階というより広い視点から、実習生が自分の配属学級を対象化することをねらった。また、配属学級全体から抽出児童へと視点を転換させ、きめ細かい観察と児童の言動に対する深い考察を促した。そして児童理解を深めるために、以下のような手順で観察と協議を進めた。

イ　座席表や名簿をもとに、学級ごとに児童の様子を毎回記録する。
ロ　観察後の話し合いで、児童の変容や注目すべき児童についての考察をおこなう。
ハ　話し合いの経過・結果を、同学年のグループとともに報告し話し合う。
ニ　再びグループの話し合いによって、自他の情報を総合して学級の特性をまとめる。

表7-2　小学校Tuesday実習・前期の観察テーマ・対象・観点例

回	主たるテーマ	観察（授業実施）対象	観察の観点例
第1回	ガイダンス	配属学級（1校時）	
第2回	担当学級の実態把握	配属学級（1校時）	児童の名前、座席の位置／発言の多さ、少なさ／授業態度、集中度／顕著な特徴を示す児童
第3回	担当学級の実態把握と変化への気づき	配属学級（1校時）	児童の名前、座席の位置／一人一人の児童の特性／前回の観察との共通点、相違点の比較
第4回	他学年観察による発達段階の把握	配属学級と他学年1学級（各1校時）	抽出児の言動（発言、学習意欲、先生・友達との関わり、学習の達成の様子）／他学級・学年の観察との共通点、相異点の比較
第5回	抽出児観察による詳細な児童の実態把握	配属学級と他学年1学級（各1校時）	今までの観察した児童像の確認／発問、指示など教師の指導の言葉と児童の反応／他学年と該当学年の発達的差異
第6回	指導内容・指導過程と児童の活動の関連づけ	配属学級と他学年1学級（各1校時）	配属学級全体のまとめ（集中実習を意識して、授業との関連の考慮）／自分なりの課題（問い）と仮説（予想）を持っての参観／1単位時間の授業の「冒頭（導入）」「中間部（展開）」「結尾（終末）」の3区分化／授業のねらいを予想・類推し、それに対する子どもの反応・達成についての観察／観察から事実、考察、感想（成果と今後の課題を含む）のまとめ

ホ　資料等をもとに、学年・学級の特性を振り返り、個人で記録用紙にまとめる。

　実際の観察では、教員側から大まかな観察の視点を示したり、必要な助言をおこなったりするものの、詳細な観察法や観察の結果についてのまとめをおこなわなかった。それは、自律的な教師の育成を目指すためには、実習生自身が、発見・気づきを繰り返す中で問題意識をもち、その解明・解決に主体的に取り組む姿勢を養うことが必要と考えたことによる。なお、座席表や記録は、附属小学校側にも学級経営の資料として活用してもらうことを企図して、そのコピーを指導教員・学級担任に渡すこととした。

　前期の最終日には、各学年から1名の代表者が担当学年の実態について報告会をおこなった。そこでは、小学生が学習面生活面において、日々様々な様相をみせながらも自己を確定しつつある存在だという内容の感想が多く寄せられていた。発表は、発表者の内容、態度の質の高さともに、発表者以外の学生の観察や意見が望ましい形で凝縮されているものと感じとれるもので

表7-3　小学校Tuesday実習授業の前期の評価結果

【子ども理解に関わって】	そう思う	どちらかといえばそう思う	どちらかといえばそう思わない	そう思わない	有効回答数
Q1S1 児童が学んでいく過程が深く理解できるようになった	13.3	71.1	14.4	1.1	90
Q1S2 個々の児童が学習中にどのようにつまずいているか分かるようになった	8.9	62.2	25.6	3.3	90
Q1S3 個々の児童がつまずきをどのように解消しているか分かるようになった	4.4	48.9	43.3	3.3	90
Q1S4 児童の変容をとらえることができるようになった	23.3	55.6	18.9	2.2	90
Q1S5 児童が友達とどのように関わっているのかが分かるようになった	25.6	47.8	23.3	3.3	90
【協議会について】	かなりあった	まあまああった	あまりなかった	まったくなかった	有効回答数
Q3S1 他の学生の意見を聞いて児童に対する理解が深まった	62.2	35.6	2.2	0.0	90
Q3S2 指導教員の意見を聞いて児童に対する理解が深まった	45.6	50.0	4.4	0.0	90

もあった。毎回のグループ内での討議もおおむね活発であり、他者との切磋琢磨の中で自分の見方を相対化する格好の経験をしたことの表れと思われる。

実際、**表7-3**に示すように、児童の変容や児童の友達との関係をとらえることができるようになったと答える者の割合は8割にのぼり、また9割以上が協議会での他の学生や指導教員の意見により理解が深まったと答えていた。ただし、児童の学習過程、学習中のつまずきやその解消の理解については、小学校Tuesday実習の直接の観察対象ではなく、あくまでも中学校との比較のために尋ねた設問であったため、「そう思う」と強い肯定を示す者の割合はあまり高くなかった。

以下は、その最終日の一人の学生の感想であるが、そこには、教師の働きかけの意図を読み取り、子ども同士の関係への着目、また活動においてつまずきを見せる子どもへの視点、さらに学年の特徴といった、問題意識にもとづく考察などがみられ、前期のねらいが学生たちに共有されている様子が窺える。

　　今日、1・2年4組は、学級の時間に誕生日会を行っていた。誕生日会では、主にゲームが行われ、司会も役割分担されており、児童主体で行われた。ゲームごとに担当する児童も決まっており、児童たちは責任をもってゲームの方法などを説明していた。一人一人に役割を与えることで、児童全員で誕生日会を作っているという実感と責任感を持たせるねらいがあったのではないかと思った。
　　こうしたゲームなどの活動から、普段の授業以上に児童たちの特徴を垣間見ることができた。例えば、ゲームの方法を2年生が1年生に分かりやすく教えてあげていたり、1年生に手加減してあげるといった場面が見られたり、また1年生は2年生の言うことを聞くといった、上下関係が授業中よりも顕著に表れていた。
　　こうしたゲームの最中でも、楽しみながらも、自分の世界に入りこんだり、2年生のサポートがないと行動できないといった様子を見せる児童が気になった。この児童は普段の授業でも発言が少なかったり、周りより作業が少し遅れることがあった。そのため、集中実習の際は、この児童が活動を理解し、しっかり取りかかれているかといったことに注意して支援していきたいと思う。
　　今日の話し合いでは、学級の協議と共に、1年生と2年生の特徴についても話し合った。その中には複式特有の特徴もあれば、1年生だけのクラス特有の特徴もあった。例えば、複式特有の特徴としては、2年生と一緒の授業では発言が少なく、上下関係があるといったことであり、また、1年生だけのクラスでは、グループ作りの時、女子の方が時間がかかるなどの特徴があった。また、1年生の共通点として、体を動かす運動が好きであるということや、先生に作品を見せに

行ったりするなどの先生と自分が一対一の関係になっているということが挙げられた。これをきっかけとして、複式の良い点や反対に同学年だけのクラスの良い点といったことを考えていき、集中実習に生かしていきたいと思う。

②後期：授業実施を通して実践を深め、まとめる期間

　後期は、2週間の集中実習を経ているため、児童理解とともに授業技術等の理解が深まっている状態でのスタートである。そこで後期は「授業作りを通して実践を深め、まとめる時期」と位置づけ、集中実習で残された課題、発展的な課題を授業を通して検証することに重点を置くこととした。

　後期の実習は、「授業参観」1回、「実施授業」2回及び「発表会」1回の計4回にわたりおこなわれた。当初は、実習生がアシスタント・ティーチャーとして担任の授業をサポートする「支援授業」2回、実習生が集中実習で課題とした点を克服し、自らの授業を分析、改善につなげる視点を持つための「実施授業」2回の予定であった。しかし、現時点では、支援より観察が大切と、附属小学校からの申し出もあり、「支援授業」に替えて、附属小学校教員による示範的な授業の参観を、配属学級と他学年と1校時ずつおこなった。実習生にとっては、よい授業を見ることが何よりも勉強になる。実際、実習生の記録を読む限り、様々な授業技術や教師としての心構えなど学ぶところが多かったようである。

　2回にわたる「実施授業」では、配属学級ごとに実習生たちが2グループに分かれて、協力して1校時完結の指導案を作成し、代表者1名が中心となって授業をおこなった。実習生たちは限られた準備の時間の中、それぞれ知恵を出し合い、自分たちの力で授業を作ることの喜びとそして難しさを感じとったようである。将来の教育現場では、十分な準備がない中で授業をおこなわなければならない場合も少なくない。そこでは児童の実態や授業の流れを的確につかみ冷静に状況判断をして、柔軟かつ適切に対応することが求められるが、それを支える豊かな実践力と確かな心構えを培うこと、このことが「実施授業」のもう一つのねらいであった。

　また「実施授業」には、授業技術を高めるとともに、自律的な発展向上を

目指す教師を育成するというねらいもある。そこで、授業後の協議会では、学生の自己評価、相互評価を中心に進めた。学部教員の指導助言は協議の方法についての事前説明など必要最小限のことにとどめ、学生たち自身による省察的な話し合いがおこなわれるようにした。なお、協議会をおこなうに際しては、次のような付箋紙を用いた擬似KJ法を取り入れた。

イ　各自疑問を付箋紙に転記する。
ロ　グループで付箋紙をすべて出し合って、関連した内容ごとにグループ分けしながら画用紙に貼る。
ハ　司会を決める。
ニ　画用紙にまとめられた項目で多いもの、重要と思われるものから話題の中心を決める。
ホ　記録から話題に関わる授業箇所を探し、授業者以外から授業者の意図やそのときの気持ちについて質問をし、授業者は率直に答える。
ヘ　対話の中から問題点、改善点（どうすればよいか）を探り、自分たちなりの結論を出す（一つの解答ではなく、多くの選択肢を見出し、比較検討するようにする）。
ト　自分の見解を文章として記録用紙に書き込む。

　事後の発表会では、各配当学級ごとに「実施授業より学んだこと」をテーマにその成果を発表し、お互いに情報を交換した。それぞれの発表からは、実習生の教職に対する意識と実践力の高まりが感じられた。以下は、一人の学生の後期のレポートからの抜粋であるが、教えることの難しさ、教材研究の重要さが語られている。とりわけ、児童の思考過程などの実態をきちんと理解し、柔軟に授業をおこなっていくことの重要性について言及している。さらに、自身の至らなさを認識し、自らの教員としての資質能力を高めていこうとする意欲も窺え、後期のTuesday実習が学生の変容について一定の成果を挙げているように思われる。

　　まだ、授業観に確信を持てるほど、私は完成されていないというのが、正直な意見である。だが、学んだことは数知れない。ここで、印象に残ったこと、特に

大事だと思ったことを述べる。自分の教材研究の足りなさ、教えることの難しさを感じさせられた。象徴的な事例として、公開授業の算数のとき、自分の予想外の解法を児童が思いつき、それを拾いきれず、逆に予想された解法が出てこず、授業の進行がうまくいかなくなってしまった。児童の解法も私は理解できず、みんなが理解しなければいけない基礎の内容を教えて、とりあえずは授業を終えた。<u>反省すべき点は、児童の柔軟な思考を活かしきれなかったこと、そしてその思考をとっさに理解できなかった自分自身だ。</u>教材研究の大切さを、身をもって知ったときであった。物事を教えるには、「一を教えるために十知っていなければいけない」ということが、しっかりと頭に刻み込まれている。また、いくら授業研究をしても、それを一方的に話すのではなく、学校の授業用にしっかりとアレンジしなければならず、高校や大学の講義とは違ってくる。<u>どのように疑問を出させて学習課題を引き出し、それを解決するように進行させていくか、まとめまでを一貫性を持たせるようにするという作業が必要になってくる。子どもの発言を使い進行させ、教師は考えの軌道修正のような、支援をする役割を担うのが理想だと思う。</u>高学年を対象とした授業から得たことであるので、全学年に共通するかどうかは慎重にならなければいけない。今回の実習を経て、教師になるうえでの自分の未熟さを感じさせられた。そしてそれを補うには、学生の間は、いかに学校という組織の中に身を置き、現場について知っていくかだと思う。そのために、現在放課後チューターやボランティアにでて、子どもと関わる機会を求め、勉強中である。児童は、自分の個性をどこで発揮するかがそれぞれ違うので、それを見てあげることも必要になってくる。　　　　　　　　　　（下線：引用者）

3. 中学校Tuesday実習
――生徒の学習過程の理解と教科指導の得意技の習得意識の高揚――

(1) ねらい

　中学校のTuesday実習は、附属中学校と相談し、中学校2年生の選択教科を活用して授業観察・授業実施をおこなうことにした。したがって、全体でのねらいを受けつつ、中学校では、次の2点についてさらに重点的に扱うこととした。小学校に比べて、教科の学習指導との関連が強いのが特徴といえる。

①**生徒が学んでいく過程をより深く理解するTuesday実習**
　（生徒のつまずきとその解消の様子に関する授業観察）
教科の学習中に生徒がどのようにつまずいているか、そのつまずきをどの

ように解消しながら学習が成立していくかについて、観察を通して学ばせることが第一のねらいである。また、その過程で生徒が自ら育っていける部分と他から力を借りなければ育っていけない部分があることに気づかせ、教師が生徒に対して適切にかかわっていく望ましい指導のあり方について学ぶこともそこには含まれる。

②教科指導での得意技につながるTuesday実習
（生徒の能力を伸ばす発展教材を指導する授業実施）

教師の学習指導は、教わる側である生徒に、「わかった」「できた」という達成感・満足感・成就感を感じさせるとともに、「これはどうなるの」という「次の学びへの意欲」を大切にしなければならない。その意味で、通常の教科指導の範囲にとどまらず、発展する内容に周知していることは学習指導の幅を広げる点で極めて大切なことである。そのため、選択教科において発展教材に関する授業を体験させることにより、教材研究の大切さに気づかせるとともに、いわば得意技を身につけようとする意欲を高めることを、もう一つのねらいとした。

(2) 実施体制

①対象学生・担当教員

中学校Tuesday実習対象者は、中学校教育専攻3年次学生、障害児教育専攻中学校選択及び生涯教育課程に在籍する計82名である。小学校Tuesday実習と同様、平成15年度以前の入学者旧課程の者は対象外とした。

担当する学部教員は27名で、その内訳は、小委員長1名、各教科から2名ずつ（数学・理科は5名）選出された27名の担当者である。ただし、前期・後期で同じ教員が担当する場合や複数の教員が継続してかかわる場合など、そのあり方は教科によって異なっている。

② 活動日の動き

表7-4　中学校Tuesday実習の1日の活動の流れ

時　間	活　動
13：00	会場準備（当番）
13：20	附属中学校に入る
13：25－13：40	全体会（出席確認、諸連絡、共通のねらい・ミニ情報）
	各教室へ移動
13：50－15：40	5・6校時授業実施・授業観察
各協議会場へ移動	
15：50－17：20	協議に取り上げたいことの整理
	本日の授業についての協議
	教員からの助言
	次回の授業についての打ち合わせ
	まとめ（所感等）の記入
17：20	諸連絡、協議記録提出、協議会場清掃
17：30	解散

表7-5　中学校Tuesday実習の全体会における共通のねらいとミニ情報の概要

回	共通のねらい			ミニ情報
	生徒との関係形成	授業者	観察者	
1	笑顔で挨拶、名前を覚える、生徒の特徴を捉える	生徒への指示を明確にすること	先生の働きかけや生徒同士のやりとりにおける生徒の反応を丁寧に記録すること	学習におけるつまずき（その定義と原因）
2	笑顔と声にだしての挨拶、名前で呼んでみよう、生徒の特徴の観察	本時の目標（ねらい）を明確にし、生徒への説明をはっきりすること（目標を板書し、必要な内容を大きな声ではっきりと）	生徒がどんなところでつまずいているのか、それに続いてどのようにつまずきを解消しているのかを、丁寧に記録すること	学習におけるつまずき（その表れ方）
3	授業者は学習教材を間にして声を交わす生徒をつくる／授業観察者は笑顔とアイコンタクトでコミュニケーションを	目的を明確に持って意図的に机間巡視すること／本時の目標（ねらい）の明確にし、生徒への説明をはっきりさせること（具体物や図を効果的に活用）	「授業者・個別指導担当者の働きなど」と「生徒の反応や学習進行状況」とをつなげて記録すること	机間巡視（その意義と具体例）
4		本時の目標（ねらい）の明確化（生徒が指示に従い順調に活動できているかの確認、滞っている生徒の発見と原因追求・個別指導）	学習のねらいや指示にそって順調に学習活動が進んでいるかを確認、また滞っている場合にはその原因を観察・記録すること	発言・発問（その種類と発問で大切にすべきこと、その際の教師の立ち位置・立ち方）
		授業中の教師の発言が明確であったか、生徒にきちんと伝わっていたかについて、振り返り、改善点を協議会で話し合うこと		
5	少し早めに授業をまとめ、生徒やお世話になった附属中学校の先生に感謝の気持ちを述べるように	学習のねらいをしっかり伝えること、指示通り進められているかの生徒観察、修正指示・指導を丁寧におこなうこと	Tuesday実習のねらいにそって、総括できるように生徒の観察、授業者の働きかけ観察などをしっかりおこなうこと	板書

活動日の動きについては、**表7-4**に示す通りである。全体会をおこなった後、午後の2校時間にわたって、授業観察・授業実施をおこない、教科ごとに協議会をもった。後期においては、全体会は毎回開催され、プリントを配付し、授業観察の視点や授業実施に関する共通のねらい、また子どもの学習上のつまずき、発問、机間巡視などに関するミニ講義をおこなった。後期の全体会の概略を**表7-5**に示したが、子どもとのコミュニケーションの取り方、授業実施、授業観察の観点が示されている。とりわけ、授業者の働きかけに対して、子どもの反応をきちんと観察すること、とりわけ学習上のつまずきとその原因（さらにはつまずきの克服）を捉えることに力点をおいている。

③評 価

評価は出席状況、実習中の態度、毎回の観察記録およびレポートにもとづく。レポートは、上記のTuesday実習のねらいである「生徒の学習過程の理解」と「教科指導での得意技習得の意識の高まり」と、それ以外の面での自身の成長に対する評価とを中心的テーマとしている。

(3) 1年間の流れ

Tuesday実習は従来から行われている「集中実習」と連動させながら長期間にわたって学ばせることができることから、**表7-6**のような時期をイメージしながら意図的・計画的に進めていくことにした。

①活動開始期

表7-6　中学校Tuesday実習の1年間の流れ

月	4	5	6	7	8	9	10	11	12	1
時期	活動開始期	観察重視活動期 → 指導重視活動期			前期ミニ活動まとめ期	集中実習期	後期用ミニ活動開始期	観察重視活動期 → 指導重視活動期		活動まとめ期

オリエンテーションを含め、実習がどのようなねらい・日程・内容で進められるかを共通理解させる時期のことである。学部教員が主に指導する。

②観察重視活動期
　学生が学部教員が指導している（または、学部教員が附属教員の協力を得ておこなう）授業に、学生が授業観察・グループ指導・個別指導などの形で参加し、生徒のつまずきの様子やその解消の様子を学んでいく時期のことである。加えて、指導重視活動期における授業実施に備えて、学部教員の授業の進め方や生徒に対する指導の様子についても関心をもって取り組んでいく。

③指導重視活動期
　学生が学部教員の指導の下、主体的に指導計画を作り、自律的に授業を実践していく時期のことである。教材の特質や学生の人数などにより多様な形態を工夫する必要がある。授業前の教材準備での取り組みが、得意技を習得しようとする意識の高まりにつながるよう意図的に指導することが大切である。

④活動まとめ期
　①〜③の活動を通して学んできたことを振り返り、まとめる活動をおこなう時期のことである。今年度は後期の最終回に発表会をおこなう予定である。
　前記の①〜④は、各教科ごとに1年間の見通しをもって計画する。なお、附属中学校では、前期と後期で生徒が入れ替わる方式をとっているため、指導対象の生徒が途中で替わることになる。従って、学生の指導にあたっては、「前期の末に指導のまとめ」を、また後期のはじめに「新しい生徒の指導に関わっての事前説明」などを意図的におこなうなどの配慮が必要である。

(4)　各教科の実施概要

　教科によって附属中学校の生徒の人数、担当する教育学部の学生の人数、

表7-7 中学校Tuesday実習の概要（前期）

教科	学生数	生徒数	テーマ	実習のねらい	主たる授業者	学生の役割
国語	11	15	進め！投稿への道	中学生の「書くこと」の能力実態について理解を深めさせ、学習指導の内容や方法についての基礎的な知見を獲得させる。	主に学部教員	学生1名が生徒1名を観察・指導する。
社会	11	21	われら地球市民 環境・開発・人権・生命から社会を学ぼう	体験参加型の授業の手順と構造を理解させる。参加型授業での教材づくりができるようにする。参加型授業での、活動からディブリーフィングまでの一連の過程を試みることができるようにする。	学部教員から学生へ移行	学生2名が協働して5・6名の生徒からなる一班を観察・指導する。
数学	6	20	"手を動かして数学する"ことを楽しもう	九九表の性質の分析、作図、三角形の5心と相互関係等について理解を深めるとともに、教材として扱うことを想定したときにどのような数学的な見方考え方を引き出すことができるかを考えさせる。	学部教員から学生へ移行	学生2名が4名の生徒からなる一班を観察・指導する。
理科	12	20	各種気体の発生	すでに学習している発生法以外で気体を発生させることに挑戦している生徒を観察し、考え方の深化を確かめるとともに、生徒との関わりを通して、試行錯誤を経ながら、実験を進めるための方法論を学ばせる。	学部教員から学生へ移行	学生2名が協働して3・4名の生徒からなる一班を観察・指導する。
音楽	7	18	美しい声の響きを求めて	中学校では困難になりがちなオペラの鑑賞を取り上げ、その教材開発と指導法を学ばせる。	学部教員から学生へ移行	個々の学生が生徒全員を観察する。
美術	6	18	選択美術・平面応用編	平面制作に取り組む生徒の様子を丁寧に観察させ、学んでいく過程に関して深い理解を得させることに主眼を置く。選択教科の発展教材を中心として、資質を向上させ、意識を高める。	学部教員から学生へ移行	個々の学生が3名の生徒からなる一班を担当し、観察・指導する。
体育	16	28	みんなで協力して50m走のタイムを短縮しよう	生徒の実態を把握するとともに、「田植えライン」と「おにごっこリレー」の学習指導法及び「できる」と「わかる」の関係について理解させる。	学部教員から学生へ移行	個々の学生が生徒全員を観察する。
技術	6	20	金属を材料としたテープカッターの製作	テープカッターの製作指導を通して、ものづくりのための学習環境設定、製作過程における指導・評価について学ばせる。	学生	学生が2名ずつ3組に分かれ、授業体験・班指導・授業観察をそれぞれ担当する。
家庭	5	20	○○（食べ物）博士になろう	調理実験・実習の指導を実践的な活動を通して学習させる。	授業の進行のみ附属教員	個々の学生が4名の生徒からなる一班を観察・指導する。
英語	7	16	英語で楽しむスキットの創作・上演	生徒に課されたグループ・ワークを支援・指導しながら、授業を成功させるために要する専門的知識や教育学的スキル・理論など身につけ、将来英語教員として求められる実践的教育力とオートノミーを育成する。	学部教員と学生	学生2・3名が協働して5・6名の生徒からなる一班を観察・指導する。

表7-8 中学校Tuesday実習の概要（後期）

教科	学生数	生徒数	テーマ	実習のねらい	主たる授業者	学生の役割
国語	11	18	夏目漱石『夢十夜』を読もう！	書かれていることのみを手がかりにして、生徒に、小説を深く読み込ませることの難しさを経験させる。「読むこと」領域における知識や技能を、生徒にいかにして獲得させるか、考えさせる。	学生	学生2名で組を作り授業を進める。他の学生は生徒の観察・指導をする。
社会	11	20	われら地球市民 環境・開発・人権・生命から社会を学ぼう	体験参加型の授業の手順と構造を理解させる。参加型授業での教材づくりができるようにする。参加型授業での、活動からディブリーフィングまでの一連の過程を試みることができるようにする。	学生	学生2名が協働して授業を進める。他の学生は班を観察・指導する。
数学	6	19	"手を動かして数学する"ことを楽しもう	九九表の性質の分析、作図、三角形の5心と相互関係等について理解を深めるとともに、教材として扱うことを想定したときにどのような数学的な見方考え方を引き出すことができるかを考えさせる。	学部教員・学生	学部教員と学生1・2名が授業を進める。他の学生は生徒の観察・指導をする。
理科	12	20	教科書にない理科の面白さを学ぼう	学生の苦手意識の解消を目指し、得意分野以外における話題を選び、授業を担当する。集中実習を通して学んだ指導案作成、授業の進め方、教材の検討、実験における生徒とのかかわり方等をベースに、各自が選んだ理科教材をもとに、授業・実験を組み立て、理科の中身を生徒に伝える。	学生	学生2名で組を作り授業を進める。他の学生は生徒の観察・指導をする。
音楽	7	12	美しい声の響きを求めて	中学校では困難になりがちなオペラの鑑賞を取り上げ、その教材開発と指導法を学ばせる。	学生	学生が授業を進める。その他の学生は生徒を観察する。
美術	6	20	選択美術・平面応用編	平面制作に取り組む生徒の様子を丁寧に観察させ、学んでいく過程に関して深い理解を得させることに主眼を置く。選択教科の発展教材を中心として、資質を向上させ、意識を高める。	学生	個々の学生が授業を進める。他の学生は観察・指導する。
体育	16	31	バスケットボールの個人技能をチーム戦術に活かそう	バスケットボールのグループ学習の学習指導法と教具の活用法について理解し、得意技習得の意識向上につなげる。	学生	学生が授業を進める。他の学生は観察・指導する。
技術	6	20	金属を材料としたテープカッターの製作	テープカッターの製作指導を通して、ものづくりのための学習環境設定、製作過程における指導・評価について学ばせる。	学生	学生が2名ずつ3組に分かれ、授業体験・班指導・授業観察をそれぞれ担当する。
家庭	5	20	乳幼児の生活について知ろう	前期及び集中実習での経験から、学生が「乳幼児の生活について知ろう」という題材で、より主体的に授業を展開し省察を深めていく過程の中で、さらなる授業技術や生徒理解の力を向上させる。	学部教員から学生へ移行	班の指導・観察をする。後半は主担当となる授業を進める。他の学生は観察・指導をする。
英語	7	16	身体で覚える英語	「不思議の国のアリス」の英語の台詞の書き直しにより、ライティング能力の向上を目指すとともに、ともに暗記し演じることにより、英語の総合的能力の向上を目指す。さらにグループを指導・統率することで、教科面にとどまらず教師に必要な指導力を身に付けることを目指す。	学生・学部教員	学生が授業を進める。他の学生は観察・指導をする。

取り上げる題材、主に指導担当する教員の専門等、実習を進めるために考慮しなければならない要素が多様にあるため、基本的には各教科ごとに詳細な計画を立てて進めた。表7-7・7-8は前期・後期における各教科の実施概要をとりまとめたものである。

内容面では、生徒が何らかの作業に取り組む体験・参加型の授業が多く、一斉教授に比べて、学生たちにとって生徒の様子を観察しやすく、また生徒と関係を形成しやすいものであったといえる。また選択教科ということもあり、「通常の授業では扱えきれない平面図形・空間図形を実際に作図し模型を作るという作業ができたことは、とても有益であったと思います」という附属教員からのコメントにみられるように、発展的な内容を扱う経験を学生たちに与えるものであった。加えて、2年次の教科教育法の時間に扱った教材を用いた教科や、火曜日の午前中の教科教育法の時間の一部を用いて、Tuesday実習の事前指導をおこなう教科もあった。

また学生たちの授業へのかかわり方は、前期では、当初から学生が授業をおこなったのは1教科、学生たちが学部教員がおこなう授業を観察することを主としていた教科が2教科で、それ以外は学生たちが1名あるいは少人数の生徒からなるグループを担当し、その観察と指導にあたる形態であった。ただし、途中から学部教員に代わって1名あるいは複数の学生が授業者として教壇に立ち、それ以外の学生が観察（あるいはグループの指導）にあたる形態に移行する教科もみられた。後期は、集中実習を経験したこともあり、ほとんどの教科が、当初から学生の代表が授業者となり、それ以外の学生が観察をおこなう形態をとっていた。

表7-9には前期のTuesday実習に関する学生に対するアンケート結果を示した。実際、「そう思う」と強い肯定を示す者の割合が最も高かったのは、「教師（教師役の他の学生）の働きかけの工夫について深く学んだ」であり、その割合は4割にのぼっている。続いて「生徒の変容をとらえることができるようになった」「個々の生徒が学習中にどのようにつまずいているか分かるようになった」では、2割以上の者が「そう思う」と強い肯定を示している。また、「生徒が学んでいく過程が深く理解できるようになった」でも、「そう思う」「ど

表7-9　中学校Tuesday実習授業の前期の評価結果

【子ども理解に関わって】	そう思う	どちらかといえばそう思う	どちらかといえばそう思わない	そう思わない	有効回答数
q2s1　生徒が学んでいく過程が深く理解できるようになった	16.9	66.3	14.5	2.4	83
q2s2　個々の生徒が学習中にどのようにつまずいているか分かるようになった	21.4	53.6	21.4	3.6	84
q2s3　個々の生徒がつまずきをどのように解消しているか分かるようになった	7.1	47.6	38.1	7.1	84
q2s4　生徒の変容をとらえることができるようになった	28.6	50.0	17.9	3.6	84
q2s5　教師（教師役の他の学生）の働きかけの工夫を深く学んだ	46.4	41.7	11.9	0.0	84
q2s6　生徒がつまずきへの適切な支援ができるようになった	4.8	49.4	39.8	6.0	83
【教科指導に関わる知識・技術などの向上について】	そう思う	どちらかといえばそう思う	どちらかといえばそう思わない	そう思わない	有効回答数
q3s1　教科指導での得意技を習得しようとする意識	27.7	49.4	21.7	1.2	83
q3s2　教材研究	34.9	47.0	15.7	2.4	83
q3s3　指導案、指導計画	28.6	35.7	33.3	2.4	84
q3s4　指導技術	28.6	44.0	23.8	3.6	84
q3s5　教材教具や資料	29.8	48.8	17.9	3.6	84
【協議会について】	かなりあった	まあまああった	あまりなかった	まったくなかった	有効回答数
q5s1　他の学生の意見を聞いて生徒に対する理解や働き方に対する考え方や見方が深まった	54.8	45.2	0.0	0.0	84
q5s2　他の学生の意見を聞いて発展教材の指導についての考えや見方が深まった	39.8	49.4	10.8	0.0	83
q5s3　指導教員の助言を聞いて生徒に対する理解や働き方に対する考えや見方が深まった	53.6	42.9	2.4	1.2	84
q5s4　指導教員の助言を聞いて発展教材の指導についての考えや見方が深まった	44.0	44.0	10.7	1.2	84

ちらかといえばそう思う」と答える者は上記の質問同様、8割以上にのぼっている。一方、教科指導に関する設問群、協議会に関する設問群では、3割前後もしくはそれ以上の者が「そう思う」と強い肯定を示している。このように、生徒の学習過程、そこでのつまずきなどに関することよりも、指導方法や教材といったことに、学生たちの関心が向いているように思われる。その傾向は、「指導重視期」にあたる後期では一層強まっているように思われる。

第7章　Tuesday実習の実施の試みと効果検証　153

　以下の引用は、前期終了時と後期終了時のレポートからの抜粋である。一つめの例では、予備実験を通じた教材研究が、授業を円滑に進め、危険を予測し、自信をもって授業をおこなうことのできる得意技になり、ひいては生徒にもよい経験を与えることができたことが語られている。もう一つの例では、観察を通じて生徒のつまずきを読み取り、自らのかかわり方を考え、自信をもって生徒に接することができるようになった経験が述べられている。

　　実験をする前には必ず予備実験をする必要があると感じた。今回の実習では、中学校の時以来の実験がほとんどで、しかもそのときにはデモンストレーションは班で一回であったため、実験をする自信は全くなかった。しかし、実験をおこなう前の週に予備実験を行い、あらかじめどのようにすれば成功または失敗するのかを掴んでおくことで余裕を持って実習にのぞむことができた。また予備実験をおこなうことで、生徒にとって危険なところを予測し、注意をうながすこともできる。また、その際に必要な器具を把握することもでき、足りないものについても確認することができるというメリットもあった。理科の実験は予備実験が命といっても過言ではない。
　　私はアンモニアの噴水をすることになったとき、やったこともなく原理も装置も分からなかったので自信もなかった。そのため、できればやりたくなかったと思っていたが、実験の前の週にアンモニアの噴水を友人と何度も何度も行い、やっと成功したときにはなんともいえない達成感を味わうことができた。それ以来アンモニアの噴水は私の得意分野になったと思っている。生徒たちも噴水が成功して、とても良い経験になったと思う。失敗することも必要だが、成功することの方がやはり望ましくやりがいがある。生徒たちの成功のためにも予備実験は絶対に必要なものだと思う。

　　始めのころは、生徒は授業中に遊んでいたり寝ていたりしていても、積極的にそれを注意することができなかったが、徐々に注意をすることができるようになった。また戸惑っているなどの理由で作業が止まっている生徒にも積極的かつ効率的に支援することができるようになった。
　　この理由として、生徒の心理状態を読み取ることができるようになったことが考えられる。生徒を観察していく経験を積むにつれ、生徒が今何をしようとしているのか、何を考えているかなどを、生徒の手の動きや表情、落ち着きなどをよく見ることで大体把握できるようになった。生徒は何か失敗しそうになったときや、何をして何を考えればよいのかがわからないとき、教師に助けを求める生徒は必ずしも多くはない。つまり失敗回避傾向にあり、このことは教育心理学でも言われていることである。助けを求める生徒の中でも周りの生徒に気づかれない

ように小さなアクションで助けを求める生徒もいる。それらを生徒の観察を通して読み取ることができるようになった。ただ、はじめのうちは注意したり支援したりすることに対して自信がなく積極的に声をかけることができずにいた。また、例えばすぐに答えを教えるなど声をかけても直接的過ぎるために、生徒に考えるきっかけを与えてあげることが十分にできなかった。しかし、観察・実践と反省を繰り返していくうちに、私の指導に対して態度を改めたり何かをひらめたりするなど、生徒にとっての学習環境が確実にプラスの方向に傾くように、自信を持って関わることができるようになった。また、回りくどく説明するのではなく、短時間で要点だけを、そして生徒が自然と考えられるように説明することができるようになった。

5. Tuseday実習の今後の課題・次年度の方向性

今年度から新たに始まったTuesday実習の中心的ねらいは、長期間にわたる継続的な観察を通して、子どもの実態と変容についての理解を深めることにある。学生たちは子どもの事実を記録し、それぞれの学生による様々な解釈と自分の解釈を摺り合わせていく経験をしてきた。こうした経験は、常に子どもの実態から学んでいく姿勢を育てる意味では貴重なことといえよう。しかし、とりわけ前期の小学校Tuesday実習に顕著であったが、学生が構築しつつある解釈の内容の大部分は、観察した子どもの態度・傾向に関する分析(例「あの子は仲のよい子と一緒だと元気になる」)や教科の違いによる行動の違いに関する分析(例「社会科ではおとなしかったけど算数ではよく発言していた」)であった。

確かに、こうした分析も大切なことである。しかし、よりよい授業を構想・実践する立場としては、教師の働きかけ、ひいては各教科の特質や本質に基づいた分析も重要なものとなる。つまり、いかなる教師の働きかけのもとで子どもたちがどのように学習をしているのか、それは教科の特性から見てどのような価値があるのか、または子どもがどのように活動をしていくことが授業において価値があるのかを、事実に照らしながら分析することである。中学校Tuesday実習では「生徒のつまずきとその解消の様子に関する授業観察」とともに「生徒の能力を伸ばす発展教材を指導する授業体験」を一つの

柱としていた。しかしながら、前述したように、教師（あるいは教師役の生徒）の働きかけに関心が集まり、ともすれば学習内容と離れたところでいかに子どもの関心を惹きつけるかが論じられることもあり、教師の働きかけや教材・教科の特性との関連で子どもたちの学習の様子が論じられることは少なかったように思われる。

　学校教育は組織的計画的におこなうことが大前提である以上、教師の働きかけ、ひいては教材や各教科の特質をもとに、子どもの事実を分析していく姿勢は欠くべからざるものであると考える。このような姿勢をもちながら、実践をおこない、それを省察し、そして次時、次単元の計画を立て、さらなる実践に向かうというサイクルを作り出し、自身の到達点と課題を見極めつつ、実践力を自ら高めていく教師を養成していくことが重要だろう。もちろん、1年目のTuesday実習の試みにおいて、その萌芽が全くみられなかったわけではない。小学校Tuesday実習においては、教材研究を深め、児童の思考を理解し、柔軟に授業をおこなっていくことの重要性を認識する学生が出てきている。また、中学校Tuesday実習においても、教材・教科に胚胎する楽しさを、教材研究を通じて自らが実感し、そこで得た自信をもとに、子どもにそれを分かち伝える楽しさを実感した学生がみられたことも事実である。さらに「前期は気体の発生に関する実験を行ったが、これまで学習した知識がフル活用されたように感じた。この分野は化学分野であったが、物理分野にも関わり、さらには生徒指導についての生徒心理学の知識も関係し、ただ知識がたくさんあってもそれらが繋がっていなければ意味がないことを痛感させられた」というように、学生たちがこれまでの知識を繋げ、いかに「学校臨床（学校現場）」において活かしていくのかを認識すると同時に、その至らなさを認識する契機となっていた。より多くの学生たちがこれらの経験をもち、自らの教員としての資質能力の自律的な向上に努めていくよう、Tuesday実習をはじめとする「学校臨床科目群」、ひいては教員養成カリキュラムのあり方を考えていくことが今後の課題といえる。

　なお、本章執筆時においては、学生による授業評価や最終レポートがすべて揃っておらず、今回はTuesday実習の概要説明に止まらざるをえず、本

格的な検証作業は他日を期したい。

　最後に、本実習実施に際してご協力いただいた附属小学校・中学校の教職員と児童生徒、そして「産みの苦しみ」が伴う中、この実習にかかわった大学教員と学生に感謝の意を表して稿を閉じたい。

　注
1　学級配当は、2年次に希望学年を実習委員会に提出し、その結果をもとに附属小学校の協力得て決定されている。
2　Tuesday実習の企画実施は当初教員養成学研究開発センター内のTuesday実習WGとなっていたが、本格実施に向けて学部内委員会として再編された。同委員会には、小学校小委員会と中学校小委員会が設けられ、それぞれの小委員会には附属学校の教員が1名ずつ参加している。

第8章 新科目「教員養成総合実践演習」の挑戦
―― 〈学校臨床⇔学校臨床研究〉の往還による教師力育成の試み ――

福島裕敏、大谷良光、平井順治、中野博之、齋藤尚子、山田秀和

1. 往還プログラムとしての新科目「教員養成総合実践演習」

　全国の教員養成大学・学部において教員養成カリキュラム改革が試みられている。弘前大学教育学部では、2005年4月より専任教員が配置された教員養成学研究開発センターがメイン・エンジンとなり、その改革に取り組んでいる。2004年入学者から新しい教員養成カリキュラムを実施しており[1]、2006年度の3年次以下の学生がそのカリキュラムを履修している。目下、4年次学生向けのカリキュラムの準備を進めている最中だが、それを先取りした形で2005年度から試行されたのが、今回紹介する新科目「教員養成総合実践演習」である。

　この新科目は〈学校臨床⇔学校臨床研究〉の往還により教師力の育成を目的としたプログラムである。「学校臨床」とは学校現場における経験を意味し、「学校臨床研究」はその経験やそこでの学びを対象として省察し、それらの理論化を目指すものである。両者を有機的に関連づけることにより、教師力、すなわち教師としての実践的指導力の向上がもたらされると考える。そのため、新科目「教員養成総合実践演習」の受講生は、「学校臨床研究」の場として、大学において講義・演習（「以下、プログラムの総称である新科目「教員養成総合実践演習」と区別して「総合実践演習」）[2]に加えて、「学校臨床」として公立学校での「学校サポーター活動」[3]に参加することになっている。この他、現在免許法に定められた必修科目となっている2週間の公立学校における教育実習も、このプログラムでは「学校臨床」の一つである「研究教育実習」[4]として位置づけられている。

158　第2部　教員養成学に基づく教員養成の実践・検証

　小論の目的は、〈学校臨床⇔学校臨床研究〉の往還プログラムとして試行した、2005年度の新科目「教員養成総合実践演習」の〈計画→実施→評価→改善〉過程を報告することにある[5]。以下、2.ではこの新科目「教員養成総合実践演習」全体の概要と、それを構成する「総合実践演習」「学校サポーター活動」「研究教育実習」それぞれの活動概要について紹介する。続いて、3.では学生に対するアンケート結果を紹介し、4.では、それらを踏まえつつ本科目の成果と課題について考察する。5.では、新科目「教員養成総合実践演習」のカリキュラム改善の方向性について言及する。

2.　新科目「教員養成総合実践演習」の概要

(1)　新科目「教員養成総合実践演習」

　新科目「教員養成総合実践演習」は、上述したように、「総合実践演習」「学校サポーター活動」「研究教育実習」の三つの連動、すなわち〈学校臨床⇔学校臨床研究〉の往還により、教師力の向上を図ることにある。ただし、「総合実践演習」と「学校サポーター活動」に対しては、新科目「教員養成総合実践演習Ⅰ・Ⅱ・Ⅲ」の単位が、「研究教育実習」には「教育実習」の単位が出された。

　新科目「教員養成総合実践演習」の受講生は、学部生40名、大学院生5名の計45名である。うち、5名は後期の追加募集の応募者であった。この学部生の数は、教員採用試験受験者のおよそ3分の1にあたる。

　この科目の実施にあたって、教員養成学研究開発センターの「教員養成総合実践演習」担当WGのメンバー4名（同センター専任教員2名、兼任教員2名）と協力教員4名の計8名が、その企画、受講生の指導・支援、学校サポーター活動受入校（以下、サポート校）への訪問などに携わった。

(2)　「総合実践演習」の概要

①「総合実践演習」の目的

「総合実践演習」は、前期週1コマ(「教員養成総合実践演習Ⅰ」)、後期週2コマ(「教員養成総合実践演習Ⅱ、Ⅲ」：1コマは全体指導、もう1コマはグループ)の大学における講義・演習科目としておこなわれた。

【教育目的】
　協働的実践力[6]を諸活動を通して実践的に学び、以下の教育内容とそれに関わる知識・技能を学ぶ中で教師力の向上を図る。

【教育内容】
　Ⅰ：現代的教育課題、教師論
　Ⅱ：授業技術研究
　Ⅲ：人間関係づくり、生活指導・学級経営

【教材】
　生活指導実践記録、教師の講話、学校臨床(学校サポーター活動、研究教育実習)、模擬授業、問題解決を目指したグループ活動など。

【教育方法】
　自己学習⇒討議による深化⇒教員による専門的支援⇒アクティブな発表活動(ロールプレイや模擬授業など)。

【授業運営】
　受講生参画型、多数教員の協働型。

②「総合実践演習」の内容

　前期「総合実践演習」の内容は、①「現代的教育課題」に関するグループ検討とアクティブな方法での発表(準備2回、発表5回)、②生活指導実践記録の集団討議法による読み深め(2回)、③実践講話(1回)や学級開き模擬授業(1回)による教師のあり方の探求、④学校サポーター活動の事前指導(観察実習の内容と方法、活動の省察の視点と省察カード・活動状況報告書の記録の仕方)(1回)、活動報告と省察検討会(3回)、⑤研究教育実習の内容と方法の指導(1回)、⑥授業評価のための事前・事後調査(各1回)であった[7]。
　後期「総合実践演習」では、①研究教育実習の研究レポートの発表(準備1

回、発表1回)、②シリーズ「授業の達人に学ぶ」(「授業の達人」による模擬授業と授業論の講義：3回)、③シリーズ「質の高い授業に学ぶ」(附属学校園教員による授業や、県内研究会の公開研究授業の参観、6回企画し参加可能な範囲で参観)、④模擬授業(同一テーマを2～3名の2グループで担当し、学習指導案作成、受講生を生徒とした模擬授業を実施し、担当教員と受講生が評価：準備4回、発表4回)、⑤生活指導実践記録の集団討議法による読み深め(1回)、⑥「学校の危機管理」についての講義(1回)、⑦学校サポーター活動の省察検討会(サポート校別・テーマ別等：5回)と「活動振り返りカード」を利用したまとめ(2回)、⑧授業評価のための事後調査と学級納め(各1回)であった。

(3) 学校サポーター活動の実施概要

　学校サポーター活動の目的は、①学生が10ヶ月間にわたる公立学校での教育支援活動を通して、教師の仕事を理解し、子どもとのかかわり方、問題等への対応の方法・考え方を学ぶこと、②学校サポーター活動において「総合実践演習」で学んだことを活用し深めること、また学校サポーターで抱いた課題意識を「総合実践演習」で深めること、③「総合実践演習」における省察活動を通じて、学校サポーター活動での実践とそれに対する省察を、グループでの集団検討で深めることの三つである。

　学校サポーター活動は、弘前市教育委員会、青森市教育委員会と弘前大学教育学部との間で締結された「教員を目指す学生による教育支援に関する協定書」にもとづいている。サポート校は、小学校6校、中学校4校、高等学校1校であり、活動期間は5月～2月までの10ヶ月で、週1回を基本とした。[8]

　受講生には、学校サポーター活動に参加した日の最後に「活動状況報告書」を記入し、サポート校に提出すると同時に、最低月1回「省察カード」を作成し、「総合実践演習」の授業時に提出することを求めた。

　「総合実践演習」内の省察検討会の時間では、「省察カード」をもとに各学生が報告し、問題点を絞り討議した。省察検討会は、サポート校別を基本としたが、後期はテーマ別におこなうこともあった。その際、担当教員が1名

以上加わり、学生たちの検討を支援・指導した。

　また学校サポート活動のまとめとして、受講生には活動開始から綴ってきた「活動状況報告書」と「省察カード」を読み返し、学校サポーターとしての自らの成長、事例に対する観察力・分析力の深まり、未来の教師としての課題を「学校サポーター活動振り返りカード」に記入させた。そして、そのカードをサポート校別のグループ内で回覧し、他のグループメンバーが「作品循環対話用紙」にその感想を書くことにより、個々人の学校サポーター活動の成果を協働的に深めた。

(4)　研究教育実習の実施概要

　研究教育実習の目的は、教育実践における研究方法の育成にある。自らの問題意識にもとづきテーマと計画を作成し、実践の成果をレポートとしてまとめ、それをグループで検討することで協働的に省察力を養成しようとした。

　研究教育実習は、事前指導として目的の説明、テーマの提出、事後のレポート提出、グループごとの報告会、代表レポートの全体会での報告という流れでおこなったが、時間不足もあり、テーマ設定と研究方法についての事前指導をおこなうことができず、必ずしも深い内容・方法をもったレポートとはならなかった。

3. 学生に対する授業評価調査結果

　新科目「教員養成総合実践演習」のカリキュラム評価のため、前期終了時および後期終了時の2回にわたり、授業評価調査をおこなった[9]。**表8-1**には前期におこなった授業評価調査票は15設問のうち、5段階尺度による7つの設問に対する回答結果を、**表8-2**には後期授業評価調査票の14設問のうち、5段階尺度による10設問の回答結果をそれぞれ示した。なお、設問番号の「Q」は前期調査、「q」は後期調査の設問を意味する（例「q4」＝後期調査の設問4）。

　「総合実践演習」に対しては、8〜9割の者が肯定的な回答（「そう思う」「ど

表8-1　前期授業評価調査結果

項目	質問	そう思う	どちらかといえばそう思う	どちらともいえない	どちらかといえばそう思わない	そう思わない	回答者数
「現代的教育課題」	Q6　現代教育課題の準備・発表は、自らの教師力養成に役立ったと思う	45	42.5	10	2.5	0	40
	Q8　現代教育課題の他の班の発表を聞いて、教育課題への問題意識が深まったと思う	52.5	35	10	2.5	0	40
協働的実践力	Q7　現代的教育課題の準備・発表で、協働的実践力とは何かがつかめたと思う	25	40	35	0	0	40
学校サポーター活動	Q1　学校サポーター活動は、自らの教師力養成に役立っていると思う	67.5	27.5	5	0	0	40
省察検討会	Q13　学校サポーター活動の中で問題意識を持ったことを、授業の中で深める場面があったと思う	25	17.5	47.5	7.5	2.5	40
「総合実践演習」と学校サポーター活動との関わり	Q11　新科目授業で学んだことが、学校サポーター活動の場面で役に立ったことがあったと思う	25	25	37.5	7.5	5	40
	Q12　新科目授業の中で考えたこと、問題意識を持ったことを、意識して学校サポーター活動に臨んだことがあると思う	30	32.5	25	7.5	5	40

ちらかといえばそう思う」)を寄せていた。前期「総合実践演習」の中心的テーマであった「現代的教育課題」についての設問群(Q6、Q8)では、肯定的回答の割合は9割弱と高く、特にQ8では強い肯定を示す者が5割以上にのぼっている。また、後期の「授業技術研究」に関する設問群のうち、q3、q4でも肯定的回答は8割前後にのぼる。しかしながら、「q5『授業技術研究』の授業を受けて『授業のイメージ』が変わったと思うと肯定的に回答する者の割合は、4割にとどまった。

また、「総合実践演習」の一つの目的であった「協働的実践力」の理解に関する設問(Q7、q6)では、前期・後期ともに肯定的な回答は、6割台と必ずしも高くない。

一方、学校サポーター活動の省察活動に関する設問が「Q13・q10学校サポーター活動の中で問題意識をもったことを、授業(「総合実践演習」)の中で深めることがあったと思う」[10]である。それに対する肯定的回答の割合は、前期

表8-2 後期授業評価調査結果

項目	質問		そう思う	どちらかといえばそう思う	どちらともいえない	どちらかといえばそう思わない	そう思わない	回答者数
「授業技術研究」	q3	「授業技術研究」の一連の授業は、自らの教師力養成に役立ったと思う	33.3	51.3	10.3	5.1	0	39
	q4	模擬授業発表は、自らの教師力養成に役立ったと思う	30.8	48.7	17.9	0	2.6	39
	q5	「授業技術研究」の授業を受けて「授業のイメージ」が変わったと思う	17.9	23.1	51.3	5.1	2.6	39
協働的実践力	q6	模擬授業の準備・発表で、協働的実践力とは何かがつかめたと思う	12.8	48.7	33.3	2.6	2.6	39
学校サポーター活動	q1	学校サポーター活動は、自らの教師力養成に役立っていると思う	82.1	17.9	0	0	0	39
省察検討会	q10	学校サポーター活動の中で考えたこと、問題意識を持ったことを、授業の中で深めることがあったと思う	33.3	33.3	28.2	2.6	2.6	39
「総合実践演習」と学校サポーター活動との関わり	q8	「授業技術研究」の一連の授業で学んだことが、学校サポーター活動の場面で役に立ったことがあったと思う	21.6	27	40.5	5.4	5.4	37
	q9	「授業技術研究」の授業の中で考えたこと、問題意識を持ったことを、意識して学校サポーター活動に臨んだことがあったと思う	28.2	28.2	38.5	2.6	2.6	39
卒論・修論	q11	自分の卒論・修論の仕上がりは良かったと思う	2.6	51.3	28.2	15.4	2.6	39
	q12	卒論・修論と授業(学校サポーター活動を含めて)の両立は困難であったと思う	20.5	30.8	30.8	15.4	2.6	39

では43％にすぎず、後期では20ポイント以上増加しているものの、67％にとどまっている。

「総合実践演習」と学校サポーター活動との関わりについての設問群(Q11、Q12、q8、q9)についても、肯定的な回答の占める割合は5割前後と低い水準にとどまり、否定的な回答(「どちらといえばそう思わない」「そう思わない」)を示す者も1割近くみられる。

最後に、「q11自分の卒論・修論の仕上がりは良かったと思う」「q12 卒論・修論と授業(学校サポーター活動を含めて)の両立は困難であったと思う」に対

して肯定的回答を寄せる者は半数以上であったが、前者に対する強い肯定を示した者は1名にすぎなかった。

総じて、「総合実践演習」、学校サポーター活動に対しては多くの者が肯定的な評価を与えているのに対して、両者の「往還」を実感するものは多くなかった。

4.　新科目「教員養成総合実践演習」の成果と課題

これまで学生によるアンケート調査結果を概観してきたが、担当者総括会議で出された意見を組み入れながら、以下では「総合演習」、学校サポーター活動と省察検討会、及び新科目「教員養成総合実践演習」全体に分けて、その成果と課題を指摘しておきたい。

(1)　「総合実践演習」の成果と課題

①「現代的教育課題」

現代的教育課題を調べ・まとめ・アクティブな方法で発表する活動は自らの教師力養成に役立ったとする学生が多かった。Q6の自由記述欄をみると、「ロールプレイを通して、実際に指導する側や子どもの気持ちになって考えることができた」、「ただ漠然と知識として児童生徒理解をとらえるのでなく、自分たちで調べたり発表したりしたことは、学校サポーターや実習生として現場に立ったときに"こうだから大切なんだ"と実感するための大切な役割を担っていたと思う」といった感想がみられ、アクティブな発表方法が、現代的教育課題に関する知識を実践知に昇華させたと考えられる。

また、今回取り上げた現代的教育課題の幾つかが、受講生にとって有意味連関性をもつものだったことも高い評価に繋がったように思われる。受講生の間で最も役に立ったとされたのは「学級にLD・ADHD児がいる場合、どのような指導をするか」であった。それは、学校サポーター活動で受講生たちの少なからぬ者たちが、そのような児童生徒とかかわりをもっていたことによる。他にも「自分たちで調べた課題に対して深く理解ができ、教員採用試

験の集団討論、小論文、面接などに役立った。他の班の発表は、青森県の集団討論に出題された」等と教員採用選考試験との関わりで、評価している者もみられた。

　しかしながら、発表に至るまでには膨大な時間がかかり、多くのグループが土日や夜間など時間外に集まり作業をしていた。その一因として、授業時間内にその準備の時間を確保できなかったことや、これらに必要な基本的な知識や技能が欠如していたことが挙げられる。また、準備・発表の時期が副免許実習や教員採用選考試験直前の時期と重なり、受講生には過重な負担を強いる結果になった。その改善のためには、選択すべき現代的教育課題を教員集団があらかじめ用意しておくこと、またそのための必要な資料・その収集の見通し、及び作業計画作成を指導すること、さらに副免許教育実習開始6月以前に発表が終了するよう日程を設定することが必要であった。

②「授業技術研究」

　「授業技術研究」についても、多くの肯定的評価が寄せられた。q8・9の自由記述欄には、とりわけ「授業の達人に学ぶ」についての言及が多くみられた。「すぐにその場で説明を受けたり、質問できたことは、大変勉強になり、役立った。この『授業-説明』という流れは大変良いやり方だったと思う」とあるように、模擬授業と授業技術に関する講義がセットになっていたことは、「学び合いの授業」をめざすべき授業イメージとしながら、それを支える発問・机間巡視などの授業技術・学習訓練を、具体的かつその意味にまで踏み込んで理解することに繋がったように思われる。

　また、「様々な視点から授業を見ることができるようになった」「サポーターとして授業を参加するときも、視点をもつことができるようになった」「サポート校で授業をやらせていただいた時、授業技術を意識して取り組んだ」といった記述もみられ、シリーズ「質の高い授業に学ぶ」における授業観察や自ら授業を実践する際の視点を与えることにも繋がった。逆に、授業観察や模擬授業といった場が用意されていなければ、「授業の達人」から学んだことがらを深めることはなかったように思われる。

ただし、模擬授業は「『授業の達人』から学んだ授業技術を試される場であった」ものの、指導案を組むことがかなり負担となっていた。基本的に1時間の流れをつくることに苦労している受講生もおり、現職の若い先生でも苦労していることを考えると指導案をつくらせるより、既存の指導案を改良させながら、子どもの学習意欲を高める授業の実践に挑戦させた方がより高い効果が得られたかもしれない。また、模擬授業の実施方法は、時間不足から、一人10分〜15分のリレー方式で行ったが、時間に限りがあるならば導入部分での実践（あるいは展開部分での実践、終末部分での実践）に挑戦させるという具合に、授業する部分を限定することもあり得たと思われる。

　ところで、「総合実践演習」では「学び合いの授業」の実践を目指していたが、「『授業のイメージ』が変わったと思う」と回答した者が4割にとどまっていた。実際、受講生がおこなった模擬授業をみても「学び合いの授業」を目指しておこなわれていたものは極めて少なかった。授業技術の重要性を教育理念や授業の目的との関連性において理解することは重要なことであるが、今回はそこまで到達することができなかった。そのことは「『授業のイメージ』がよくわからないです。ただ授業を受けて、授業を見る目（見るポイントなど）は変わったと思う。また、学校サポーター活動中に授業をする機会があったが、その授業の準備、実践、振り返りのとき、考えるポイントが増えていったと感じた」といった自由記述に端的に表れているように思われる。

　研究教育実習では、全体として受講生への意識づけ、具体的な計画づくりなど十分に指導できなかったが、たとえば「理科教育における授業での記録の方法についての研究〜ノートとワークシート〜」のように、附属学校での「ワークシート」と協力校での「ノート」の方法に問題意識をもち、二つの方法を比較するといった、教育実践研究の萌芽的なレポートもみられた。しかしながら、「授業イメージ」や授業技術に対する理解などを欠いた状況下において、仮に事前指導があったとしても研究教育実習を通じて授業研究を深めることは難しかったようにも思われる。今後、学校サポート校と研究教育実習校が連動しているという利点を生かしつつ、事前指導のあり方を考えていく必要がある。

③「協働的実践力」

「総合実践演習」の中心的ねらいの一つであった「協働的実践力が理解ができた」とする者は、前期・後期ともに6割台と、十分満足のいく水準には達しなかった。それは前述したような「現代的教育課題」「模擬授業」がおこなわれた時期が、それぞれ副免許実習と教員採用選考試験直前の時期、卒業論文・研究の追い込みの時期にあたったことにもよる。また課題設定のあり方や受講生の課題遂行に必要な基本的な知識・技能の不足といったこともあったように思われる。

しかし、しばしば指摘されている、孤立化されている学生の人間関係を考えれば、協働して取り組む課題が設定されていたからこそ、6割以上の受講生がそれを実感できたとも考えられる。その実感は、「忙しい時期に、相手の気持ちを考えながら『私がやります』『やってくれる』と声をかけあいながら自分ができる限りのことをしていくことができた」「お互いにアイデアを出し合うことで授業に広さと深さが現れ、トラブルが起こっても諦めずに取り組むことで、模擬授業が引き締まった」というような感想にみられる。

(2) 学校サポーター活動と省察検討会の成果と課題

学校サポーター活動には、受講生から軒並み高い評価が与えられていた。また、サポート校に対するアンケートでも、「児童生徒に対する教育の充実に役立っている」とともに、「学生の将来の教員としての資質の向上に役立っている」でも91％が肯定的回答を示していた。

「学校サポーター活動は、自らの教師力養成に役立っている」という設問に対して強い肯定を示す者の割合が、前期から後期にかけて15ポイント近く上昇したのは、学校側の受け入れ体制の整備や本人の学校サポーター・教師としての役割意識とそれに必要な知識・技能の向上によると思われる。省察カードや学校サポーター活動状況報告書をみる限り、当初の受講生の主たる関心は、学校サポーターとしての子どもへのかかわり方や教師の仕事の大

変さなどにあったが、後期になると一人一人の子どもの様子、それをふまえた子どもとの関わり方や、サポート校の先生の子どもに対する指導・支援の方法などに関心が向かい、それを実践しようと試みるようになったと思われる[11]。このような変化の背景には、経験の蓄積に加えて、前述した「授業技術研究」の影響もあると思われる。

省察検討会は、「学校サポーター活動の中での疑問や問題意識を省察活動を通して、他の人の意見や考えを聞き、解決したり、その後に活かしていくことができた」など、受講生たちにとっては自らの学校サポーター活動の経験を深め、実践に見通しを与える重要かつ意義ある場となっていた。「学校サポーター活動で問題意識を持ったことを、授業の中で深める場面があったと思う」に対する肯定的回答が前期の43％に対して、後期では66％と上昇したのは、省察検討会の回数の増加によるところが大きいように思われる。

しかしながら、省察検討会での議論が、自身の実践の省察を促したり、経験の一般化を助長するものだったとは必ずしもいえない。同じメンバーで省察検討会を続けるうちに、その内部に自明の前提ができてしまい、ことがらを「仕方がない」と簡単に片付け、省察を深める方向で議論が進まないことがあった。途中、省察検討会を学校別ではなくテーマ別におこなったのは、サポート校が異なる者たちが集まることによって、自明の前提に対する反省性が高まることを期待してのことであった。

学校サポーター活動の問題点として、第一に受講生に対する教員の指導・支援が十分におこなえなかったことが挙げられる。省察カードの検討が十分におこなえなかったこと、どのようなことを指導すべきかの計画をもって省察検討会に臨まなかったこと、さらに学校サポーター活動を通じた学校教育支援に必要な基礎的知識・技能を指導することができなかったことが、その理由として考えられる。したがって、前述したように、省察が深まる方向に議論が進まなかったことを、単に受講生たちの意識や態度の問題として片付けることはできないように思われる。

第二に学校サポーター受入れをめぐるサポート校、大学および受講生との合意形成の問題が指摘できる。実際、学校がして欲しい支援と、受講生が活

動したい内容、できる時間帯とが一致しない場合があった。またサポート校はどの程度のことを受講生に要求できるかで迷い、受講生はどの程度関わってよいのかで迷っていた。一方、学校サポーター活動が円滑におこなわれている学校では、当初から当該校の教職員の一員と考えていた。また学校に来てから帰るまでは「〇〇先生」と呼び、高い意識での行動を要求し、他の先生方と同様の行動を求め、受講生だからという特別扱いは基本的にしていなかった。さらに活動時間は派遣校教員と同じであり、朝、登校指導の後、一日の行動や授業の打ち合わせ時間を確保していた。

(3) 新科目「教員養成総合実践演習」全体の成果と課題

　学生による授業評価調査の結果では、「総合実践演習」そして学校サポーター活動、それぞれに対しては高い評価が寄せられていたものの、両者の関連を問うた設問（Q11・12、q8・9）に対して肯定的回答の割合は5割前後と低い水準にとどまっていた。その理由の一つとして、「盛沢山過ぎた」「いろいろな面から演習できるのはいいのですが、浅く広くという気もしています」などの受講生の感想にあるように、教育内容が絞り込まれていなかったことが本カリキュラム計画全体の問題として指摘できる。それは、「これだけは身につけさせたい」という教員側の思いのもと、本大学の従来の教員養成カリキュラムの中で不足していると思われる内容、必要と思われるものを盛り込んだことが挙げられる。そのために、生活指導事例研究、研究教育実習事前指導、省察検討会が、不十分な形で終わってしまった。

　「授業の達人」の模擬授業と講義に対しては、「学校サポーター活動に役立った」とする意見が多く寄せられていたが、学校サポーター活動と対応した、また学校サポーター活動の省察を深めていくような内容とその配列を考えながら、内容の精選をおこなっていく必要がある。

　また、内容の精選とともに、受講生が有している知識・技能に見合った課題と日程を用意していく必要もあるだろう。その欠如ゆえに、「現代的教育課題」や「模擬授業」では過重な負担を学生に強いることになった。約半分

の受講生は卒業論文と新科目『教員養成総合実践演習』との両立の困難さを指摘しており、「体力的、時間的、精神的に厳しいと思うことが何度もあったがやって良かった」という感想は、受講生の声を端的に示しているように思われる。

5. カリキュラム改善の方向性

以下では、新科目「教員養成総合実践演習」のカリキュラム改善の方向性について、実施体制と内容に分けて言及しておきたい。

(1) 実施体制について

新科目「教員養成総合実践演習」は、「総合実践演習」と学校サポーター活動を含み、また「研究教育実習」とも連動した、往還プログラムとして試行してきた。その試みは「実習のやりっぱなし」を避けるという意味でも、また「講義・演習で学んだことがらを身につける」という点でも意義深いものであったと考える。ただし、学校サポーター活動は、2005年度新科目「教員養成総合実践演習」の一環としてではなく、独立した科目として設定することが適当だと考える。その活動そのものがもつ教師力養成に対する意義と、受講生の活動への関与を適切に評価すべきであること、また省察検討会を「総合実践演習」とは別時間におこない、その機会を確保する必要があることの二つがその大きな理由である。実際、2006年度は、前期・後期2単位ずつの「学校サポーター実習」として実施している。

「総合実践演習」については、前期・後期ともに週1コマの科目として開講し、卒業研究などに影響を与えぬようにする必要がある。また受講生の過重な負担を避けるという点では、副免許実習、教員採用選考試験、卒業研究などのスケジュールを考慮して、模擬授業などの活動を組むことも重要である。

学校サポーター活動については、サポート校・大学・受講生の三者の相互理解を図りながら、その活動形態、活動内容を決めていく必要がある。ただ

し、受講生の教師力の養成という点でも、教育支援活動の充実という点でも、前述した成功例に学び、週1回サポート校の教職員の勤務時間に合わせて出校・退校し、学校職員の一員として活動に従事すべきと考える。

(2) 内容について

「総合実践演習」は、学校サポーター活動及び「研究教育実習」との「往還」を円滑にするように内容を精選していく必要がある。「授業の達人」による模擬授業と講義、「LD・ADHD」「学校の危機管理」などは、受講生たちが学校サポーター活動で課題として意識していたものであり、逆に活動を通じて学んだ知識・技能についての理解を深め、それを実践に活かしていけるような内容だったといえよう。また学校サポーター活動が、研究協力実習を含めて10ヶ月という長期にわたるものである以上、学校の1年間を通じた諸活動の編成と、その期間の受講生の成長を考慮して、内容を編成していく必要もあるだろう。

受講生の自律的成長、協働的実践力の育成を図るという点では、受講生の主体的・協働的な活動を組み入れる必要があると思われる。その際には、受講生のスケジュールに加えて、彼らの知識・技能やその成長のあり方を考慮し、活動内容・形態とその指導・支援を考えていくことが重要である。この点は、研究協力実習や省察検討会についても当てはまる。そのような視点からみた場合、「現代的教育課題」は、その意義は大きいものの、膨大な時間を要するという点で割愛せざるを得ない。

ただし、これらの問題は、新科目「教員養成総合実践演習」それ自体の問題としてだけでなく、4年間の教員養成カリキュラム全体の問題として考えていく必要がある。弘前大学教育学部の新しいカリキュラムにおいては「学校臨床」科目(教育実習関連科目)の整備・体系化が進んでいるのに対して、「学校臨床研究」をはじめとする大学における講義・演習科目のそれは遅れているのが現状である。新しいカリキュラムのもとで養成されてきている2006年度3年次以下の学生の実態を視野に入れながら、「学校臨床研究」等の大学

における講義・演習のあり方、さらには〈学校臨床⇔学校臨床研究〉の往還のあり方について、考えていくことが今後の大きな課題といえる。

(3) おわりに

新科目「教員養成総合実践演習」は、2006年度「総合実践演習」と「学校サポーター実習」の二つの科目として試行されている。この報告については、他日を期したい[12]。

本カリキュラム開発には、執筆者の他に、本学の東徹、釜崎太教員、遠藤孝夫教員養成学研究開発センター長が関わった。学校サポーターを引き受けて下さったサポート校の教職員の方々と、ともに開発に関わった45名の受講生に感謝の意を表したい。

注

1　2004年度入学者（2006年度3年次学生）から導入された、弘前大学教育学部における新しい教員養成カリキュラム改革の一つの特徴は、教育実習関連科目の充実・体系化にある。その教育実習関連科目の概要は、**表8-3**に示す通り。この他、学校外教育実習として、2年次の「フレンドシップ実習」、3年次の「学校外臨床実習」などがある。

2　講義・演習「教員養成総合実践演習」は、新しいカリキュラムにおいては、「自律的発展力向上演習」の一つとして位置づくものである。この科目は、「教員としての基礎的資質・能力に加え、自らの教育実践の省察を通して自律的・持続的に高めることができる能力＝自律的発展力を育成・向上させるための4年次学生対象の演習（遠藤孝夫「『教員養成学』の可能性と課題」平成17年度日本教育大学協会研究集会シンポジウム発表資料、2005年、3頁）である。

表8-3　新カリキュラムにおける教育実習関連科目

学年	科目名	形態	内容
1年次	教職入門	必修	2日間の公立学校での観察実習と2日間の講義と講話
2年次	学校生活体験実習	選択	附属学校園夏休み4日間と附属学校園サポーター活動1日
3年次	Tuesday実習	必修	火曜日の午後に行う附属学校園における通年教育実習
3年次	集中実習	必修	附属学校園での2週間の教育実習
4年次	研究教育実習	選択	公立学校における2週間の教育実習
4年次	学校教育支援実習	選択	公立学校における学校教育支援活動にもとづく通年教育実習

3 「学校サポーター活動」は注1**表8-3**の「学校教育支援実習」の試行としておこなわれた。ただし、実習科目としてではなく、新科目「教員養成総合実践演習」内の一つの活動として位置づけられた。

4 「研究教育実習」は、2007年度以降は、前掲注1のように4年次の選択としておこなわれる。

5 本科目の2005年度前期の実施内容等については、以下の二つを参照のこと。大谷良光・平井順治・福島裕敏・齋藤尚子・遠藤孝夫「新科目『教員養成総合実践演習Ⅰ』学校サポーター活動の往還により教師力を養成するカリキュラム開発〜弘大教員養成コラボレーションプログラム〜」、平成17年度日本教育大学研究集会・第1分科会報告・当日配布資料、2005年。大谷良光・平井順治・福島裕敏「新科目『教員養成総合実践演習』と学校サポーター活動の往還により教師力を養成する試み―A小学校学生サポーター活動を通して―」『教員養成学研究』第2号、(弘前大学教育学部附属教員養成学研究開発センター、2006年)。

6 協働的実践力とは、「協働」、すなわち「分担とか協力というような業務の割り振りやその統合というよりは、仕事を通して人と人を結び付け、そこに協働意欲と協働関係をつくり、共有する規範や文化が生まれ、精神的な一体感が創り出されている状態」(小島弘道「教育実践の協働性と教師の専門性」『日本教師教育学会年報』10号、14頁、2001年)を方法知として内化した実践力といえる。

7 1回の講義で複数の活動をおこなった場合もあるため、合計は15回を超える。後期も同様。

8 学校サポーター活動開始に至る経緯や実際の活動内容については、大谷良光・平井順治・福島裕敏(前掲)を参照のこと。

9 他にも、カリキュラム評価の資料としては、前期開始時、前期終了時、後期終了時の3回おこなった「教職意識自己評価尺度票」や「小論文による教職意識変容調査」がある。これらをもとに前期における教職意識変容の分析結果については、大谷良光・平井順治・福島裕敏・齋藤尚子・遠藤孝夫(前掲)を参照のこと。

10 もともとQ11・q10は、新科目「教員養成総合実践演習」と「学校サポーター活動」との関わりに関する設問として設定したが、同設問の自由記入の内容をみると、そのほとんどが省察活動への言及であった。

11 もちろん、すべてがこのようなリニアな成長を遂げたわけではなく、自らの立場が研究教育実習における「先生」から「学校サポーター」へと戻り、そこに戸惑いを覚える者や、サポート校やその児童生徒への馴れから惰性的に活動をおこなう者や、関心・意欲が減退している者などがみられたことも確かである。

12 平成18年度日本教育大学協会研究集会において、平井順治、佐藤康子、清水紀人、西谷武夫、福島裕敏「試行二年目を迎えた四年次「教員養成総合実践演習」として、2006年度の前期の取り組みについて報告した。

第9章　英語科教員養成プログラムの研究開発
――大学教育の新しいパラダイムに基づいて――

小嶋　英夫

1. はじめに

　今日、我が国の高等教育機関は教育・研究の質の向上、オートノミー (autonomy) の確保などが求められ、教育改革が間断なく持続されてきている。こうした時代の潮流において、大学教育は古いパラダイム (paradigm) から新しいパラダイムへのシフトに伴う新しいアプローチを求めている。パラダイムとは、人間が五感を通して世界を感知し、どのように解釈し理解するかを決定するうえで参考にする理論・見方・枠組みである。従来のパラダイムにおける大学教育では、一般に知識は教員から学生に伝授されるものであり、学生はその知識で満たされる受け身的な器とされる。また、集団の規準に基づいた競争的・個人的なやり方で学生を分類・選別することが授業の目的であり、専門家は皆教えることができるということが前提である。これに対して新しいパラダイムでは、知識は教員と学生が共に構築するものであり、学生は自分の知識を積極的に構成・発見・生成する主体と見なされる。授業の目的は学生の能力・才能を開発することであり、学生間、教員と学生間の人間的なかかわり合い、協働的な学習環境、協働チームによる授業が重視され、教えることは複雑で相当訓練が要するとされる (Johnson, Johnson & Smith 1991)。

　上記のような新しいパラダイムの必要性を理解するには、大学の持つ社会的使命を認識し、質の高い教育を提供するという課題を追求しながら教育プログラムを改善し続けなければならない。研究と教育の軽重が問われる中で、従来軽視されてきた教育機能の活性化が期待され、実際の教育場面である授業において、教育理念との整合性を図りながら具現される教員の実践的教育

力・授業力が注目されてきている。近年話題となっている教職大学院構想に象徴されるように、初等・中等教育を担う教員の養成を使命とする大学における教師教育も、これまで以上に進化を遂げることが急務とされる。

　一方、我が国の英語教育に関しては、『「英語が使える日本人」の育成のための行動計画』(2003) が言語政策として提起され、学習者中心のクラスでコミュニケーション能力育成をゴールとするアプローチの実践が奨励されている。英語学習者の実践的コミュニケーション能力のみならず、ラーナー・オートノミーの育成が新しい英語教育のねらいと考えられる。これを可能にする英語教員の教育的人間力、英語運用能力、英語教授力の統合的な強化が、全国的に5か年計画で進められてきている。このような状況下においては、大学における教員養成プログラムがより明確な指針に基づいて改善されるべきであり、また学習者と指導者が共に成長する授業研究の発展が重要な意味を持つと思われる。

　本章では、大学における英語科教員養成プログラムの研究開発の視点から、プログラム履修者の実践的教育力とオートノミーを育むことができるように、コラボレーション、オートノミー、省察を基軸とする新しいアプローチを考案・実践しその効果を検証する。教え中心 (teaching-centered) 型から学び中心 (learning-centered) 型への授業スタイルのシフト、履修者間の互恵的な相互依存を積極的に活用したグループ・ワークによる学習、指導者同士の協働・連携による実践授業、多様な評価の創意工夫などを含め、継続的なリサーチを通して得られた質的・量的データに基づきながら今後の教員養成の在り方を探ることにする。

2. 理論的背景

　本研究の理論的背景として、TEFL/TESL（外国語及び第2言語としての英語教育）における学び中心、学習者・指導者のオートノミー、コラボレーションによる学習・指導、優れた言語指導の特徴、指導者の役割、省察的授業の実践・研究について、以下のように考察する。

(1) 学び中心

　授業の中心的役割を果たすのは学習者であるとする考えは、コミュニカティブ・アプローチ (communicative approach) 他1970年代後半からの英語教授法に共通している。学生に学びへの自己責任を認識させ内発的動機づけを高めるために、指導のスタートから彼らの主体的なかかわりを奨励し、活動の結果と同様にプロセスを重視して評価する。教え中心型によって教育的効果を上げてきた日本の教育現場の体質を、学び中心型へと転換するためには、指導者と学生双方の大胆な意識改革が求められる。特に指導者は「学びを可能にする授業」(Ramsden 2003) を常に心がけ、自律的言語学習の促進者として新しい役割の認識を深める必要がある。優れた指導者は自分自身も学ぶ姿勢を維持し続け、教育現場の社会的・文化的コンテクスト、学生の持つ多様な個性などに柔軟に対応しようと努める。また、これまでの教育経験と新たな学びから自律的に身につけた専門的知識・理論・スキルなどを効果的に活用し、授業実践と省察を繰り返しながら自らの授業力を進化させていく。

(2) 学習者・指導者のオートノミー

　ラーナー・オートノミーは、「学習者が自らの言語学習に責任を持ち、学習内容・方法の決定及びプロセスに積極的にかかわり、学習効果を自ら反省・評価しながら、言語学習を主体的・自律的に持続・発展させようとする意欲・能力」と定義づけされる。ただし、社会的責任を合わせ持つ存在として他の人と協働できることを含み、共通の目的・目標達成と同時に個々人のオートノミーを育むことが主要なねらいである。

　ティーチャー・オートノミーは、「指導者が自らの言語教授に責任を持ち、授業の認知的・情意的なプロセスを掌握しつつ絶えず自己分析や省察を繰り返しながら、自らのオートノミーを維持するために要する自由性を保持する中で、プロフェッショナルとして自己成長を図ることができる力」を意味する。特に再認識すべきことは、外部的な教師教育の機会のみならず日常的に

学生や他の指導者と目的・目標を共有し協働を通して学ぶことも重要な成長のプロセスとなる点である。しかも、自己内省を伴うリサーチを実践的に持続することで"how to teach"を学ぶ一人のティーチャー・ラーナー（teacher-learner）として自己成長を遂げる。自らもラーナーとして多様な学びの体験を持つ指導者こそが、学習者の立場を理解し、より効果的に彼らのオートノミーを育成することができるであろう。

(3) コラボレーションによる学習・指導

　大学の授業において、新しいパラダイムを具現化し学生の能力を伸ばす環境を提供する手段が、社会的学習ストラテジーであるコラボレーション（collaboration）を主軸とするコラボレイティブ・ラーニング（CL）である。この授業形態は、協働型の学習としてグループ志向の文化を持つ日本で注目したい。CLは、他の人と協働し共通の目的・目標達成に努めることを通して、学習者のオートノミーと人間的な成長を図ることをねらいとする。CLを活かして、日本の授業で応用できる多様なプログラムを考案したい。CLの実施に際しては、互恵的な相互依存関係、個々人の責任感、対面的で促進的なインターラクション、社会的スキル、グループ活動の状況に関する評価が大事な鍵を握るとされる（Johnson & Johnson 1991, 1999）。これら五つの基本要素を巧みに用いることは、学習を向上させ、思いやりを持って互いに支え合う学習共同体を築き、精神面での適応や社会で生きる力を育む指導力を強化する。

　授業におけるCLの有効性を認めた研究は、学部・大学レベルの教員チームが協働的に取り組む有効性も示唆している（Johnson, Johnson & Smith 1991）。CLを進める教員間で互いの取り組みを支援し合う同僚支援グループ、カリキュラム改正などの大学全体の問題を扱い提案し合うタスクフォース、教員全体を大学の重要な決定にかかわらせる意思決定グループなどにより、教室においても、学部・大学全体においても組織的に同じ構造を持ち、それぞれの段階で組まれた協働チームが支援し合うことが望まれる。

　本プログラムにおけるコラボレイティブ・ティーチングは、複数の指導

者(大学教員、実習生、中学教員)がチームを組んで行う教授形態を指す。教師教育の一環と考えれば、省察的実践者と見なされる各自の教育力・オートノミーの育成をより高いレベルで図ることが主要なねらいである。さらに、指導者同士が行うコラボレイティブ・アクション・リサーチ(collaborative action research)は組織的な授業研究の重要なモデルとなる。一つの教育機関における教員グループが、教育刷新に向けてプロジェクトを立ち上げる場合、教授内容・方法改善のサイクルを展開することで職場全体の教育力向上が期待できる。

(4) 優れた言語指導の特徴

優れた言語指導の特徴は、「専門的知識」「教育学的スキル」「人間関係スキル」「個人的特性」の4点(Brown 2001)にあると考えられる。

①専門的知識

音声学・文法・談話などに関して言語学上の体系的な知識を持ち、言語学習・授業の基本原理、言語と文化の密接な関係などを専門的に理解できる。また、自らもバランスの取れた多様な言語スキルに支えられたコミュニケーション能力を備えている。さらに、言語学習の自己体験を生かしつつ、専門書・研修などを通して習得した専門的知識・理論と実際の授業を通して身につけた実践力を統合しながら専門的教育力の向上を恒常的に図ることができる。

②教育学的スキル

授業への実践的アプローチ、多様な授業テクニック、指導案のデザイン、複雑な学習者要因、クラスルーム・マネージメント(classroom management)の原理、効果的な評価法などを教育学的に理解できる。また、自分の授業をモニターしながら状況によっては改善の手を加え、学生に効果的なフィードバックを与えようと努める。さらに、自らも優れたプレゼンテーション能力

を発揮しながら教室内外で行われるインターラクションや協働作業を活性化するように働きかけ、必要に応じて新しい教材を創意工夫し教育機器を有効に活用することができる。

③人間関係スキル

多元的な価値観で異文化を受け入れ学生の文化的伝統を理解でき、相手に対して思いやり・協調性・熱意・ユーモアを示すことを心がける。また、学習者と共に学ぶ姿勢を持ち続け、学生の考え・意見などを尊重しながら低学力者には忍耐強く接触する一方で高学力者の挑戦意欲を喚起しようとする。学びのプロセスを経て最終的に一人一人の学生が時代を生きる力となるオートノミーの育成を図れるように支援する。職場では協働による同僚性の開発に努め、教育実践に関するアイデア・テクニックなどの共有を図ることができる。

④個人的特性

職務上の行動が優れた倫理観・道徳観に基づいており人間的に誠実性・信頼性が感じられる。たとえ予想に反する事態の変化が生じても柔軟に対応しようと努める。また、英語教育に対する新しいアプローチの実践研究を継続的に行おうとする進取の気性に富み、短期・長期のゴールを設定しながら教育のプロフェッショナルとして自己進化を図り精進することができる。

(5) 学び中心の授業における指導者の役割

学び中心型の授業における言語指導者としては、これまで教え中心型の授業で果たしてきた「知識の権威者」とは質的に異なる新しい役割の認識が必要であろう。簡略にまとめると下記のように提示される。
　①情報収集者：授業展開の段階に応じて、学生の多様な情報を収集・分析する。
　②意思決定者：学生の実態に応じて、学習を促進するために適切な判断を

下す。
③動機づけ促進者：学生の個人的特性を理解し、自律的学習への動機づけを促進する。
④協働型学習推進者：個人のオートノミーを育むうえで効果的な協働型の学習を推進する。
⑤コミュニケーション促進者：コミュニカティブで真正な言語活動を活性化する。
⑥ストラテジー訓練者：自律的学習を可能にさせる学習ストラテジーを訓練する。
⑦カウンセラー：学生が認知的・情意的調和を維持できるように精神的に支える。
⑧フィードバック供給者：学習状況をモニターし、適切なフィードバックを与える。
⑨多文化主義推進者：学生の異文化理解を促し、多元的価値観を涵養する。

(6) 省察的授業の実践・研究

　教師教育の視点からすれば、省察的授業 (reflective teaching) の実践と研究の両立は、高等教育における教員の授業力を向上させる基本理念として理解されるべきであろう。外国語教育が教養的な意味合いの強かった時代には、文学や語学中心の大学カリキュラムの中で、授業力は現場で先輩を見習い経験によって積み重ねるものと見なされ、先輩の優れた技量を手本にして学び習得するクラフト・モデル (craft model) が主流であった。戦後は科学的教授法が台頭し、構造主義言語学や行動主義心理学の知識に基づく科学的指導理論を学び応用する応用科学モデル (applied science model) が中心となった。その後は学習者の人間性や社会性への理解が必要とされ、心理学・言語学・社会学・教育学などの基礎学問から学際的な洞察を得ることが強調された。現在は、指導能力の向上をねらった専門職能開発プログラムが模索され、先の二つのモデルから得られる洞察を教室で省察的に実践・研究することを奨励

しながら、一人一人の教員のプロフェッショナル・コンピタンス (professional competence) (Wallace 1991) を向上させることが求められている。

　日常の授業で自ら直面する具体的な問題を解決するために、教員は学生と研究テーマを共有し共に学び合いながら省察を通して授業を改善する。こうした実践経験・理論が新たな認識となり、計画・実践・観察・省察のサイクルを継続しながら省察的授業研究が進展する。この授業研究への新しいアプローチは、教員個人の授業改善や自己成長に対して効果的であるのみならず、所属機関の教育機能開発にも有効である。各教育機関が自律的に教育的特色を打ち出すことが求められる今日、組織的な教育刷新をねらいとするプロジェクトを立ち上げる際に、教員同士が教育の目的と手段を問い直し、教育内容・方法を批判的に省察し合い、理解ある支持と建設的な挑戦を思慮深く融合させ、協働的に研究・評価を重ねることによって、組織全体の教育力の向上が導かれるであろうと考える。

3. 研究の方法

(1) 目　的

　大学の英語科教員養成において、教え中心型から学び中心型への授業改善を推進するためにコラボレイティブ・ラーニング (CL) とコラボレイティブ・ティーチング (CT) の導入を通してプログラム履修者の実践性・自律性を高め、将来現場教育で必要とされる授業力につながる実践的教育力・オートノミーを育成する。

(2)　リサーチ・クエスチョン

　①CLとCTは、大学での英語科教員養成においてどのような効果があるか。
　②CLとCTは、履修者の実践的教育力とオートノミーを育成するか。

(3) 参加者

本研究の参加者は以下の通りである。
①CL：英語科教育法（平成16年度・半期）を受講する大学2年生56名
②CT：英語科教育方法論（平成16年度・半期）を受講する大学3年生15名

(4) 手　順

①プログラムの基本的アプローチの決定

　大学における英語科教員養成プログラムの方向づけを探り、新しい基本的アプローチを決定するために、英語科教育法の履修生56名を対象に意識調査を実施した。Littlewood (1990)が東アジアにおけるオートノミーの定義づけとその育成を期して香港の大学生50名を対象に行ったアンケート項目を活用し、筆者が担当する英語教員志望の日本人学生とLittlewoodの学生間でデータを比較検討した。その分析結果について参加者と討議を行い、その後学び中心型・協働型で、コミュニカティブ・自律的・省察的なアプローチをプログラムで応用することを決め、相互間で同意が得られた。授業方法の決定時点から履修者の意見を入れた学生参加型の授業スタイルが引き続き展開された。

②コラボレイティブ・ラーニング

　参加者は小グループ（4人を基本）に分かれ、割り当てられた英語教授法などに関するトピックをグループ内で協働的に調査・研究した。その後、担当のトピックについて各グループが発表資料を作成し、模擬授業などを取り入れながらクラスの前でプレゼンテーションをした。メンバー全員が発表を分かち合うことを条件に、グループ独自の多様な創意工夫がみられた。発表後は同グループが司会をして質疑・応答の形で討議を導き、必要に応じて指導教員である筆者がコメントを加えた。14組の全グループが発表を終了した後、今回の協働的なグループ・ワークについてグループ内や全体討議で意見・

感想を交換しながら反省し合う場をもった。さらに、参加者の自己評価、相互評価、アンケート調査等を実施し、後日そのデータの分析結果を紹介した。

③コラボレイティブ・ティーチング

前年度後期に、計6回附属学校園を訪れ、小学校課程の履修生が附属小で、また中学校課程の履修生が附属中で現職教員とチームで授業を行った。授業内容・方法の点で附属小での実践の方が学生から高い評価を得たという反省に基づき、当該年度は履修生15人全員が附属中の3年1クラスを計5回訪れ、生徒グループ（計10班）ごとに1・2人配属される形で教科担任・大学教員とチームで授業を実践した。これは学部と附属の有機的な連携による新しい教員養成の授業形態であり、附属中としては少人数指導に相応しい授業法の工夫、よりオーセンティック(authentic)な学習状況の設定、生徒の実践的コミュニケーション能力とオートノミーの育成などがねらいとされる。中学生たちは、平成16年4月に行われた修学旅行の際に3・4人で長崎市内の班別自主見学を経験した。これに関する報告文を英語で完成した後、ポスターを用いたグループ・プレゼンテーションに至るまでのプロセスにおいて、各グループに配属された実習生が実践的な指導を担当した。さらに、6月上旬に実施された附属中での研究大会で2時間シリーズのCTを公開した後に、参加者全員で討議した。実習生は附属中での授業ごとに反省文の提出を義務づけられ、大学での講義中に意見交換・打ち合わせ・評価なども行った。

4. 結果と考察

授業に対する新しいアプローチを決めて大学で行ったCL、また附属中学校で実施したCTについて、以下に結果をまとめ考察する。

(1) プログラムの基本的アプローチの決定

Questionnaire 1　　Testing Littlewood's CL Predictions

Read each item carefully and circle the appropriate number for each response.
5―strongly agree 4―agree 3―neutral 2―disagree 1―strongly disagree

Table 9-1 Teacher trainees n=56   MA=Mean Agreement HK = Hong Kong (n=50)

Statement	5(%)	4(%)	3(%)	2(%)	1(%)	MA	HK
1. I like activities where I am part of a group which is working toward common goals.	23	59	18	0	0	4.1	4.0
2. I like to take part in activities which involve discussion within a group.	16	43	29	12	0	3.6	3.9
3. When I am working in a group, I like to help maintain a sense of harmony in the group.	23	62	11	2	2	4.0	4.0
4. In the open classroom, I often feel hesitant to "stand out" by voicing my opinions or questions.	27	37	23	11	2	3.8	3.2
5. In the classroom, I see the teacher as an authority figure.	7	45	37	9	2	3.5	2.8
6. I tend to see knowledge as something to be "transmitted" by the teacher rather than "discovered" by me as a learner.	0	32	23	36	9	2.8	2.6
7. I expect the teacher (rather than me myself) to be responsible for evaluating how much I have learnt.	2	21	50	23	4	2.9	3.0
8. I feel strong motivation to follow through learning tasks of which I perceive the practical value.	16	48	29	7	0	3.7	3.7
9. I feel more motivated to work when my own success contributes to the goals or prestige of significant group (e.g. family, other students).	25	46	27	2	0	3.9	3.5
10.In the classroom, I feel very concerned to perform well and correctly in what I do.	18	45	25	10	0	3.7	3.8

(From: Littlewood, W. (1999). Defining and developing autonomy in East Asian contexts. *Applied linguistics* 20,1, 71-94.)

Table 9-1は授業改善への新しいアプローチを決定するために行った参加者への意識調査結果である。右端のコラムは今回の参加者56名と香港の大学生50名の両者について、各質問項目に関する同意レベルの5段階評価の平均値 (MA) が記されている。Item 1「共通のゴールに向かってグループ活動をすることを好む」(MA 4.1)、Item 3「グループの調和を維持することを好む」(MA 4.0)、Item 9「自分の成功がグループのゴールや威信に貢献することで意欲がわく」(MA 3.9) については、受講生が香港の学生と同様もしくはそれ以上に強い同意傾向をみせている。しかしながら一方においては、Item 2「グループ討議を好む」(MA 3.6)、Item 4「教室で発言することによって目立つことを

ためらう」(MA 3.8)からすれば、グループとクラス全体いずれにおいても、香港の学生以上にディスカッションへの不適応傾向が察知される。

ところで、Item 6「知識は学習者が発見すべきというより指導者から伝授されるべきである」(MA2.8)、Item 7「評価は学習者本人よりも指導者が行う責務である」(MA2.9)、Item 5「教室において指導者は権威的存在である」(MA 3.5)から推察される傾向は、日本人学生が香港の学生よりも指導者を権威的存在と感じており、知識の伝授者ともみなす傾向が強いことである。反面、Item 6、Item 7の数字は、参加者の中に学び中心型の授業観を持ち合わせている者がいることを示している。学習者が主体的に知識を身につけること、また学習者自身が評価を行うことに関心を持つ英語教員志望生が増えてきていることに注目したい。将来的に彼らが学び中心のコミュニカティブな英語授業をリードし、生徒の実践的コミュニケーション能力とオートノミーを育成できることが望まれる。

以上の分析から導かれる結論は、英語科教員養成プログラムへの基本的アプローチは、学び中心型・協働型で、コミュニカティブ・自律的・省察的な特徴を併せ持つべきであるとみなされる。従って、こうした裏づけに基づいてCL・CTが本研究のテーマとなっている。

(2) CL：大学内でのプログラム実践

① Questionnaire 2　Review of how the group is working

Individually, read each item carefully and circle the appropriate number for each response. Then compare and discuss the issues that have emerged for you with the rest of the group.

5—strongly agree　4—agree　3—neutral　2—disagree　1—strongly disagree

Table 9-2　Teacher trainees　n＝56　　　　MA＝Mean Agreement

Item	5(%)	4(%)	3(%)	2(%)	1(%)	MA
1. The climate is friendly, individuals are relaxed and all members are on task.	36	48	14	2	0	4.2

2. Everyone is working. Everyone has a role.	64	32	4	0	0	4.6
3. Everyone understands what they have to do and is clear about their role and responsibilities.	45	50	5	0	0	4.4
4. Everyone listens to each other. All ideas are given a hearing.	41	52	7	0	0	4.3
5. Conflict and disagreement arise. The group manages this and finds solutions. Everyone agrees to keep to the decisions made.	27	52	19	2	0	4.0
6. People are open and honest. They make constructive suggestions for change. Complaints are accepted and solutions are found in the group.	23	52	25	0	0	4.0
7. People can share their feelings in the group.	29	45	23	3	0	4.0
8. The role of leader in the group changes from week to week or alternates in any one week.	11	21	48	16	4	3.2
9. When action needs to be taken all participants are clear what the group has decided to do. Individuals understand and take responsibility for the action they have agreed to take.	28	59	11	2	0	4.1
10. There are regular group reviews. Attention is paid to how the group is working. The group looks after itself.	23	43	23	11	0	3.8

(From: McGregor, D. (1960). The human side of enterprise. In Askew, S. and E. Carnell, *Transforming learning: Indivisual and global change*. London: Cassell)

Table 9-2はCLの途中における参加者の意識調査結果である。Item 2「誰もが役割を担いCLに取り組んでいる」(MA 4.6) をはじめ、総じてMAが4.0以上の項目が多くCLに対する積極的な姿勢がうかがわれる。しかしながら、リーダーの固定化傾向が強く (Item 8; MA 3.2)、省察しながら自律的にグループ活動評価を行う参加者が少なめである (Item 10; MA 3.8)。個人・グループを問わず、省察的実践者 (reflective practitioner) としての主体性・自律性を高めるためにアドバイスを要した。

② **Questionnaire 3　Summative evaluation of CL experience**
Read each item carefully and circle the appropriate number for each response. You may add any comments you wish.
5—strongly agree　4—agree　3—neutral　2—disagree　1—strongly disagree

Table 9-3 Teacher trainees n = 56　　　　　　　MA = Mean Agreement

Item	5(%)	4(%)	3(%)	2(%)	1(%)	MA
1. Collaborative learning (CL) in this class was beneficial.	54	41	5	0	0	4.5
2. CL made mastering the material easier.	28	45	27	0	0	4.0
3. CL made the experience of doing the out-of-class assignments more worthwhile.	20	50	28	2	0	3.9
4. CL made the in-class group work more useful.	32	63	5	0	0	4.3
5. CL made the overall experience of the course more enjoyable.	46	45	7	2	0	4.4
6. The size of my group was just fine.	55	27	14	4	0	4.3
7. The training I received for working in a team was largely appropriate.	18	53	25	4	0	3.9
8. I think my teaching ability has improved.	21	38	32	9	0	3.7
9. I am more interested in English teaching.	34	55	7	4	0	4.2
10. I want to learn to teach English through CL.	41	46	13	0	0	4.3

(From: Sturman, P. (1992). Team teaching: a case study from Japan. In D. Nunan (Ed.), *Collaborative language learning and teaching*. Cambridge: Cambridge University Press. Kessler, C. (Ed.). (1992). *Cooperative language learning: A teacher's resource book*. Englewood Cliffs, NJ: Prentice–Hall.)

Table 9-3は参加者によるCLに関する最終的な自己評価の結果である。今回のCLを有益であったとみる参加者が多く (Item 1; MA 4.5)、全体的にポジティブな反応傾向をみせている。しかし、授業力の向上に直接結びついたと実感した者はそれほど多くはなく (Item 8; MA 3.7)、より実践的なトレーニングの創意工夫が求められる。また、わずかながらグループになじめなかった者がいたようだ。CLに対する参加者の自由記述を分析すると、Table 2のデータを裏づける次の情報が得られた。

- グループ・ワークは当たり外れがあり、必ずしも利点ばかりではない。個人の意見が犠牲になる場面がみられたが、結局はこれもいずれ現場教育で活用できる体験となった。
- グループ調査・発表・全体討議という授業形態は大変よかった。参加者が主体的に取り組み、自分なりの考えを深め、全体で建設的な討議ができた。
- 同じ目的をもつ者同士が意見交換できたのは有意義だった。授業の内容が興味深く、他のグループ発表を聞いて自己反省を促された。
- 大学で一般的な講義の場合、教え中心型で情報伝達が一方向に流れがちだが、今回の参加型の授業では、お互い積極的に発表できる雰囲気が感

じられてよかった。

　このような参加者の声を質的データとして反映させながら、今後とも授業改善を図る必要がある。大学のクラスで行われる教員養成プログラムは、理論的には強くても実践的には弱いというのが一般的傾向であろう。理論と実践の統合を強化するために、大学3年生の参加者を対象にして実施されたCTの取り組みが以下に考察される。

(3) CT：附属中学校でのプログラム実践

①附属中学校英語科で「育てたい生徒像」
「生きた言葉でコミュニケーションを図ることができる生徒」
「臨機応変に粘り強くコミュニケーションを図ろうとする姿勢をもつ生徒」
　新しい時代を生きる日本の若者たちが、豊かな人間性と社会性、主体的に「生きる力」、言語による異文化コミュニケーション能力を身につけることは極めて重要な課題である。附属中学校の英語授業では、教育全体の目標としてのラーナー・オートノミーを育みながら、「生きる力」となる実践的コミュニケーション能力を養成することがねらいとされる。習熟度別による少人数授業など授業形態の多様化が求められている中で、大学教員、実習生、中学教員とのCTは、こうしたねらいを実現するための授業改善から生まれたアプローチである。中学生同士の協力的なグループ・ワーク、指導者チームのCTの実践により、生徒一人一人が「育てたい生徒像」により近づくことが期待される。

②公開授業
1. **Date:** June 4, 2004
2. **Class:** 3A (19 boys & 18 girls)
3. **Text :** New Crown English Series 3　Lesson 3 & Let's Write 1
4. **Aims of Today's Period:**
　・To help the students develop communication skills through communicative group

work
- To help them promote learner autonomy through cooperative group work
- To help them deepen cultural understanding through actual experiences in Nagasaki
- To help them reflect themselves through self- and peer-evaluation

5. Teaching Procedure

時間（分）	段階	教師の働きかけ	予想される生徒の反応	備　考
10	確認	①挨拶 ②報告内容の確認、最終リハーサルの指示	②ポスター掲示場所で助言者（学部3年生）と発表手順の確認	10班の報告用ポスターは予めそれぞれの場所に掲示済み
25	展開①	③3チーム（3・4グループ構成）毎のミニ発表会の指示	③各チーム毎に発表・質疑応答、評価表記入	グループ相互評価表
15	まとめ①	④各チーム代表選考の指示	④代表選考、班内評価・自己評価表記入	班内評価表 自己評価表
		昼休み（代表3班のポスターを移動）		
30	展開②	⑤当該発表班以外の全班の発表に対して質問するように指示	⑤発表班はクラス全体を意識して発表、また相互評価表を記入しながら各班で協力的に質問	相互評価表
20	まとめ②	⑥評価表完成を指示	⑥評価表完成	
		⑧次時予告		

6. Analyses and Evaluation

1) 本時の言語活動は英語学習におけるメイン・スキル（聞く・話す・読む・書く）、サブ・スキル（文法・発音・語彙他）を総合的に育成できる好例といえる。中学生にはやや高度な内容であり、単元全体を振り返ると、後述の生徒のアンケートにみられるように必ずしも好ましい結果だけが得られたわけではない。しかしながら、英語学習上の興味・能力・学習スタイル・学習ストラテジーなどが異なる生徒同士が、互いに苦労しながらも目標達成に向けて努力したプロセスを高く評価したい。英語で報告文を作成してから発表・報告をする過程で生じるさまざまな困難を乗り越え、クラス全員が最終段階の発表に到達できた。

2) 本時における生徒同士の協働的なグループ・ワークの実施に際しては、

一般に日本人の考えるグループ学習とは異なる五つの基本要素を生徒に説明し理解を求めた。授業実施後のアンケート調査の分析からすれば、CTを含めて肯定的な評価をしている生徒が予想以上に多く幸いであった。特に、グループ・ワークで促進者の役割を担った実習生の存在を強く意識した生徒のコメントが目についた。しかも、その多くが実習生を新たな指導者として受け入れた内容であったことも特筆すべきことである。

3) 本時の授業は、異文化理解に基づくオーセンティックな英語教材を用いて実践的コミュニケーション能力の育成を図る授業として評価できる。生徒たちは修学旅行に出かけ、被爆地長崎の文化や歴史、あるいは外国人観光客に触れることができた。さらに、インターネットを用いて調査・研究しグループ討議で理解を深め、ポスターをいかした英語によるプレゼンテーションへと発展させることができた。自分の感動的な体験を効果的に相手に伝えるために手段を創意工夫し、既習の英語表現を駆使してコミュニケーションを図ろうとする積極的な態度・姿勢を多くの生徒から感じられた。

4) 生徒にとって自己評価や他己評価は現実的に不慣れで難しい。本時では、各グループの発表に対して内容・構成・発音・言語使用・アピールの評価項目で5段階評価をさせたり、自分を含めメンバー各自がどの程度活動に貢献したかを振り返るグループ内評価を体験させてみた。さらに、グループごとに活動全体を反省させた後にクラス全体で討議を行った。生徒による評価の信頼性・妥当性について不安が感じられることは、彼らの様子を観察した実習生からも指摘されたが、日常的に学習者のメタコグニティブ (metacognitive) な気づきを高める方向で意識的な訓練が必要と考えられる。

③ Questionnaire 4 Teacher trainees' reactions to statements about collaborative teaching

Read each item carefully and circle the appropriate number for each response.
5—strongly agree 4—agree 3—neutral 2—disagree 1—strongly disagree

Table 9-4　Teacher trainees n = 15　　　　MA = Mean Agreement

Item	5	4	3	2	1	MA
1. Collaborative teaching (CT) is an effective way to teach languages.	1	10	3	1	0	3.7
2. CT seems to work for my students.	3	8	2	2	0	3.8
3. My students seem to appreciate CT.	2	6	4	3	0	3.5
4. CT is effective in evaluating students.	4	7	3	1	0	3.9
5. Serious problems could arise in situations where the collaborative teachers have different goals.	4	7	4	0	0	4.0
6. CT is an effective means of teacher development.	5	9	1	0	0	4.3
7. I have learned things about myself from working collaboratively.	8	6	1	0	0	4.5
8. Working collaboratively gives me a new perspective on my teaching.	4	9	2	0	0	4.1
9. Reflecting together is the most valuable part of CT.	4	9	1	1	0	4.1
10. It is only in an atmosphere of trust and mutual respect that teacher partnerships can achieve their full potential.	6	7	2	0	0	4.3

(From: Bailey, K.M., T. Dale, and B. Square. (1992). Some reflections on collaborative language teaching. In D. Nunan (Ed.), *Collaborative language learning and teaching*. Cambridge: Cambridge University Press)

　Table 9-4はCT終了後に実習生の意識を調査した結果である。ほぼ全員がCTを通して自己をみつめ (Item 7; MA 4.5)、「教員養成にとって有益である」と感じている (Item 6; MA 4.3)。加えて、「指導者同士の信頼と敬意が支え」であり (Item 10; MA 4.3)「お互いの目標意識が異なれば問題が生じる」(Item 5; MA 4.0)、「共に反省する場が大事である」(Item 9; MA 4.1)、「自分の英語授業への新しい見方を与えてくれる」(Item 8; MA 4.1)、と考える者が多い。一方で実習生にとって気がかりと思われるのは、「CTは英語そのものを教える上で効果的な教授法か」(Item 1; MA 3.7)、「CTは今回授業で教えた生徒に効果があるのか」(Item 2; MA 3.8)、「生徒はCTの真価を認めるか」(Item 3; MA3.5)、「CTは生徒を評価する上で効果的か」(Item 4; MA 3.9) である。ここで、生徒側の反応を確認する必要がある。

④中学生へのアンケート調査
　実際、生徒たちからは以下の感想が寄せられ、指導者側の不安を覆す前向きな反応が読み取れた。

中学生へのアンケート調査結果（抜粋）

1. あなたは公開授業に際して行った生徒同士による協働的なグループ・ワークについてどのような印象・意見をもっていますか？ 最後の発表段階までを振り返り、よかった点、今後工夫すべき点等を自由な気持ちで書いてください。

〈よかった点〉
- 既に習った文法を使って自分の伝えたいことを英文にしていく作業が楽しかったです。
- 学生先生のアドバイスをいかし、本番は今までで一番の発表ができました。
- こういう機会が1年に1回くらいあれば、多くの人の前で英語のスピーチをしながら自信が高まると思います。
- 「聞く・話す・読む・書く」の4技能を一気に伸ばすことができるよい授業で充実していたと思います。
- 活動の目的を達成するために、自ら考え・まとめ・発表することで自律性が身についたと思います。

〈今後工夫すべき点〉
- 自分の意見を強引に通さず、班員と話し合って納得のいくように活動を進めるべきだったと思います。
- もう少し自信を持って堂々と発表できたら、もっとよかったと思います。
- 磁石・ジェスチャー・写真などを使ってもっと興味のわくような発表をすればよかったです。
- グループ・ワークは大変でした。全員が頑張らないと成り立ちません。

2. あなたは公開授業に際して行った教科担任・実習生・大学教員の協働によるCTについてどのような印象・意見をもっていますか？ 通常の授業スタイルと異なるやり方でグループ活動の指導を受けたことなどを振り返り、自由な気持ちで書いてください。

- 直接指導をしてくれた学生先生の助けがなければ成功はあり得なかったので感謝しています。
- もっと英語を母国語とする外国人の方と話す機会があった方がいいと思います。
- 学生先生に教わる時間があるのはいいことだと思います。色々なことを話しながら楽しく勉強ができました。
- 英語に限らず、もっと色々な授業でこのようなCTをして欲しいです。
- このような機会を通して、自分の力で英語の文章を作る力がとても身につき、勉強になったと思います。
- 公開研の授業の形はあまりよくないと思いました。学生先生の人たちがそれぞれ違うことをいったり、教え方が下手な人もいるからです。
- 今回のように多くの先生がいてくれてよかったです。おかげで、生徒一人一人の希望や考えが授業にいかされたと思います。

結果的に、今回参加した中学生たちの多くは、担任・大学教員以上に実習生の存在を好意的に受け止めていると分析される。

⑤実習生の反省・コメント

教員養成の視点からは、実習生の実践的教育力・オートノミーの育成がねらいとされるが、以下のCTに対する彼らの反省・コメントからは、教育に対する意識の高揚が感知される。

- CTは生徒・先生の両者に有益な教授法としてもっと開発されるべきである。
- 今回はよい経験をしたが、自分の教育力・英語力不足等を痛感させられた。
- 個人で教えるのとは異なり、指導者同士のコミュニケーションや信頼関係が大事である。
- 指導者は生徒に全てを教えるべきではないことを学んだ。彼らのオートノミーを育むべきである。
- 生徒の体験をいかした教材、学習者主体の言語活動、多様な評価などが授業の中で統合されていた。
- 附属の日常の授業で学習者トレーニングをどうすればよいのか、先生同士が協働的に考え取り組む必要がある。
- 正規の教育実習を前にして、教育力・英語力不足を痛感しながらも多くを学んだ貴重な機会であった。
- 大学で学ぶ理論と現場で体験する実践が統合され、お互いにレベル差はあっても教育力が向上したと感じられる。

以上から、今回のCTに関しては、まだまだ改善の余地があるにしても、英語学習の主体である生徒たちのコミュニケーション能力とオートノミーの育成、教員養成の主体であるプログラム履修者たちの実践的教育力とオートノミーの育成を、ある程度まで促すことができたように思われる。

5. おわりに

　本研究のリサーチ・クエスチョンに対する答えは次の通りである。筆者が今回実践した教員養成プログラムの一教育現場に限定するならば、まずCLに関しては、互恵的な相互依存関係に基づくグループ・ワークを通して協働型の多様な活動を促し、将来英語教員として育むことが期待される実践的コミュニケーション能力とラーナー・オートノミーを実習生自身に体得させるうえで効果的であった。参加者を単にグループに配置するだけでは不十分であり、協働的な取り組みの五つの基本要素が認知されるように、5要素を実際に取り入れなければ意味がない。教員養成担当教員がCLの学習環境の構築に熟練するためには、CLの実践授業を定期的に行い、継続的に改善することが重要であろう。筆者自身、大学教育のすべての授業でCLの潜在的な効果をリサーチし続けてきている。教員同士を支援グループに組織化できれば、競争的・個別的マスプロ構造よりも高い達成感が得られると考える。これまで競争的・個別的な教育が主流であった大学において、協働的に学びを育むクラスで、専門的資質能力、高次の推論能力、協調的な人間関係、異質な意見・考えを受け入れる寛容性、自己に対する自信、社会を生きるうえで要するスキル、精神的な健全性などが促進される。しかしながら、現場教育に有効な参加者の実践的教育力を養成するためには、CLのみならずCTのプログラム開発も合わせて求められる。

　今回のCTに関しては、教員チームによる授業を通して理論と実践の統合を促し、省察的実践者として協働し合う者同士、とりわけ実習生の授業力を実践的に向上させるうえでより効果的なアプローチであると認められた。大学内ではなく、中学校の教育現場に出向き、中学生を対象に授業しながら、指導者同士が支援・励まし合い、教育への共通認識を深め、学び中心の授業で果たす役割を実体験できたことは、教員養成プログラムとして意義深いと思われる。毎回の授業で行う省察的分析、協働的な授業研究は、将来の職場で個人的・組織的な授業改善・教育刷新を図るうえで効力をもつ専門職能の

開発につながる。

　学習者のオートノミーの発達は、指導者が自らの言語教授に対して如何に自律的であるか、どの程度までオートノミーに対する自分自身の権利を探求できるかに大きくかかわる。大学英語科教員養成プログラムは、教員志望の履修生たちがいずれ現場教育に応用できる新しいアプローチを実践的・体験的に学べるように配慮すべきである。現職教員のための教師教育から個人的に学ぶべき点も多い筆者にとって、平成16年度の実践から始まったCTは、より進化した恒常的な教員養成プログラムとして今日新たな展開をみせてきていると感じられる。これからも協働的なアクション・リサーチなどを組織的に試みながらプログラムの研究開発を重ねると同時に、同分野における多様な研究成果に関する情報をより多くの英語教育関係者間で交換し合うことが重要であると考える。

参考文献

Brown, H.D. (2001). *Teaching by principles: An interactive approach to language pedagogy.* New York: Longman.

Johnson, D.W., R.T. Johnson, and K.A. Smith. (1991). *Active learning: Cooperation in the college classroom.* Edina, MN: Interaction Book Company.

Kessler, C. (Ed.). (1992). *Cooperative language learning: A teacher's resource book.* Englewood Cliffs, NJ: Prentice-Hall.

Kluge, D., S. McGuire, D.W. Johnson, and R.T. Johnson (Eds.). (1999). *JALT applied materials: Cooperative learning.* Tokyo: Japan Association for Language Teaching.

Kojima, H. (2000). *Cooperative language learning in Japan: Cooperation as a learning strategy for Learner Autonomy.* Unpublished MA Dissertation in TEFL/TESL. School of Humanities, University of Birmingham.

Kojima, H. (2004). New approaches to ELT in Japanese universities. *Bulletin of the faculty of education Hirosaki University* 91, 107-118.

Littlewood, W. (1999). Defining and developing autonomy in East Asian contexts." *Applied linguistics* 20, 1, 71-94.

McGregor, D. (1960). Human side of enterprise. In Askew, S. and E. Carnell, *Transforming learning: Individual and global change.* London: Cassell.

Nunan, D. (Ed.). (1992). *Collaborative language learning and teaching.* Cambridge: Cambridge University Press.

Scarcella, R.C. and R.L. Oxford. (1992). *The tapestry of language learning: The individual in the communicative classroom*. Boston: Heile & Heile Publishers.

Sinclair, B., I. McGarath, and T. Lamb (Eds.). (2000). *Learner autonomy, teacher autonomy: Future directions*. London: Longman.

第10章　社会科教育における教員養成プログラム
―― 教科教育法と教育実習を繋ぐマイクロティーチングに焦点をあてて ――

猪瀬　武則

1．はじめに

　本章は、実践的指導力の育成を目ざした社会科教員養成プログラムの構想とマイクロティーチングに焦点をあてた実践を提示するものである。

　課題は二つある。第一に、新たな社会科教員養成プログラムの構想と実践を例示することである。免許法改定後、中学校の教育法は8単位に拡大した。また、地理歴史科教育法と公民科教育法の単位増加により、社会系の教科教育科目は、従来の8単位、4科目から16単位、8科目と倍増した。この制度変更が、単なる量の拡大ではなく、質の拡充をねらったものであることは論をまたない。本学での社会科教員養成プログラムの質量の拡充の如何を問うこと、これが第一の課題である。これには教科専門科目との連携の課題もある。

　第二に、マイクロティーチングによる実践的能力育成を図る社会科教員養成プログラムについての成果と課題を提示することである。マイクロティーチングは、授業技能を向上させるためにこれまでにも全国で取り組まれてきた有力な方法であり、筆者は、1995年弘前大学に就任以来、担当するほとんどの教育法において継続的に実施してきた。全実践を検討することはできないが、本章で提示するプログラムとの関連実践を省察し、社会科教育法における位置づけを明確にした上で、その成果と課題を論じることが第二の課題である。とりわけ、本学で取り組み始めた継続実習であるTuesday実習との関連及び成果も問うこととなる。

　以下、次の通り展開する。はじめに、教科教育法と教科専門科目をめぐる

実践的指導力育成の関係と課題について論じ、本学の社会科教員養成プログラムとしての教育法及びTuesday実習の全体構造とその趣旨を説明する。次に、教育法におけるマイクロティーチングの位置づけとその実践成果を述べ、課題を論じる。最後に、本学での社会科の教員養成プログラムの評価を論じる。

2. 教科教育法と教科専門科目をめぐる実践的指導力育成の関係と課題

(1) 「深い内容研究」は、教科教育法の単位増加で保障されるか？

　冒頭に触れた教科教育法の単位増加に関する教員養成審議会の意図は、実践的指導力の育成をめざしたものである。全体の教職免許単位数を変えず、「教科に関する科目」と「教職に関する科目」の単位数を逆転させた改定は、限られた教員養成科目の単位振り分けを、内容重視から方法重視に転換したものだと認識されている。

　たとえば、安井俊夫の「方法重視の免許法改定」批判はその代表であろう（安井 1998）。彼の論旨は単純ではないものの、基本的には、「方法・技術の側面に傾斜して、科学の内容研究が統一的に」構想されていないことを批判したものである。

　彼は、中学校の社会科教師時代に歴史教育者協議会に所属して、優れた実践を歴史のみならず地理・公民で提起してきた。わけても、教師時代に歴史学者と幾度かの論争を重ねた彼の中心的論点は、教科書記述や歴史研究の成果を上意下達式に鵜呑みにさせるのではなく、自己の問題意識をもとに探究を重ねさせていく主体的認識形成論であった。それは「借り物でない子ども自身の見方」を育成することでもある。

　こうした教育観は、大学教員としての教科教育法の実践においても貫かれる。すなわち、教科書記述の表層をなぞる外在的授業構成から、「借り物でない見方」を重視し、「実習生自身の系統性」という主体的構成論を主張する

のだ (安井 1998：27-30)。そして深い内容研究によって、教科書の系統から再構成し、学習者の側に立った (興味関心・実像に迫る) 教育実習生自身の系統を生み出すことの必要性を説いたのである。

それは、内容と方法の同時育成であり、同時達成を意味する。この主張自体に異論はない。しかしながら安井の問題提起は、教科教育法によってのみ果たされるものだろうか。むしろ、その「深い内容研究」が、現行の教員養成プログラム「教科専門科目」の内容構成によって保証されるか、という問いに派生させても良いのではないか。この問いへの考察なしに、教育法の増加単位問題を語ることはできないはずなのである。「深い内容研究」を保証するのは、ひとり「教科教育」の課題ではなく、「教科専門」の課題でもあるはずである。それでは、教科専門科目の課題はどこにあるのだろうか。

(2)　「教科専門科目」によって保障される「はず」の実践的指導力

「教科専門科目」は、免許法に基づき設置される。その内容は、多くの場合、専門科学の論理を専門科学の配列によって構成されており、それによってどのような「深い内容研究」の素養が身についたかは、必ずしも明らかではない。従来の内容構成の論理は指導計画を立てる上で、教材研究する上で、なんらかの「教科専門科目」を、直接的に有用なものとするよりも、形式陶冶としての能力習得を想定しているのである。

本来、教科専門科目においても、「小中学校の社会科」の内容に沿った構成が考えられてもよいはずであるが、「専門科学」を講じれば、自ずと社会科の内容は習得されるという予定調和に立った「教科専門科目」が実施されてきたのである。「深い内容研究」を保障するのは、単に博覧強記の絶対的知識量の拡大ではないはずである。逆説的だが、方法は「教科専門科目」であるからこそ学ぶことができるものである。たとえば、原典に当たること、データや資料をもとに推論すること、史料批判をすること、調査によって自らデータを収集すること等々、専門科目であればこそ学ぶことができる、いな、学ばねばならない社会科教員必須の方法知があるはずである。それらは

「演習」などで個別に徒弟的に学ぶのではなく、「教科専門科目」でこそ果たすべき内容であるはずだ。

　もちろん、方法知に関しては、必ずしも形式陶冶を保証しない例もある。たとえば、専門ゼミで学ぶ中学校課程の学生が、教科書記述をなぞるだけのおざなりの指導計画を作成することは間々見られることである。たとえば、「元寇」の授業構成において、史料批判や東アジア全体で日本史を捉えるという方法的枠組みを教授されているにもかかわらず、教科書にある「蒙古襲来絵詞」を無限定に利用し、また、日本側のみの描き方は、教科書記述をその叙述通りに展開する「浅い内容研究」である。こうした浅薄な内容研究の上に展開する学生の実習を考える際、先の安井の問いに答えるべきは、教科教育法担当教員より、「教科専門科目」担当教員であるべきではないか。「深い学識」「秀逸なる研究者魂」を形式陶冶として伝授するのみならず、むしろ、より実質的な教育内容によって、「深い内容研究」が保証されるプログラムを提供する必要があるのではないか。

　ここに「深い内容研究」でさえ、教科教育の課題とされかねないアポリアが出来する。このアポリアを認識することなく、学生の指導力低下を教科教育や実習にのみ起因させてこなかったか。学生の知識内容（もちろん、絶対的な知識量のみならず方法的な知識なども包含される）が貧相であることの手当を十分にせず、ひたすら教科教育法や実習で、その隘路を通り抜けようとすれば、内容も方法も習得・達成できない事態に陥る。

　また、「深い内容研究」の素地すらない状態であるにもかかわらず、教科教育法で「単なる技術やテクニック」さえ学べば、あたかも授業が展開できると幻想することは、学生の実習を必然的に破綻に導くことになる。

　「深い内容研究」を保証する「教科専門科目」と教科教育法の有機的な連携がないところで、学生たちは実践的指導力についてどのようなジレンマを抱えるのだろうか。

(3)　教科教育法・教育実習における学生の要求とジレンマ

先に示した状態に置かれた学生が、教育実習を行うにあたって痛感するのは、その内容研究の貧相な様であり、それ故教壇に立つには極めて厳しい状況に置かれている事実である。彼らの実態を整理すれば、次のようになる。

(1)　授業構成をするに足る、教科内容の知識が極めて貧相である。
(2)　教科内容を極めるための方法的知識が欠如している。（インターネットの検索エンジンを利用するのみで、関連資料を直接収集する手立てが不足している）
(3)　何らかの技術（指導案、発問・指示のみならず生徒への対応等も含む）が習得されれば、知識内容とは無関係に授業が成立すると考える。
(4)　基本的技能としての、概念を具体化する（実証する、例示する）ための、資料や言い換え、説明などの「概念砕き」ができない。
(5)　教科書にある抽象的な知識を、生徒とのやりとりではなく、一方的な言葉による説明で教えようとするために、生徒の認識との齟齬が生まれる。

　以上の状況を、学生は自己の相対的位置からとらえることなく、外在的な要因に転嫁し、次のような要求や意見を持つようになる。

(1)　教育法は、よりテクニックを教えるべきである（生徒を統制する技があるはずであり、笑わせたり、寝させたりしない万人に通用する「法則的コツ」があるはずである）。
(2)　教育法の理論は無駄であり、数多くの実践事例や教材を教えることが必要である。
(3)　教科書に付属する「教師用指導書」のようなマニュアルを見せよ。「答え」を教えよ。

　これらの主張は、自己の持つ技能や能力（知識理解、思考力判断力）の不足を、にわかに、コツや小手先の技で超えられると誤認するものであり、根本的解

決にはならない。
　一方で、学生は次のようなジレンマにも陥る。

(1) 指導案作成の困難から、練習するコマ減少を要望する。
(2) 生徒の素朴な疑問を含む質問に対して、答えることができない自分の知識量の不足から、教壇に立つことを忌避する。
(3) 実践的な実習が増えるに従い、自己の適性を反省し、教師以外の選択肢を考え始める。

　以上のジレンマは根底的なものであり、実践的能力育成を試みる教育法・実習プログラムにとって大いなる障碍である。もちろん、(3)のような「反省」はネガティブなものであったとしても、教職適性の篩い分けとして、あながち切り捨てられるべきものでもない。
　さらに、学生の資質が新たなジレンマも生み出してくる。それは、学生自身が受けてきた授業と教育法で示された授業との間に懸隔がある場合に顕著である。たとえば、学生自身が中学生の時代に経験した授業が、説明と講義に終始する形式[1]であった場合である。その場合、自らが50分間の授業構成をするに当たって、教育法で指示される「発問・応答・板書」「指示・学習活動・板書」という一連のインタラクションを求める教育回路に戸惑い、忌避することとなる。
　また、社会科・歴史を好きな学生が陥る「社会科嫌い」の生徒への対応の問題もある。こうした学生は、年代などの「暗記」を苦としない場合が多い。いな、むしろ喜々として、諳んじることを得意としている。こうした自分の資質とは異なる資質を持った社会科嫌いの生徒に授業を試みる場合に、「講義」一辺倒で、一切の発問・指示をすることなく、生徒をないがしろにしたまま教科書記述の論理、あるいは「学問の論理」を強要するなら、生徒の認識との懸隔はますます拡がり、授業の成立が困難となる。
　以上の点は、たとえ「深い内容研究」が果たされたとしても、転換されるものではない。したがって学生が持つジレンマは、「深い内容研究」という

教科専門科目との連携が果たす課題と学生自身の学習歴・来歴に起因する課題と二つのものがある。

こうした問題を打開する一助は、学生自身を「高見に立った観察者」から「道具を持たない実践者」に位置づけることである。もちろん、教育法としての一定の知識・理論は重要な道具であり、これは実践によって得られるものではない。むしろ、理論と実践の往還が必要なのであり、それは、学年単位や学期レベルで果たすのではなく、同時期に同時達成を狙うことにより、理論と実践は生きてくる。実習に至る以前に、授業構成を試みる実践との格闘、省察の中で自己の「深い内容研究」の欠如を自覚させ、その反省から実習と教育法（ひいては専門科目）へと往還する回路の定立が必要なのである。

それらを保障するのが、本章第4節で示すマイクロティーチングである。しかし、単独で実施するのではなく、教科教育法の4科目の中に、有機的に位置づけられる必要がある。教育実習の前段階にまで高める部分・領域、教育実習で得てきた「実習知」、「経験知」を、再び学部内教育（本学ではTuesday実習）で省察探究させる部分・領域と二つに分けて構成することが重要だ。それによって、「深い内容研究」を前提としつつも、その能力が不足する学生を方法の側面から高めることが可能となる。それが、次節に示す社会科教員養成プログラムであり、実践である。

3. 弘前大学社会科（系）教員養成プログラム

(1) 「理論・カリキュラム」と「実践・実習」の全体像

これまで社会科教員養成プログラムと表記して論じてきたが、厳密には社会科（系）教員養成プログラムが妥当な表記である。この表記について、社会科教育を専攻しない者は、面妖な表現と受け止めるであろう。1989年に高等学校の社会科が、公民科、地理歴史科に解体されたため、従来の小中学校の社会科教育法に加えて、高等学校の地理歴史科、公民科などの教育法に増殖したため「社会科」という表記が不正確になったのである。教科が異な

高等学校関連教育法		
	3年後期	3年前期
地理歴史科教育法	授業構成論（地理・歴史）B	
・高等学校地理歴史科のための教育法	・高等学校の地理歴史科教育法に特化・準拠した授業構成 ・教科専門教員の内容論	
公民科教育法		授業構成論（公民）B
・高等学校公民科のための教育法		・高等学校の公民科教育法に特化・準拠した授業構成 ・教科専門教員の内容論

一部共通

中学校教育科目				
	2年前期	2年後期	3年前期	3年後期
社会科教育法	・社会科教育の歴史（学習指導要領の流れ、民間教育団体の授業論、系統学習と問題解決学習の本質など） ・目標論 ・カリキュラム論（学習指導要領、比較的資質・カリキュラム類型など） ・社会科教育の評価論			
社会科授業論		・指導案（学習指導案を含む）の作り方 ・授業づくりの手法（細部の目標…①指導案が使えるようになる（できれば2種類）、②授業ができるようになる（話す事ができる、説明ができる、板書ができる、資料が使える、教育機器部が使えるなど）、③評価の観点に基づく授業案を明示できる、④授業が構成できるようになる（できれば3タイプ）、⑤教材研究ができる ・グループワークによる授業実習 ・個人による模擬授業実習 ・授業観察実習		
授業構成論A（公民）			・社会科教育の構造論（知識の構造化）、指導計画の構造化 ・教材内容研究（政治・法律・経済・社会） ・火曜日実習との連携（マイクロティーチング実施検討5回分） ・ワークショップ型授業理論と教材	
授業構成論A（地理・歴史）				・社会科教育の構造論（知識の構造化）、指導計画の構造化 ・教材内容研究（地理、歴史） ・火曜日実習との連携（マイクロティーチング実施検討5回分）

小学校教育法	
	2年後期
小専社会科教育法	・社会科教育の歴史 ・学習指導要領の流れ、民間教育団体の授業論、系統学習と問題解決学習の本質など ・目標論 ・社会認識、公民的資質など ・内容論…学習指導要領の内容論構成 ・指導計画の作成方法 ・マイクロティーチング

図10-1 社会科（系）教育法の全体概要

るということで、関東にあるいくつかの国立大学法人の教育学部などでは、高校の教育法を非常勤で凌ぎ、教員養成の本体（義務教育段階）から切り離している例もあるが、全国的には、本学と同様の位置づけにあるとみるのが一般的である。

さて、こうした社会科（系）教育法の全体構造を示したものが、**図10-1**である。

この図に示された一連の教育法は、「理論・制度・カリキュラム」主体の科目と、「構成・実践・実習」主体の科目に分けることができ、前者が、中学校社会科教育法であり、後者が、社会科授業論、社会科授業構成論（公民）A、社会科授業構成論（地歴）Aということになる。「理論・制度・カリキュラム」と「構成」に関しては、従来から試みられてきた教科教育法の中核内容であり、「実践・実習」は補完か補充的な位置づけとなっていた。本プログラムでは、その立場を逆転させ、「実践・実習」を多分に強調したものとなっている。すなわち、社会科授業論においては、グループと個人によるマイクロティーチングを設定し、また社会科授業構成論において、理論と実践の往還によって実践力育成をねらっている。

以上の4科目構成には、次の特長がある。第一に、実践・実習を中心的に焦点化した科目が確保されたことであり、第二に、Tuesday実習（恒常的実習）との関連性を持たせた「理論と実践」の架橋・往還科目が設定されたことである。

第一の点を具体的に述べよう。実践・実習を中心とした科目が2単位、30時間確保設定された。これには、付随する指導計画の立案のための自主的取り組みが20時間程度見込まれている。個人によるまた、共同学習による1授業時間分の授業開発によって、コミュニケーションを始め参加技能、提案技能、説得技能など予想される多くの共同活動での技能習得もなされている。第二の点を述べる。具体的には、「授業構成」に関して4単位、60時間を費やしており、ワークショップ型、作業体験型の「高度」な技能取得をめざしている。授業構成論の内容自体は、三つの部分すなわち、「授業構成の理論（3類型とワークショップ型授業理論）」「実践・演習」「事例研究」から構成され、こ

の「実践・演習」領域が、Tuesday実習と深く結びついている。

一方、小学校社会科教育法や公民科教育法は、「理論・制度・カリキュラム」と、「構成・実践・実習」両方の要素を兼ね備えている。ここに、教科専門科目である小学専門社会、社会科授業構成論(公民)Bの内容構成を、さらに、「深い内容研究」を保証する「実践的科目」に転換する課題が残されているのである。

(2) Tuesday実習との関連

先に示した「構成・実践・実習」を具体化する「授業構成論」は、Tuesday実習とどのように連携しているだろうか。

既にTuesday実習に関しては、第7章で詳説されるので、ここでは、その内実については論じない。

授業構成論では、大きく「授業構成の理論(3類型とワークショップ型授業理論)」「実践・演習」「事例研究」の3領域から構成されていることは先に述べた。Tuesday実習では、「実践・演習」の部分が、関連している。その内容は**表10-1**に示す通りである。

社会科教育において、恒常的に教育実習を行うことの意義は、集中実習では不十分となっている次のような技能習得を可能とすることである。すなわち、「生徒による個々・全体での活動」「共同作業・学習」「生徒による討論」などを支援する技能である。そのために設定した教材は、いずれもワークショップ型の活動教材である。これらは、学生の指導技能の不足を補いつつも、本格的な学生の教材研究によって「深い内容研究」を保証する本質が内包されている。

具体的には、初歩的活動教材をプログラムとして提供し、学生自身の自主的再構成によって、中学生自身の共同作業による活動を促進するよう試みさせている。学生は、2～3週間前から内容研究を行い、指導案を作成し、授業構成論の授業計画にある日程で学生を対象に実施する。その点で、次節に示すマイクロティーチングと同様の回路を踏んでいる。したがって、大部分の教材を大学教員から提供されても、指導案完成までには3回以上の面談が

1. 授業科目　社会科授業構成論（公民）	
2. 授業の概要 ・中学校社会科の授業構成に関して、公民的分野を中心に展開の方法を習得する。 ・Tuesday実習との関連の下に、授業実践研究を行う。	・知識の構造論、問いの構造化、指導計画の構造化を基軸に、教材内容研究（政治・法律・経済・社会）をする。
3. 授業内容	知識内容と技能

1	ガイダンス ・全体計画を説明後、グループに分ける。 ・授業構成、授業改善の焦点	・討論技能（全員） 司会・記録（コミュニケーション技能）
2	三つの授業構成の理論（中学社会科と高校公民科）	知識の構造論、問いの構造化、指導計画の構造化
3	第一のタイプ…「理念・制度・機構」	
4	第二のタイプ…「社会科学の理論…法則・構造」	
5	第三のタイプ…「社会問題の解決」	
6	作業体験的学習・ワークショップ型授業の理論と実践	・体験→省察→概念形成→実践のサイクルの重要性、ディブリーフィング意義
7	牛どんやシミュレーション（翌週、Tuesday実習で実践）	活動型教材の手法、グループワーク手法、省察検討
8	小麦売買ゲーム（翌週、Tuesday実習で実践）	シミュレーション教材の授業手法（ディブリーフィング、省察検討
9	どんぐりマーケット（翌週、Tuesday実習で実践）	同　上
10	裁判の傍聴	裁判の傍聴のための生徒引率指導
11	貿易ゲーム（翌週、Tuesday実習で実践）	シミュレーション教材の授業手法（ディブリーフィング、省察検討
12	授業事例研究（ネタ論に基づく、歴史教育者協議会「河原和之」の授業）	・指導案に転換・検討・試行
13	授業事例研究（安井俊夫の授業）	・指導案に転換・検討・試行
14	授業事例研究（新中学校社会科実践）	・指導案に転換・検討・試行
15	テスト	

表10-1　社会科授業構成論（公民）

準備されているのである。

　授業構成論での実践では、70分授業(附属での実習では、50分を2回分)の後に、授業実践そのものの省察として20分の共同討議があり、教材構成の視点を中心に、展開方法の妥当性を発問・指示の適切性と絡めて吟味・検討していくのである。この成果をもとに、修正・充実を図り、実施1週間後、Tuesday実習で生徒対象に実習を試みるのである。

　以上の実践を試みる上で、ワークショップ型の教材を学生に課す意義は何であろうか。何より、学生が中学生の活動を促進することが容易になること

があげられる。しかし、同時に、社会科本来の目的である「共同性」の涵養をあげることもできる。そもそも社会科では、小学校はもちろん、中学校でも「共同の追究」が望まれる。自習や自学、反復練習や訓練によって暗記や習熟をねらうこと以上に、共同作業での「調査」「討論」「追究」から「理解」や「意思決定」が促進されるのである。個々人のつまずきをミクロにとらえて分析することより、多様な個人の「意見」や「理解の仕方」をとりあげ、クラス全体の理解や主張・意見にまとめ上げていくことが目標となるのである。

したがって、個人の「つまずき」やある個人に特定して、授業を追い続けるということより（もちろん、個人の発言を記述しなくては全体は記述できないが）、個々人がどのような発言や理解を示して、全体に収斂するか（させるか）、社会科の授業の焦点やみどころ、観察の視点はここにおかれる。

確かに、個々人の知識理解から思考判断の相違や懸隔はある。しかし、このことによって形成的評価での完全習得をめざす、個々人に依拠した授業となるわけではない。算数や数学などのように、不可逆的な積み重ねによるものではないからである。地理を知らなくても、歴史を理解している場合もある。複素数が既知で、因数分解は未知である、という子どもは論理上あり得ないが、織田信長の楽市楽座を理解していても、九州の産業立地を理解できないことはあり得る。関連性によって、理解が促進することはあるものの、いつでも挽回は可能だ。

したがって社会科の授業は、「個人の意見や理解」に根ざしながら、どのように「全体に収斂、まとめていく」のかが重要であり、授業の運営の工夫は、個人ではなく、クラス全体であり、その運営ができるようになることが、目標の一つにならなければならない。

教員としての「個人」の力量は、クラスづくり、授業づくりを共同で推進する中で、高まっていくというとらえ方をすることが、教員養成の眼目である。一方、子どもたちの社会科の学びを成立させるのは、個人の習熟のみならず、集団づくりや集団的な議論形成の力を養うことによって成立するのである。

そこに、ワークショップ型の教材によって集団の作業体験を促進し、共同

の理解を目指す学生の実習の意味があるのである。

4. マイクロティーチングによる実践力と省察

(1) マイクロティーチングの概要

　冒頭に示した通り、マイクロティーチングは、教員養成教育での有力な手段の一つである。発祥はスタンフォード大学の教員養成プログラム (Allen *et al.* 1968) にあり、それらは、従来の経験主義プログラムと異なり、科学的・合理的・実践的なプログラムとして改善提案されたものであった。日本国内の社会科教育の文脈では、群馬大学社会科教育研究室 (1988) の取り組みが、先駆的・系統的な取り組みとして評価でき、また多くの教科で縦断的に行われてきた。

　マイクロティーチングは、「講義」によって「教育方法」を学ぶのでなく、実際の授業者となって試行することに意義を持つ。本来、授業実践は、教育実習でしかなしえないことである。当然のことながら、現実の子どもを対象に、実際の授業時間通りに試みられる必要があるからだ。一方、現実の生徒を対象とはできないが、大学の授業コマ内での授業実践を試みる手だてが、マイクロティーチングである。ここでは、「生徒に見立てた学生」を対象に、導入や一部分を取り出して授業試行する。したがって、ここでのマイクロ (微少、極小) とは、①マイクロクラス、②マイクロレッスン、③スキルのマイクロ化を指している。

　①のマイクロクラスの範囲は、本来は5～6人とされているようであるが、これは演習ならともかく、通常の教育法では難しい。弘前大学の教育法のクラス単位は、科目によって異同はあるが、40人から140人に亘っている。そこで学生は、教師の役を果たす一方で、生徒・児童の役割を交互に演じることになる。この場合の教師役は、グループの場合 (社会科授業論、社会科授業構成論) と、個人の場合 (社会科授業論、小専社会科教育法、公民科教育法、地理歴史科教育法) と2通りある。

　②のマイクロレッスンでは、どの場面を授業化するかという課題がある。

一般には、導入・展開・終結の各部分、一教材一場面などが考えられるが、その多くでは、導入授業の部分だけに特化したものを実施している。しかしながら、社会科授業論や社会科授業構成論では、グループによる1単位授業時間に見合った授業づくりを試みさせている。この全体計画は次節で述べる。

③のスキルのマイクロ化では、発問、指示、資料提示、指導案作成（目標設定、導入、展開・終結までの流れ）を最低限の技能とした。もちろん、細部の技能も提起した。たとえば、「授業ができるようになる」前提として、①話すことができる（一定限の音量と態度……資料や指導案ばかり見ることなく、あるいは黒板に向かったままではなく前を向いて、生徒を見ながら、落ち着いたなどなど）、②説明できる（学習項目としての概念を砕き、具体的な事例をもって）、③板書ができる（多様なチョークを使い配置や思考の流れ・要点・図式を踏まえた）、④図解ができる（説明板書の際に）、⑤資料が使える（発問・指示の基盤となり、生徒に問と追究を保障する）、⑥教育機器が使える（OHP、PP、OHCなど）、などの6項目を設定した。当然のことながら、授業の条件はこれにとどまるものではなく、あくまでマイクロティーチングで要求かつ育成可能な技能に限定されている。

(2) マイクロティーチングの回路

マイクロティーチングを、展開した際の事例を社会科授業論で示すこととしよう。

先にも述べたが、マイクロティーチングは、個人の取り組みとグループでの取り組みの二つがあった。個人の取り組みでは、5分～10分の導入授業の取り組み、グループでの取り組みでは、導入・展開・終結を50分で構成させている。

社会科授業論の15回分の計画は**表10-2**に示す通りである。

ここでは、冒頭に「授業づくりの鉄則」として、「指導計画の書き方（基本・応用）、発問・指示・説明、板書の構成、導入手法」などを講義・演習し、半ばから後半にかけて、実習・実践を図っている。

1. 授業科目　社会科授業論　2. 担当者　猪瀬武則			
2. 授業の概要 　学習指導要領・教科書の内容理解のもとに、授業技術の基礎（学習指導案作成の初歩、板書、話し方、表情など授業を行う上での基本的な技能）をマイクロティーチングによって体験・獲得する。また、他者の授業を省察・検討・評価し、論理をもって表現・説明・説得できるようになる。			細部の目標…①指導案が書けるようになる、②授業ができるようになる（話す、説明、板書、図解、資料使用、教育機器活用など）、③評価の観点に基づく細部を明示できる、④授業が構成できるようになる、⑤教材研究ができる（資料を収集・構成する。原典に当たる。関連書籍・資料から、⑥観察・省察・評価・表現（授業づくり以外）
3. 授業内容		知識内容と技能	
1	ガイダンス（社会科を受けるから授業するへ） ・全体計画を説明後、グループに分け（今年は13）、リーダー司会・発表者・記録を決めて、グループ名、仮のテーマを決める。	・討論技能（全員） ・司会・記録（コミュニケーション技能）	この間（テーマ設定・指導計画の細部）、教員との3回以上の打合せ
2	授業づくりの鉄則	指導計画の書き方…基本・応用／グループ作業	
3	授業づくりの鉄則	発問・指示・説明／グループ作業	
4	授業づくりの鉄則	板書の構成、導入手法／グループ作業	
5	マイクロティーチングの手法と概要	・マイクロティーチングの方法の理論と内容	
6	マイクロティーチング実施 ・実施グループコメント、各グループ討論、全体討論、まとめ・教員からのコメント	・グループでの授業、省察検討 ・グループの指導案検討	
7	マイクロティーチング実施	同　上	
8	マイクロティーチング実施	同　上	
9	マイクロティーチング実施	同　上	
10	マイクロティーチング実施	同　上	
11	個人によるマイクロティーチング（導入の模擬授業） ・導入授業のマイクロティーチングの説明 ・計画作成と順番手順などの説明。	・授業技能（資料提示、発問、生徒指名、説明、生徒の反応に応じた指示・説明、学習課題設定）	
12	個人によるマイクロティーチング① 　学生が司会を担当。学生の希望する順番で、導入授業開始。生徒役の学生は、授業評価票に評価を記入。授業について、省察検討。全体から、教師からのコメント。	5～10分の導入部分授業、計画と実践	
13	個人による模擬授業実施②	同　上	
14	個人による模擬授業実施③	同　上	
15	事後検討会	全体を通して学んだこと、習得・習熟したこと、特別事例研究	

表10-2　社会科授業論授業内容

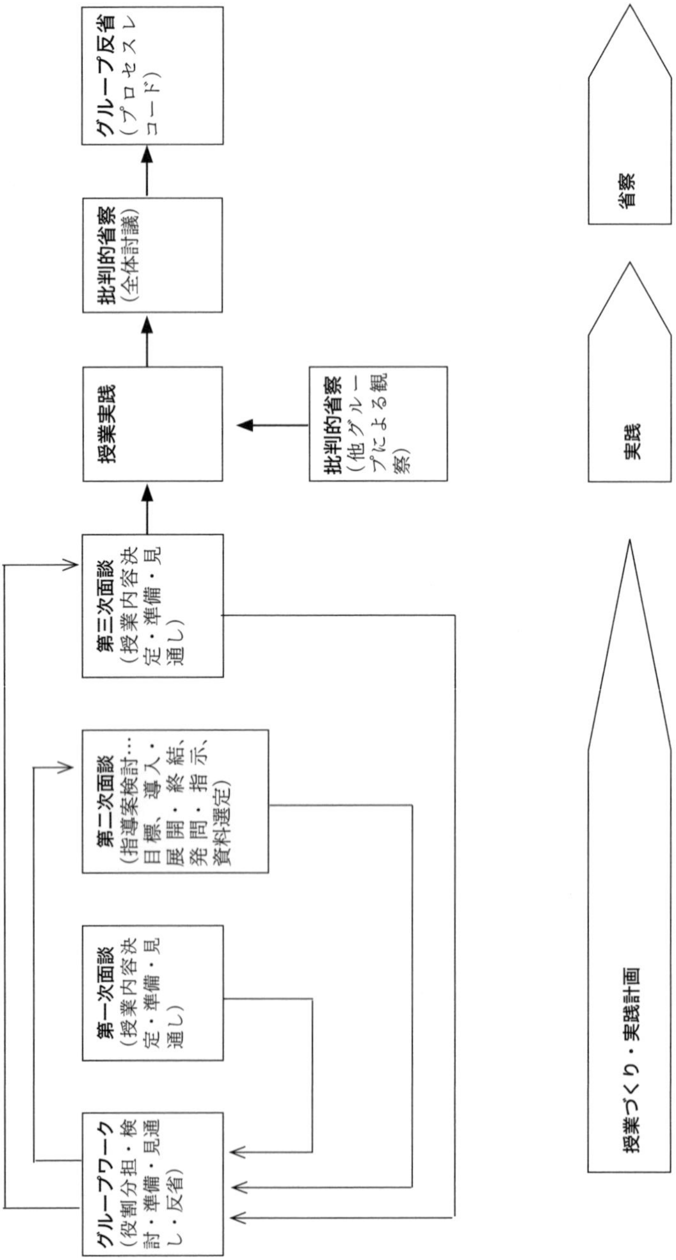

212　第2部　教員養成学に基づく教員養成の実践・検証

図10-2　グループマイクロティーチングの回路

通常は、40〜60人の受講者（中学校社会科専攻者は10人に満たない。小学校専攻、生涯教育課程、人文学部学生などを含む）を、数人のグループに分け、グループワークをさせる。各チームは、自らのチーム名をつけ、リーダー、記録者、発表者などを決めて活動する。授業テーマは自由であるが、教科書の範囲に則って、最低限「目標」と「導入・展開・終結」を指導案として完成させ、実践を試みることが課題である。

表1　グループ模擬授業評価票

月　　日

（　　）班，中心授業者（　　　　　　　　　　）

評価者　学籍番号　　　　　　氏名

1. 授業

摘　要	評価		摘　要	評価
導入は適切だったか		優5	発問は用意されたか	
声は届いたか		良4	発問は適切か	
態度は適切か		普通3	資料は適切か	
板書は適切か		弱い2	教材研究は十分か	
説明が理解できたか		非常に弱い1	グループの協力は	
考えさせる場面はあったか			連携は適切だったか	
計			総計	

2. 授業の流れ（短いコメントで）

導入はどのようになされたか

展開はどのようになされたか（簡単な流れで）

終結（まとめ）はどのようになされたか（まとめ無しで終わったか？）

3. コメント

表10-3　グループ模擬授業評価票

自己のグループが授業実践に至るまでには、「テーマ選択と見通し・準備」で第一面談、「指導案検討」で第二面談、「指導案完成」で第三面談まで、こなさなくてはならない。なお、当日の授業実践では、自己の省察カードを提出することとなる。

以上の回路を示せば、**図10-2**のようになる。

ここでは、前半に授業づくり、指導計画作成のための作業であり、教員は、合計3回のグループ面談をこなすこととなり、いわゆる授業時間外の互いの加重負担によって成立する。次の段階である授業実践にあたっては、**表10-3**の評価票の活用によって、授業技術やグループワークそのものを評価していくのである。授業の後半で、これらをもとにした討論が行われ、授業に対する受講者からの「批判的」コメントがなされる。

さらに、最終的には、グループの反省と個々人の反省（プロセスレコードと自己評価）という形で省察がなされるのである。

(3) 個人によるマイクロティーチング

先に社会科授業論の構成を**表10-1**で示した。この後半部分が、個人によるマイクロティーチングである。これらは、他にも小学校、高等学校の社会系教育法で実施している。その基本的な枠組みは同様であるので、その具体を配布資料である**資料10-1**で示す。

ここに示したとおり、要件は「導入部分」「資料」「発問・指示」「実践（態度や声量などを含む）」である。希望する学生に対しては、個別の指導はなされるが、基本的に面談のノルマはない。授業実施学生は、40人程度の同輩である学生を生徒に見立て、5〜10分の導入を試みる。その際、生徒役の学生は生徒役（発問指示に対する活動）と同時に、前記の観点を評価する評価者でもある。実施後、残り20分で、グループ討議、全体討議でそれぞれの観点についての他者への評価の差異も確認し、評価・省察自体を客観化するのである。

資料10-1　社会科授業論　マイクロティーチング実施要項

実施時期　1月15日、22、29、2月5日
場所　　　103教室
方法　　　・順番は、希望順とするが、希望がない場合には指定する。
　　　　　・一人当たり5～10分間。導入部分の模擬授業。10分を超えないよう、練習をして時間を計ること。
　　　　　・中学校社会科（地理的分野・歴史的分野・公民的分野）の内容であれば何でもよい。しかし、次の用件を満たすこと。

　　　　　①資料を一つ示す。(構成資料、写真資料、図、グラフ、絵、地図etc)
　　　　　②生徒役の学生にその資料についての発問を行う。どのような発問をすればよいか。どのような発問がより適切か、準備をする。発問の構造については、祇園先生の教育法で明らかであるが、受講していない者は、友人から聞くこと。
　　　　　③導入の場面で、学習課題を作るところまで。(「本日は、……について学習しましょう」の「……」を板書するなり、ラベルとして貼ることで終わり)

準備　　　個人で自分の行う授業の内容を決め、資料を作成し、発問を準備する。なお、導入を含む全体の指導案を作成し、授業時に提出すること。資料の印刷は、特殊なものを除いて教員がやるので、遅くとも当日であれば1時まで。
注意　　　教科書にあるものを無難にやる方法も誤りではないが、現在学んでいる人文・社会諸科学の最も生きのいい成果、ありきたりではない切り口、生きのいい教材開発を心がけよう。

当日の手順
①人数が多いため、時間との戦いである。そこで、滞りなくバトンタッチするためには、次の順番の学生は各自用意した資料を持って、準備しておくこと。
②生徒役学生は配布された評価表に記入（1分）。人数分繰り返す。
③回収した後、学生からの相互批評をした後に、講評する。実践することに意義はあるが、他者の授業を批評する目も重要。単なる批判ではなく、自分だったらどうやるか、常に代替案を持った批評を。

(4) マイクロティーチングの課題

　前項までで述べてきた弘前大学社会科教育プログラムで実施しているマイクロティーチングの課題は、次の通りである。

　第一に、学生が生徒役を務めることの限界の問題である。学生は、既に中学校レベルの知識は習得しているため、発問に対して「予想される答え」が分かっている。本来丁寧に、応答を検討しなくてはならないにもかかわらず、ややもすると判じ物、当てものになってしまう授業を、反省するどころかさらに促進しかねない危険性をもっている。この点は、マイクロティーチングそのものの限界であると同時に、生徒という「役割」を演じることの難しさ（知っていることを知らない状態にすることの困難）を確認し、実施上留意しなくてはならない。

　第二に、フィードバック過程、ディブリーフィング過程の充実の問題である。本来、90分の授業の中で、2コマ分を実施すれば、検討のための時間は不十分になる。また、その検討を踏まえて、再度実施するということも難しいことである。本来のマイクロティーチングは、ストップモーションや部分ごとの検証・改善のための検討協議時間が必要であるが、現在のカリキュラムと学生数に対応したコマ数では必ずしも十分な対応が見込めない。これは、個人のマイクロティーチングによってさらに顕著となる。5分〜10分の導入は、個人差があり一律の時間設定ができないため、実施日によっては不十分なディブリーフィングとなる場合もある。この均質化に留意が必要である。

5．おわりに

　社会科教員養成プログラムの概要とマイクロティーチングによる実践的指導力育成の試みを提示した。中学校社会科教育法関連4科目が、「理論・カリキュラム・構成」と「実践・実習」の二つの部分から構成されていること、その往還によって果たされる実践的指導力が、とりわけマイクロティーチングを組み込んだ授業内容によって実質化されていることを報告した。

　課題は次の通りである。第一に、マイクロティーチングによる効果を検証

することである。この課題は当然のことではあるものの、既に進行しているプログラムを受講する学生を「実験群」「統制群」に分けて、その有意差を検証することは不可能である。そこで、受講学生を対象とした質問紙による量的調査、インタビューや参与観察による質的調査などによって、学生の意識や技能がどのように変容したか把握することが課題となる。第二に、教科専門科目、Tuesday実習との関係、その相互作用を検証することである。これらは、そもそも教科専門科目のカリキュラムを一定の意図の下に再編する課題があり、意図的に再編された教科教育科目との対応関係を吟味しつつ設定されなくてはならない。現状を維持するのか、改変するのか、新たな内容を盛り込むのか、そうした提案も含めて全体像を示すことが望まれる。第三に、社会科教師としての実践的能力基準の全体像を明示することである[2]。その育成基準が、英国のように明示されている場合（猪瀬 2005）は別であるが、この統一的基準がない現状では、結果的な評価規準ではなく、あらかじめ設定された目標基準の下にマイクロティーチングが試みられ、プログラム開発がなされる必要があるからだ。

注

1 もちろん、誤りというわけではないが、授業を「講義」と捉える点で旧弊に属し、生徒とのインタラクションが欠如している点で生徒を無視した教師主導の授業であるといえる。
2 これについては、小金井 (1980) によって指摘されている。

参考文献

Allen, D.W. & Ryan K.A. (1969), *Microteaching*, Addison-Wesley.
群馬大学教育学部社会科教育研究室編『マイクロティーチングの導入による社会科教育法の授業改善』昭和61・62年度教育方法等改善経費研究報告書、（1988年）。
猪瀬武則「英国スコットランドの教員養成」『教員養成学研究』創刊号、（2005年）。
小金井正己「教師教育と教育工学、マイクロティーチングと教授スキル」『日本教育工学雑誌』Vol.4, No.3.、（1980年）。
髙乗秀明、浅井和行『コミュニケーションとメディアを生かした授業』（日本文教出版、2003年）。
安井俊夫「社会科教育における「実践的指導力」とは何か―学校と教師教育を問い直す視点として―」『日本教師教育学会年報』第7号、（1998年）。

第11章　教員養成における地域ニーズの研究

大坪　正一

1. 教員養成改革における地域研究の意義

(1) 教員養成学部再編と市民的公共性

これまでの大学改革と同様に、現在の大学教員養成学部再編の動きを主導しているのは国家の教育政策である。しかし、今日の改革論議には、増大する教育問題の解決を願う地域からの様々な声があることも事実である。「開かれた大学」や「国民のための大学」を標榜する法人化後の地方国立大学において、どのような国民に開かれ、どのような国民の声を基盤とした改革になるのかが問われている。

小泉内閣成立直後突如として提示された「大学を起点とする日本経済活性化のための構造改革プラン」(遠山プラン　2001年6月)の柱となっていたものは、国立大学の再編・統合、国立大学の法人化、大学への競争原理の導入、によって国公私大「トップ30」を世界最高水準に育成するというものであった。そもそも小泉構造改革は、「痛みを伴う改革」が特徴であり、利益誘導政治ではなくて、福祉・教育も自己負担とするような行政改革の中で、自立型社会・自己責任原理を目指すものであった。こうした弱肉強食型社会では国民の不安が高まるため、一方では憲法改正を含むナショナリズムの再構築と、他方では、生涯学習政策を展開することによって、大学を不安定雇用者の再教育の機関として位置づけ、国民の不安解消を図ることが目論まれていたのである。国立大学は創造的人材を生み出す優遇された「トップ30」と、縮小削減の対象となる（民営化で十分とされる）生涯学習機関に分けられるこ

とを意味している。

　遠山プランに先立って、文部省高等教育局は、「国立の教員養成系大学・学部のあり方に関する懇談会」を発足させ、「審議会」ではない形式での検討を行っていた。この「懇談会」は、2001年11月に、中長期的観点での最終報告を提出したが、そこでは、戦後教員養成の二大原則である「大学での養成」と「開放性」を否定するかのような、従来以上の閉鎖的養成システムが提言された。すなわち、一万人の教員養成課程の総定員は維持するとしても、1都道府県1教員養成学部の原則は放棄し、400人程度の一定規模の教員養成学部を構成することによって効率化を図るという方式である。統合教員養成学部には新課程は置かず、被統合の教員養成学部は他の学部に再編されるというものである。規模の拡大によって教員養成が充実するというのは何ら科学的根拠を持つものではないが、「トップ30」とはいわなくても、独法化後も耐えられる教員養成学部を選択的に残すという方向での議論であった。

　最終報告書を見る限り、統合後の教員養成学部は、より以上の「教育学部らしさ」や独自性が求められている。一般学部との本質的な違いを、結局は授業実践力の育成であるとし、教育学部の目的大学化をさらに進めるものとなっていた。この最終報告書が出て以降、全国の国立大学では教員養成学部の再編計画づくりが展開されていった。県境を越えた統合も含め、教育学部を半減させる方針であったため、大学・学部の生き残りを賭けたものとなっていった。

　しかし一方では、少なからぬ地域で市民の中から「教育学部を守る会」が結成され、地域に根ざした教育学部や大学教育を実現していくための対話集会やシンポジウムが組織されていった。こうした地域住民の運動は、「存続」という現状維持を求める立場を超えて、教員養成学部の統廃合という政策そのものに向かいつつあった。教育学部の再編・統合は地方国立大学再編・統合の地ならしであり、やがては国立大学職員削減と国立大そのものの消滅（独法化）を目指すものであること、独法化によって国立大学を産業界に最大限活用すること、という小泉構造改革の本質に迫るものであった。

　「懇談会」の最終報告が、教員養成に「現場至上主義」を強く打ち出してい

るのならば、こうした地域住民の声も「現場」である。そこには、これまでの国立大学のあり方に対する批判が存在する。免許法や課程認定の縛りを受け国家主導の教員養成システムに規定されるだけで、それらを批判したりそれとは別の教育大学や学部構想案を創造・策定し、広く社会に提起するという活動を行ってこなかったからである。言葉を換えれば、国家がつくり出す公共性の実現のみに目を奪われていた国立大学教員養成学部に対する批判でもある。新自由主義的改革が地域に生きようとする住民の意志との矛盾を拡大してきている現実の中で、このような地域からの動きに目を向けることが、改革にとって重要な位置を占めていると考える。

　すなわち地方国立大学は、国家的公共性と地域の中から生まれている公共性（市民的公共性）[1]との狭間で、改革への対応を求められているといえよう。それは、「全体の奉仕者」（教育基本法）としての教員には、国民共同体という均質な集団をめざす国家的公共性だけではなくて、考えの違う人たちが共存していくための市民的公共性を考慮することが求められているからにほかならない。地域を理解できない教員では、その専門職性が疑われるからである。その意味では、2006年4月に提示された政府与党の教育基本法改正案で、「全体の奉仕者」の文言が削除されたのは、この点の重要性を逆の意味で証明するものであるかもしれない。

　以上のような政策的動向を受けて、弘前大学教育学部の教員養成改革も取り組まれてきた。本書の各章によってその中身はすでに説明されているので、あえて重複をすることを避けるが、2003年に設置された「教員養成学研究開発センター」を改革のメイン・エンジンとする体制をつくっているのが特徴である。そこで展開される「教員養成学」の主旨は、「教員養成学部・大学の不断の改善、改革による専門性の向上を通して、教育現場で働く教員の資質を向上するという実践性にある」[2]と述べられているように、学問のための学問ではなくて、現実の変革に関わる実践的な性格を持つ研究が意識されている。

　「教員養成学」の研究課題としては、(A)教員養成カリキュラム分野と、(B)教員養成学部組織研究分野を同時進行させることになるが、(B)において、

①教員養成学部の構成原理に関する研究、②教員養成教育の効果検証及びその方法論に関する研究、③教員養成学部教員に必要な資質と教員組織に関する研究、④地域社会のニーズと子どもの実態を踏まえた「望ましい教員像」の研究、⑤学部と附属学校の連携・共同のあり方に関する研究、が位置づけられている。地域ニーズの研究は④に示されているが、「望ましい教員像」とセットで取り上げられている。それは、教員像にしても求められる資質・能力にしても、一般論ではなく、「地域社会（学校現場を含めて）のニーズと子ども達の実態の調査研究を踏まえることが必要」とされるからである[3]。

　それでは、この「教員養成学」研究において、地域住民の教育ニーズを「踏まえる」というのはどのような意味を持っているのだろうか。私たちが次章で報告するような地域調査を実施したのは、少なくとも、「地域住民の教育ニーズに合わせた教員養成をするべきである」といったような単純なものではない。そこには「教員養成学」の構想に関わる理論的課題があるからである。

(2) 教育プロフェッショナルと地域の関わり

　現時点の進展状況を見れば、弘前大学教育学部の教員養成改革はまだ始まったばかりであり、成果を云々する段階にはなっていない。「教員養成学」の構想も、その中身に関してはこれからの議論に待つところが大きい。しかしその中でも、改革の最大の具体的な一歩として示されるのは、2003年9月に教授会で承認された教員養成カリキュラム構想の中で、学部の掲げる教育目標を次のように定めたことである。

　　　教育目標：児童生徒に働きかけ、反応を読み取り、働きかけ返す力を
　　　持った教育プロフェッショナルの養成――児童生徒の確かな学力と自律
　　　力を育むために――[4]

　これがなぜ画期になるのかといえば、弘前大学教育学部では、それまで一度も学部として教員養成の目標をつくろうとしたことがなかったからであ

る。以前においては、それぞれの教員がそれぞれのイメージする教員像を描いて自由に教育活動を行ってきたということであり、それで済んできた時代であったともいえる。しかし、政策的動向という「外圧」によって、北東北3大学の教員養成学部の再編・統合が話題となり、「担当校」として教員養成学部が生き残るためには、教員養成に責任を持つ大学・学部となるための改革を進めなければならなかった。「教員養成学」をはじめとする様々な改革構想が提示されたが、学部全体が具体的に確認したのは、まず自分達の教員養成の目標を確認することであった。

　ここで目標として示されている内容＝「働きかけ、読み取り、働きかけ返す力」というのは、教育をするものとしてはごく当たり前の常識であり、弘前大学教育学部のオリジナルや特徴を示しているものではない。(その後の作業として、学部のカリキュラムが、働きかける専門力を養う「自己形成科目群」、関わり合う力を育む「教育臨床科目群」、自分を見つめ直し再構築する「教員発展科目群」に整理され、科目間の関連と並びが位置づけられていったが、この三つの力は、学部のカリキュラム改革を進めるための基準であるにすぎなかった)。

　むしろこの目標の最大のポイントは、「教育プロフェッショナルの養成」の方にあると考える。教育プロフェッショナル、言い換えれば教育の専門職性を問題にすることである。弘前大学教育学部の教員養成改革は、専門職性というものを意識したカリキュラム改正であり、それに基づいた大学での教育活動をめざすということが方向として示されたということである。それは、「働きかけ、読み取り、働きかけ返す力」という教員としては当たり前の力を持った上で、専門職性を体現できる教員の養成ということである。決して「働きかけ、読み取り、働きかけ返す力」が専門職性を代表しているわけではない。「教員養成学」が深めるべき重要な理論的課題がここにあると考える。

　専門職であるというのはどういうことか。教員免許状という免許・資格制度を持っていることが教育専門職制度と呼ばれるものであるが、これは教育基本法第10条の「教育は不当な支配に服することなく」から導かれた制度である。学校教育法第28条で学校教員の任務が示されているが、その基本は、教育専門職員としての教諭は「誰からも命令を受けることなく仕事をする」[5]

ということである。いちいち上司の伺いを立てなければ自分の仕事ができないといったような専門職はいないということであろう。教員免許状を持っているということは、そういった形での仕事ができるという証でもある。

しかし、教員免許状を持っているというだけでは専門職であるとはいえない。専門職性を身につけて仕事として実行していくためには、必要とされる条件があり、また、その条件を切り開いていけるだけの力が要求されているといえる。すなわち、「誰からも命令を受けることなく」、言い換えれば、「自分の責任でもって」自分の仕事ができるという条件はどこにあるのかということである。

一つは、教育委員会や管理職などの「上から」の締め付けを排除することである。これがあっては、教員の創意や工夫など、独自の教育活動が生かされなくなるからである。教員は「不当な支配」をはねのけるための力をつけることが必要である。そのための制度としては、憲法や教育基本法において、教育における公権力の行使が「不当な支配」にならないようにするための原則がつくられている。それは、教育行政は教育委員会のような教育行政機関で行い、教育は学校や公民館という教育機関が行うことであり、教育行政に対しては、①教育行政の地方分権、②教育行政の一般行政からの独立、③教育行政の民主化（住民参加と直接責任）という原則がうち立てられている。そしてさらに、教育は教育行政からも独立するという形で、教育専門職制度の原則（教育のことは政治家や行政マンではなくて教育の専門家に委ねるということ）が打ち出されているのである。法律通りにこれらが実施されていれば問題はないのであるが、現実にはそうはなっていない。この原則が実行されないと、専門職制度は形骸化する。教員にはそれらを守らせること＝権利を使いこなし実行するという市民的な力量が求められることになる。

もう一つは、「専門職だからといって好き勝手にやられてはたまらない」、「教員は信頼できないので人事考課など上からの管理が必要だ」という声にきちんと応えられるための制度づくりである。それは、教育専門職というものが決して自分勝手に仕事をするというものではなくて、「全体の奉仕者」としての仕事のあり方に規定されるという側面を持っていることからくるも

のである。教育が「国民全体に対して直接責任を負って行われるべきもの」（教育基本法第10条）であるならば、地域住民の意見を十分聞きながら仕事をするというのが基本である。そのための制度として、住民の意見を直接反映させる制度の充実が図られねばならない。（憲法や教育基本法の当初の体制としては、教育委員の直接選挙＝公選制があったし、学校教育の分野では学校評議会、社会教育の分野では公民館運営審議会などがあげられる）。ここに教員の専門職性と地域が関わる接点が存在する。教育の住民自治を生み出し、充実させようとする教員こそが、自分の専門職性を守り発展させることができるのである。

これらは社会教育労働者の専門職性論議と同じである。しかし、特に公民館職員、公民館主事は専門性がうたわれてはいるものの、専門職としての資格要件は法律で規定されることなく今日に至っている。社会教育職員は自らの実践の中で専門職性を創造していったのが戦後の歴史である。学校教育の教員は免許状を持っており、はじめから専門職であったが故に、専門職とはなんたるかの議論が欠け落ちる傾向がある。専門職性を生み出していった社会教育職員の地域実践から学ぶものは多いのではないか。

すなわち、「教員養成学」の核としてあるのは、教員の専門職性を深めそれを実現する道を指し示すことである。そういう力量を持った教員の養成につながらなければならない。弘前大学教育学部の改革は、まだまだカリキュラム改革が中心だが、住民自治や住民自治能力につながる子どもの学力形成、住民自治を体現する地域づくりの担い手形成など、地域に関わる教員のあり方を問う研究が求められているのではないか。教育をめぐる地域ニーズの研究はそれらにつながる実証的研究となる必要がある。

2. 教育をめぐる地域ニーズの比較調査

(1) 調査の対象と方法

地域住民の教育に関するニーズの実態を捉えるため、小・中学校の保護者に向け「子育てと教師・学校に対する観察と意見」と題するアンケート調査

を行った。時期は2005年7月〜9月の間で、学校を通しての留置法で実施した。その際、普通の地域の学校として青森県西津軽郡鰺ヶ沢町N地区にあるA小学校とB小学校（全学年）、A中学校（3学年）を対象としたが、比較するものとして、「地域性というものが希薄な」＝学区が定められていない学校として、弘前大学教育学部附属小（2、5学年）、中学校（2学年）の調査を同時に行った。それぞれ331名、336名の合計667名の有効回答を得た[6]。なおこの調査は、平成16年度〜18年度文部科学省科学研究費補助金基盤研究(C)(2)「『教員養成学』の構築と新たな教員養成システムの開発に関する基礎的研究」（研究代表・遠藤孝夫弘前大学教授）によるものである。

　二つの地区の比較をしたのは、学校が持っている地域性を位置づけるためである。弘前大学附属小・中学校（以下、「附属」）の回答者で見ると、学校より2キロ圏以内から通っているのは47％にすぎず、15％は市外から通学している。鰺ヶ沢町N地区のように昭和の大合併前の旧N村を基盤として、公民館や地区の祭などの伝統を持っている農村地域と、受験して入る小・中学校として学区を持たない附属学校の地域性、その濃密さの違いが求める教育や教師像とどう関わるのかという問題意識があったからである。

　回答者（家族）の属性を見てみると、鰺ヶ沢の小・中学校（以下、「鰺ヶ沢」）では3世代同居が56.5％と半分以上であり、附属に比べて約20ポイントほど高いのを除いては、年齢構成や子どもの数などではあまり差はない。父母職業においては、鰺ヶ沢では農林業業や、工場労働、販売サービスなどの職業が多いのに対して、附属では教員や専門職の比率の高さが目立つ。このことは、父親の70％以上が大学卒以上という附属と、70％以上は中・高卒である鰺ヶ沢における文化資本の差として明確に現れている。「パソコン」「文化芸術作品が家にある」は40ポイント、「博物館・美術館によく連れて行く」「政治社会問題について話しあう」は30ポイントの差となって現れているが、その他「新聞をとっている」「手作りおやつをつくる」「絵本を読んでやった」等の項目でも10ポイント以上附属が圧倒するということとなっている。また、学校以外の教育サービスの利用状況を見ても、附属では学習塾（家庭教師を含む）を約半数（中学生になると68.7％）が利用しているが、鰺ヶ沢での利

用は1割に満たない。習い事も、そろばんや習字、スポーツクラブは10ポイント、ピアノ・バレーは30ポイントも附属の方が高い。いわば、地域性は別として、階層性としてはかなり上位に平均化しているという附属の保護者の姿が読み取れる。

こうした両地域を対象として、教育ニーズを調査した。その中で**表11-1**の教師に関する項目である②〜④は青森県内全公立小・中学校校長を対象として行ったアンケート調査（2002年7月実施）の項目と同じものを用いた[7]。管理職教員と地域住民は認識が食い違うかどうか、同じ「地域ニーズ」と見ていいのかどうかなどについて比較検討をしてみるという課題認識もある[8]。

(2) 地域における教育ニーズの比較

附属と鰺ヶ沢での保護者の教育についての意識（ニーズ）において、特に目立った違いを見ることにする。これを教育一般についてのものと、教師に対するものについてを分けて整理すると、**表11-1**のようになる。

1) 教育一般について

表11-1 保護者の教育一般についての意識
（弘前大学附属小・中学校と鰺ヶ沢小・中学校）

	質問	検定	附属		鰺ヶ沢
①子育て意識	自分の子育てに自信がある	※	0.419	>	0.34
	子どもは健康面で順調に育っている		0.917	≒	0.934
	子どもは勉強面で順調に育っている		0.663	>	0.645
	子どもはしつけ面で順調に育っている		0.683	>	0.64
	子どもの友人関係についてあまり心配していない	※	0.665	<	0.754
	子どもの将来の進学についてあまり心配していない		0.436	≒	0.429
	子どもの将来の就職についてあまり心配していない		0.407	>	0.358
	自分のことより子どものことを優先している		0.796	≒	0.781
	子どもの教育に十分なお金をかけられている	※※※	0.627	>	0.31
	子どもの教育に十分な時間をかけられている	※※※	0.473	>	0.314
	子どものことはよくわかっている		0.641	≒	0.615
	子どもは自分の思っていることをよく理解している		0.574	≒	0.548
	自分以外の保護者と教育方針が一致している	※※※	0.674	>	0.509
	自分以外の保護者が教育に関して無関心である		0.133	<	0.19
	子育ての悩みや問題について気軽に相談できる相手がいる	※	0.775	>	0.689
	学校の教育方針によく違和感を感じる		0.27	≒	0.259

カテゴリ	項目	有意	値1	比較	値2
②親の教育への関心・関与	学校行事（授業参観、学芸会、運動会など）によく出席する		0.791	≒	0.781
	保護者会や学級懇談会によく参加する	※※	0.62	>	0.38
	PTAの役員を積極的に引き受ける		0.304	>	0.242
	学校からの手伝いの求めに対して、積極的に応じている		0.378	<	0.437
	子どもと今日学校であったことについてよく話す		0.748	≒	0.755
	家族の中で子どもの通っている学校のことについてよく話す	※※	0.757	>	0.663
	学校の先生と学校のことについてよく話す		0.409	≒	0.432
	他の親たちと学校の様子についてよく話す		0.474	<	0.526
	学級通信に必ず目を通す		0.912	≒	0.904
	子どものテストの点数には必ず目を通す	※	0.903	>	0.85
	子どもの教科書の進度をよく知っている		0.341	>	0.276
	子どもの交友関係をよく知っている		0.726	<	0.792
	学校の教育活動に対して問題を感じたときにいつでも意見する		0.155	<	0.198
	問題のある担任の先生にあたったと感じたときに、その先生がいい先生になるように努力する		0.257	≒	0.256
③競争観	競争は勉強のはげみになる	※※※	0.884	>	0.698
	成績の順位を比べて、安心したり不安になったりする	※※	0.789	>	0.651
	受験は他人との競争だ	※※	0.546	>	0.407
	競争に勝たなければ目標とするものは得られない		0.422	>	0.353
	競争の結果を決めるのは、本人の努力だ		0.907	>	0.867
	あくせく競争しても、たいしたものは得られない	※※	0.306	<	0.458
	才能の恵まれている人にはかなわない		0.31	<	0.341
	小学校までにできた学力の差を縮めることは難しい		0.266	>	0.171
	学校の成績がその人の一生を左右する	※※	0.266	>	0.171
	今の世の中で成功するには常に競争に勝ち続けなければならない	※	0.302	>	0.206
	学歴とは関係なく、努力すれば誰でも世の中で成功できる	※※※	0.68	<	0.865
④子どもの通う学校の現状認識	児童・生徒たちが授業に熱心に取り組む		0.952	≒	0.945
	児童・生徒たちが学校行事に熱心に取り組む		0.956	≒	0.971
	児童・生徒たちがお互いに助け合う		0.895	<	0.935
	児童・生徒たちが学校運営に積極的に参加する	※※	0.837	<	0.92
	親が学校の教育活動に積極的に参加する	※※※	0.881	>	0.718
	児童・生徒たちの間のいじめ	※※※	0.545	>	0.339
	児童・生徒が授業をさぼる	※※	0.143	>	0.066
	学校の設備や備品が壊される		0.124	>	0.083
	児童・生徒間の暴力	※※※	0.143	>	0.04
	児童・生徒が教師を脅したり殴ったりする	※	0.038	>	0.01
	児童・生徒の不登校	※※	0.323	>	0.223
	児童・生徒たちが騒いで授業が成立しない	※※※	0.219	>	0.087
	児童・生徒たちの低学力	※	0.367	>	0.285
	児童・生徒たちの学力の格差	※※※	0.67	>	0.429
	保護者からのクレーム	※※※	0.611	>	0.223
	地域住民からのクレーム	※※※	0.408	>	0.115

⑤学校評価	家庭・地域・学校との連携が、適切に行われている	※※※	0.542	<	0.786
	学校評議員制度は学校経営の改善に機能している		0.434	<	0.519
	PTA活動など保護者間の協力体制が機能している		0.831	>	0.769
	保護者の意見や要望が、学年やクラスの運営に活かされている	※※	0.571	<	0.694
	学校は、教育活動に関する情報を保護者や地域に積極的に提供している	※	0.658	<	0.746
	学校生活についての保護者と教師との討議が行われている	※※	0.466	<	0.591
	校庭・図書室等の学校施設の開放が積極的になされている	※※※	0.359	<	0.572
	学校の先生同士の協力体制が機能している	※※	0.637	<	0.747
	保護者の授業の補助・参加などの機会がある	※	0.446	>	0.358
	学校行事以外で日常的に学校を訪れる機会がある	※※	0.359	>	0.24
	地域の行事に教師の参加がある	※※	0.154	<	0.245
⑥教育改革施策などに対する意見	子どもを学力でクラスをわけて授業を行う	※※※	0.357	>	0.071
	義務教育は国の基準によって全国の学校で同じ内容の教育が受けられるようにする	※※	0.645	<	0.771
	同一の市区町村内の公立小中学校ならばどの学校でも選んで入学できるようにする		0.618	<	0.687
	親や児童・生徒が学校や教師を評価できるようにする	※※	0.579	>	0.414
	もっと親が学校の運営に参加できるようにする		0.321	≒	0.304
	公立学校の中に一部、中高一貫の学校をつくる	※※※	0.615	>	0.438
	学習指導要領の拘束力を強化すべきである		0.228	>	0.244
	子どもが不登校になっても、無理に登校を促さなくてもよい		0.511	>	0.446
	体罰はぜったいにあってはならない		0.555	≒	0.562
	日本の学校ではもっと子どもの人権に配慮がなされるべきである		0.557	<	0.607
	「学級崩壊」現象は主に家族のしつけの弱体化に原因がある		0.696	≒	0.717
	学校における奉仕活動を義務化すべきである		0.308	>	0.265
	「個性化」教育が進められたことで「学力低下」が深刻になっている	※	0.63	>	0.519
	学校における「国旗掲揚・国歌斉唱」を強制するのはよくない	※※	0.431	>	0.298
	教師の人事考課を導入する	※※※	0.666	>	0.469
	教員免許状を更新制にする	※※	0.779	>	0.658
	「不適格教員」を認定し教職から外せるようにする	※※	0.881	>	0.767
	教員免許状をもたない民間の校長らを採用する	※※※	0.453	>	0.245

※=5％水準、※※=1％水準、※※※=0.1％水準で有意差

①子育て意識

　子育て全般に対する意識の項目において大きな違いが見られたものは、「十分なお金をかけられている」(31ポイント附属が高い)、「十分な時間をかけられている」(16ポイント附属が高い)という、階層差に関わる実態と、「教育方針の一致」(16ポイント附属が高い)という文化資本に関連する家庭の教育のあり方に関するものである。しかし、小学校と中学校の保護者の意識の差（中学

表11-2 子育て意識に対する小・中学校での認識の差
(中学校マイナス小学校のポイント)

	附属	鰺ヶ沢
子育てに自信がある	6.5	3.5
子どもは健康面で順調である	1.7	-2.9
子どもは勉強面で順調である	-8.3	-20.6
子どもはしつけ面で順調である	6.4	-5.2
子どもの友人関係は心配ない	5.7	0.7
子どもの進学は心配ない	-1.1	-15.3
子どもの就職は心配ない	-10.4	-14.4
自分のことより子ども優先にしている	-4.8	-14.6
教育に十分なお金をかけられる	2.1	-8.9
教育に十分な時間をかけられる	8.8	-10.8
子どもを理解している	-1.8	-23.9
子どもから理解されている	-0.1	-16.5
保護者の教育方針が一致	8.3	-16.5
自分以外の保護者が教育に無関心	-1.5	-2.9
子育ての悩みを相談できる相手がいる	-1.9	-9.5
学校の教育方針に違和感を感じる	3.8	12.4

校のポイントから小学校のポイントを引いたもの)を見ると、表11-2に示されるように、附属では「しつけ」「十分な時間」「教育方針の一致」ではかなりプラスになっているのに対し、それらの項目で鰺ヶ沢はマイナスになるという逆の変化を見せている。全体として附属ではあまり変化がなかったが、鰺ヶ沢においては実に10項目において10ポイントから20ポイント以上の減少を示しており、小学校32％、中学校36％が「子育てに自信がある」と回答しているにもかかわらず、むしろ自信を失っていく姿が読みとれる。そのことが、「学校の教育方針についての違和感」が鰺ヶ沢では中学校になると倍近くに増えていく根拠につながっているとも見える。

②親の教育への関心・関与

「保護者会や学級懇談会によく参加する」「家族の中で子どもの通っている学校のことについてよく話す」「子どものテストの点数には必ず目を通す」といった質問で附属の回答が多くなっていた。こうした行動からは附属の保護者の方が積極的に教育に関わろうとしている様子が読みとれる。しかし、全

体として、「学校の教育活動に対して問題を感じたときにいつでも意見する」「問題のある担任の先生にあたったと感じたときに、その先生がいい先生になるように努力する」の回答が低いということから見て、学校への関心ほどには学校への関与は高くないことが示される。また、ほとんどの質問項目では中学校での回答が低下している。"学校任せ"が強くなっていくという中学校の保護者の様子が浮かび上がっている。

③競争観

全体としては競争の効用面で肯定的な回答が多くなっている。附属では競争を理念面でも肯定する回答が多かったが、鰺ヶ沢では理念面を否定する回答が多くなっていた。そこからは「競争はしなくていいものならさせたくないが、進学を考えるとやむをえない」といった、保護者の競争に対する今日的状況を読みとることができる。

関連した項目として、「子どもの進路」についての調査を行ったが、附属では92.3%と圧倒的多数が大学(短大を含む)に進学させることを希望しており、45%に留まっている鰺ヶ沢とは対照的である。しかし、鰺ヶ沢でも高卒で就職させたいとするものは20.8%にすぎないことから、高校卒業後は子どもの意志に任せる、もしくは進学を希望する親が多いことがわかる。

④子どもの通う学校の現状認識

学校運営に対しての子どもの参加は鰺ヶ沢、親の参加は附属が勝っている。学校における問題状況の認識では、附属が高い値を示している項目が多い。これは、問題状況のある学校の実態の差であるのか保護者の認識の差(現状をよく理解しているかどうか)であるのかを判断するのは難しいことではあるが、保護者ばかりでなく地域からも「クレームがある」という認識が両方とも附属が圧倒しているので、問題点を指摘する度合いの違いとしては位置づけられる。

⑤「開かれた学校」に対する学校評価

上記の点は、保護者の学校観を示す項目においてより具体的に示される。「開かれた学校」をめぐっては、全体として、附属の保護者のほうが厳しく学校を評価している。よって、附属の保護者のほうが「クレームがある」と

表11-3 「開かれた学校」に対する小・中学校での認識の差
(附属マイナス鰺ヶ沢のポイント)

	小学校	中学校
学校・家庭・地域の連携	-31.2	-16.0
学校評議員制度	-14.1	2.4
保護者間の協力体制	4.0	8.9
保護者の要望が生かされる	-19.3	-3.5
学校の情報提供	-15.2	1.2
保護者と教師の討議	-18.0	-6.1
施設開放	-36.1	-2.8
教師の協力体制	-16.3	-4.4
保護者の授業補助	15.6	0
学校訪問の機会	17.3	4.4
教師の地域行事参加	-16.1	-1.0
平　均	-11.7	-1.5

多く認識していることは、鰺ヶ沢の保護者の中に、クレームが「ある」「ない」といった実態の問題というよりも、「する」「しない」といった意識の差があることが考えられる。質問項目の多くが中学校では回答が低くなっている。附属においては、小学校と中学校でほぼ同等の結果となっていたが、鰺ヶ沢の降下が激しいので、中学校においては両者の評価は近寄ってくる(**表11-3**)。鰺ヶ沢のトータルとしての評価の高さは小学校をめぐる実態であって、中学校になると、受験を中心とした学校教育が展開されている中で、本質的にはあまり変わらなくなってしまう現状を示している。

⑥「教育改革」施策などに対する意見

今日の教育改革に対する賛否の意見はほぼ拮抗する割合であったが、「学習指導要領の拘束強化」や「奉仕活動の義務化」は反対が圧倒的であった。「教師の人事考課」や「教員免許更新制」「不的確教員の排除」など、教師を厳しく評価しようとする政策は賛成が7～8割となっている。一方、「もっと親が学校運営に参加できるようにする」を支持するのは双方とも3割に過ぎず、「学級崩壊現象の要因は親のしつけの弱体化」とする意見も7割以上が支持している。両者の大きな違いとなったのは、「学力によるクラス分け」で附属が28ポイントほど高い。これは「学力差」の実態を示しているものかもしれ

ない。その他では、「公立の中高一貫校」「人事考課」「民間校長」があげられるが、全て附属が20ポイント程度高い値を示した。

2) 教師について

表11-4　保護者の教師についての意識

(弘前大学附属小・中学校と鰺ヶ沢小・中学校)

	質問	検定	附属		鰺ヶ沢
①教職観	社会的に尊敬される仕事だ		0.737	≒	0.76
	経済的に恵まれた仕事だ	※※※	0.592	<	0.768
	精神的に気苦労の多い仕事だ		0.948	≒	0.92
	子どもに接する喜びのある仕事だ	※※	0.901	>	0.806
	やりがいのある仕事だ	※※※	0.966	>	0.892
	自己犠牲を強いられる仕事だ		0.671	≒	0.658
	自分の考えにそって自律的にやれる仕事だ	※	0.431	>	0.352
	高度の専門的知識・技能が必要な仕事だ		0.81	>	0.769
	社会の存続・発展に不可欠の役割を果たす仕事だ	※※※	0.881	>	0.748
	高い倫理観が強く求められる仕事だ	※※※	0.871	>	0.662
	一定の手続きを遵守する態度が求められる仕事だ	※	0.652	>	0.555
	「自分らしさ」を表現できる仕事だ	※	0.527	>	0.432
	はっきりとした成果を問われる仕事だ		0.624	≒	0.634
	割り当てられた役割に専心する仕事だ		0.424	<	0.5
	教師以外の人々との関係づくりが欠かせない仕事だ		0.739	≒	0.724
	人間の心の内奥に触れることができる仕事だ	※	0.687	>	0.597
	モノではなく人を対象とする点で、一般とは異なる特殊な仕事だ		0.695	<	0.744
②若い教師に足りない能力	学校経営・管理的能力		0.15	≒	0.14
	児童・生徒の理解		0.671	>	0.592
	教育方法・技術		0.476	>	0.401
	教科を教える専門的能力	※※	0.294	>	0.178
	特別な支援を必要とする児童・生徒の指導		0.345	>	0.312
	教育に対する情熱	※※	0.147	<	0.247
	教師としての職業人意識		0.233	<	0.277
	保護者との協力関係づくり		0.3	≒	0.308
	地域との協力関係づくり	※	0.061	<	0.123
	特にない		0.038	≒	0.034
	わからない	※	0.051	<	0.106
	その他		0.032	≒	0.027
③重要だと考える教師の力量	わかりやすく授業を展開していく力		0.861	>	0.813
	子どもの学習状況、悩み、要求、生活状況など適切に把握する力		0.678	≒	0.66
	子どもに積極的に関わっていく熱意や態度		0.514	<	0.548
	子どもの資質、適性を見抜く力		0.567	≒	0.564
	子どもの思考や感情を触発し発展させる教師の表現力		0.421	>	0.364
	子どもの集団を把握し、まとめていく力		0.353	≒	0.33

③ 重要だと考える教師の力量	子どもの問題や学校の問題を広い視野から見ることの出来る度量の広さ		0.421	≒	0.421
	常に研修、研究に励む能力		0.034	≒	0.037
	必要に応じて、子どもに対して毅然たる態度を取ることのできる強さ		0.418	≒	0.427
	芸術や文学に対する豊かな感性や理解		0.04	≒	0.044
	同僚と協力しながら教師集団の質を高めていく力		0.124	>	0.087
	教科書の中の教材を様々な角度から取り上げ指導する力		0.195	<	0.24
	教育に関する諸問題を自分なりに筋道を立てて論理的に考えることのできる力		0.077	≒	0.09
	教師自身の体育、音楽、図工などの実技能力		0.037	≒	0.044
	学校全体の中で自己を位置づけその立場から考える能力		0.003	≒	0.028
	教育の実践的問題と直接の関連はないが自分にとって関心のある学問や研究を深めていくこと		0.015	≒	0.025
	その他	※	0.019	>	0
④ 期待する教師像	授業に熱心な先生	※※	0.838	>	0.713
	生活指導に熱心な先生		0.571	≒	0.577
	教え方のうまい先生	※	0.917	>	0.857
	親しみやすい先生		0.756	<	0.792
	受験技術に通じている先生		0.459	<	0.491
	専門的知識の豊富な先生	※	0.556	>	0.498
	一般知識の豊富な先生		0.616	≒	0.601
	公平な先生		0.762	<	0.795
	子どもの気持ちのわかる先生		0.873	>	0.812
	研修や研究に励む先生	※	0.324	≒	0.311
	ユーモアのある先生		0.616	<	0.696
	人格円満な先生		0.717	>	0.638
	個性的な先生		0.267	<	0.348
	組合活動に熱心な先生	※※※	0.083	<	0.195
	いわゆるサラリーマン的な先生		0.054	<	0.085
	地域とのつながりを大事にする先生	※※※	0.343	<	0.519
	学校外教育(社会教育などに熱心な先生)	※※	0.308	<	0.44
	その他		0.019	≒	0.014
⑤ 一般的教師像	教師はプライベートな生活を過ごす時間をもっと保障すべきである		0.592	>	0.537
	教師は居住している地域においても教育的な役割を担うべきである		0.308	<	0.374
	教師は自分自身の趣味などの生活をもっと充実したものにすべきだ		0.581	>	0.524
	教師はもっと肩の力を抜いてゆったりと教職に取り組んでよい		0.595	<	0.65
	勤務時間が終われば、すぐに帰ってかまわない		0.327	>	0.26
	仕事は仕事、余暇は余暇とわりきる		0.625	≒	0.65
	自分を生かせるのは仕事であり、余暇はそのための休養と準備の時間である		0.638	>	0.586

※=5%水準、※※=1%水準、※※※=0.1%水準で有意差

①教職観

双方ともほとんど差はない。専門職性に関連するものとして、「高い倫理観」や「高度の専門知識」は7〜8割の支持があるが、「自律的な仕事」は半数弱に留まり、「自分らしさを表現できる仕事」に関しては半々である。「教師以外の人々との関係づくりが欠かせない仕事だ」では、双方とも7割あまりが回答しているが、「やりがい」「喜び」「社会の発展」などでは、附属の方が教職というものを肯定的に捉えていることが見られる。

②若い教師に不足していると考えられる力

この点に関しては、2002年に行った管理職教師調査と比較してみると、かなりの違いがあることがわかる（図11-1）。「経営・管理的能力」や「職業

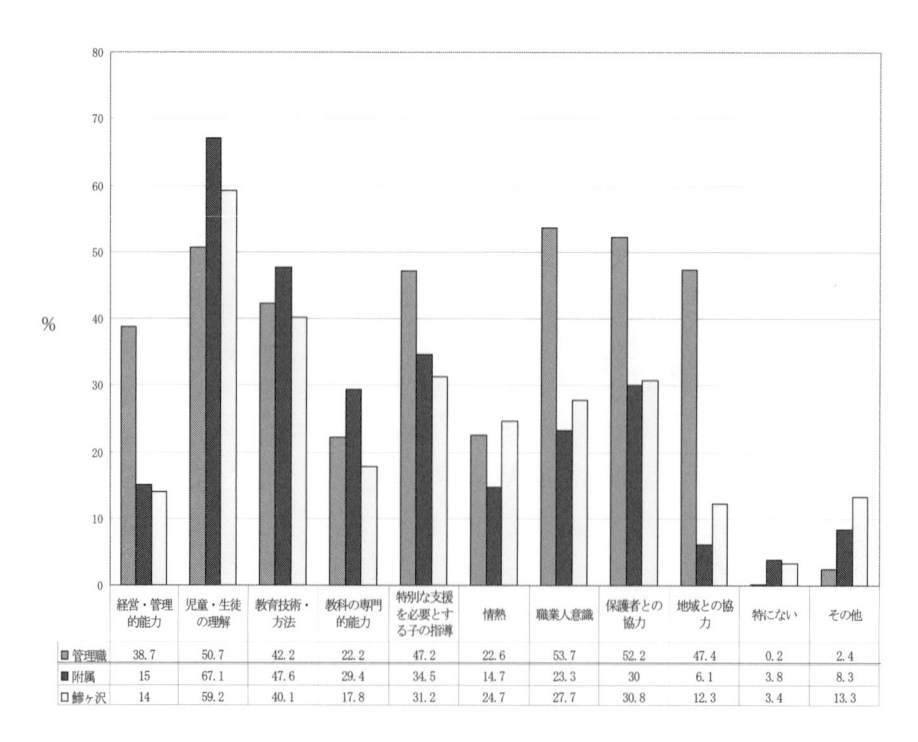

	経営・管理的能力	児童・生徒の理解	教育技術・方法	教科の専門的能力	特別な支援を必要とする子の指導	情熱	職業人意識	保護者との協力	地域との協力	特にない	その他
管理職	38.7	50.7	42.2	22.2	47.2	22.6	53.7	52.2	47.4	0.2	2.4
附属	15	67.1	47.6	29.4	34.5	14.7	23.3	30	6.1	3.8	8.3
鯵ヶ沢	14	59.2	40.1	17.8	31.2	24.7	27.7	30.8	12.3	3.4	13.3

図11-1　若い教師に不足している力量

人意識」が管理職の認識に比べて低いのは理解されるが、「保護者との協力関係づくり」「地域との協力関係づくり」においても附属、鰺ヶ沢双方ともかなり低く（「地域との協力関係」では鰺ヶ沢は附属の2倍のポイントだが）、保護者自身にその必要性はあまり意識されていない。具体的な地域を持っていない附属で回答が高くならないことについては、ある意味では当然だといえる。しかし、鰺ヶ沢において「地域との協力関係」に1割強の回答しか見られないということに、附属での結果と同様の解釈をすることはできない。ここには鰺ヶ沢における「地域」のかかえている課題が大いに含まれていることが考えられる。

③重要だと考える教師の力量

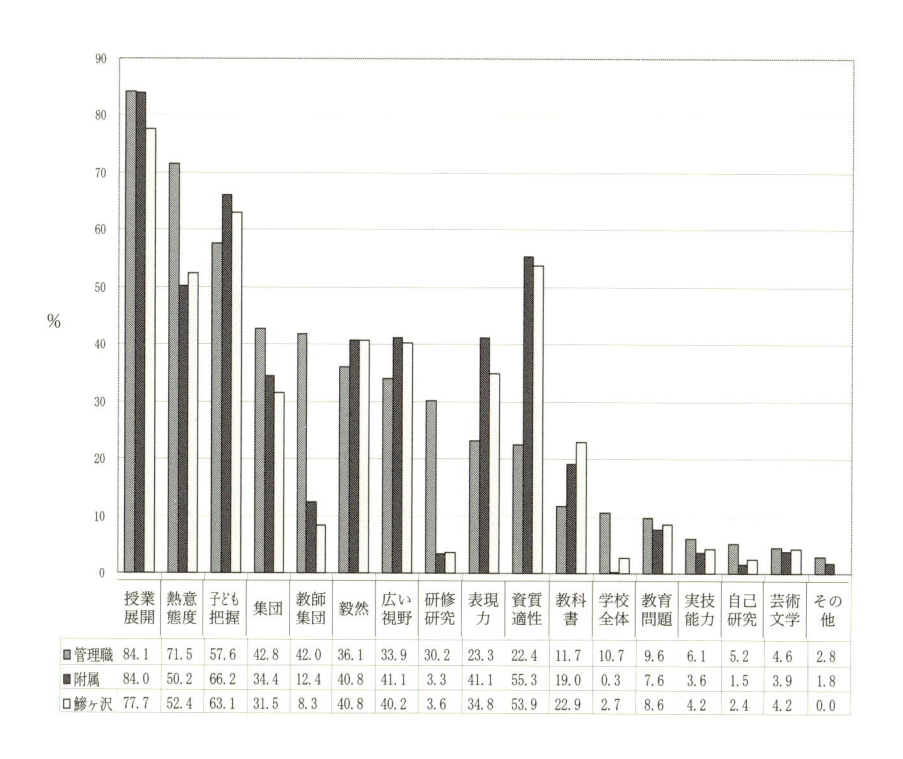

	授業展開	熱意態度	子ども把握	集団	教師集団	毅然	広い視野	研修研究	表現力	資質適性	教科書	学校全体	教育問題	実技能力	自己研究	芸術文学	その他
管理職	84.1	71.5	57.6	42.8	42.0	36.1	33.9	30.2	23.3	22.4	11.7	10.7	9.6	6.1	5.2	4.6	2.8
附属	84.0	50.2	66.2	34.4	12.4	40.8	41.1	3.3	41.1	55.3	19.0	0.3	7.6	3.6	1.5	3.9	1.8
鰺ヶ沢	77.7	52.4	63.1	31.5	8.3	40.8	40.2	3.6	34.8	53.9	22.9	2.7	8.6	4.2	2.4	4.2	0.0

図11-2　重要だと考える教師の力量

地域差は統計的に認められなかった。また、管理職調査と比較してみると、保護者の回答が「子ども」に対する項目で多くなっており、ここから保護者の教育要求が「子ども」中心なものとなっていることがわかる。特に、「教師集団の質を高めていく力」や「常に研修、研究に励む努力」に関しては圧倒的に低い。逆に高くなっているのは「子どもの資質、適性を見抜く力」や「子どもの思考や感情を触発し発展させる教師の表現力」であり、この点に関しての保護者の不満が表明されているといえる（図11-2）。

④期待する教師像

　ここでも目立った違いはない。「地域とのつながり」は鰺ヶ沢51.9％、附属34.3％とやや開きがある。「学校外教育」は鰺ヶ沢44％で、附属34.3％である。また鰺ヶ沢では、「受験技術に通じている」は小学校では37.7％であったものが、中学校になると61.3％へと24ポイントも急激に伸びている。受験がのしかかる中学校の実態そのものに、地域差がなくなっているのかもしれない。

⑤一般的教師像

　教師の私事化についてであるが、教師のプライベートな生活についてはおおむね双方とも支持している意見が多い（3分の2以上）。「地域においても教育的な役割を担うべき」は鰺ヶ沢がやや多いものの、3割程度で統計上の差はない。

3. 地域ニーズからみた教員養成の課題

(1) 地域ニーズと教育の住民自治

　一般の地域の学校と地域性の希薄な学校を比較してみたが、地域性の濃淡でもっての保護者の意識上の差異はあまり得られなかった。特に教員に対する期待や要望の点ではほとんど似通ったものであったし、中学生の保護者の意見ではその傾向が強くなっていた。鰺ヶ沢においては、「地域とのつながりを大事にする先生」への期待は半数である。若い教師に対しても、「地域

との協力関係づくり」が不足していると、必要性に目を向けているのは1割程度であり、「保護者との協力関係づくり」の3分の1である。しかも、こうした意見は中学校になると減少する傾向にある（地域は3ポイント、保護者は8ポイント程度、附属は逆に数ポイントずつ増加し、両者はあまり変わらなくなる）。以上のことは、鰺ヶ沢地域の学校の保護者の意識が、附属のような学校の保護者の意識に近づいていることを示しているのではないか。

　地域性を持つ学校の保護者が、なぜ地域性の希薄な学校の保護者と同じ傾向になるのか。そこには、子育てが地域とかけ離れたところで行われていることの問題が指摘できよう。特に受験期になれば、その傾向はさらに深まっているということであろう。子どもの教育が地域と分離することは、保護者にとっては地域で生きている＝地域をつくる営みと子どもの教育が分離しているということである。

　例えば、子どもの将来についての考えで、「地元に残したい」と述べているのは、附属では小学校から中学校で増加しているが(43.3%→54.9%)、鰺ヶ沢では減少しており(59.3%→44.8%)、数値は逆転している。中学生ぐらいになると、進学問題を含め親はより現実的に子どもの将来を考えるようにならざるをえない。その現実というのは、鰺ヶ沢における地域のかかえる具体的な問題である。残したくとも仕事がない等の理由で残せないという場合や、後を継がせる気にならなくなるほど、親が自分の職業に展望を見出していないということなどが予想できる。鰺ヶ沢の農林漁業・商工自営業の保護者に「子どもに後を継がせたいか」との質問では、「ぜひ継がせたい」との回答は一人もなく、「できれば継がせたい」も10%に過ぎなかった。また、中学校の保護者と生徒に町の魅力について質問を行ったところ、子どもは約半数が何らかの魅力を感じていたにもかかわらず、親の方は3割にも満たなかった。その理由は、経済面や公共施設、教育環境など様々存在するが、重要なことは、そうした問題点が改善されたとしても「子どもを残したくない」(8.7%)、「わからない」(39.3%)とする回答が合計で半数に達していることである。

　そうした意識は、学校と家庭の役割分担意識や学校への要望となって現れる（**図**11-3）。学校に責任があるとして多くが意識しているものは、「子ども

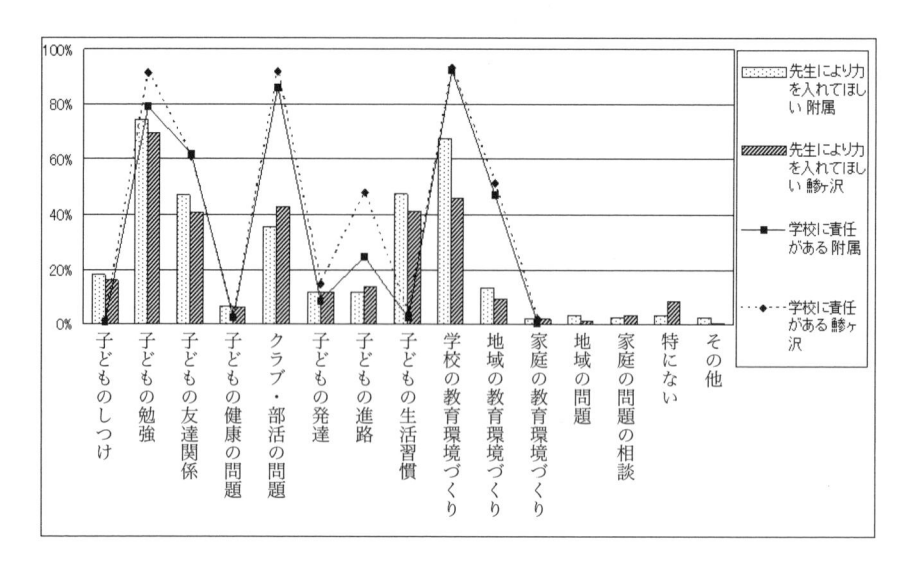

図11-3　学校の役割と学校への要望

の勉強」「クラブ・部活」「学校の教育環境づくり」であり、双方とも8割以上がそのことを認めているため「より力を入れてほしい」という意見は多い。次に「子どもの友達関係」が6割台で続くが、「地域の教育環境づくり」は学校に責任があるというのは半数を超しているものの、双方とも力を入れてほしいとは考えていない。これらはほとんど同じ意見分布である。しかし、その次に高い「子どもの進路」では、学校に責任有りというものが附属では2割程度であるが、鰺ヶ沢が5割近くなっており、大きな違いを見せている（双方とも力を入れてほしいという意見は少数である）。つまり、鰺ヶ沢では、子どもの進路について学校の責任を主張する親が多いという地域になっているのである。

こうした傾向を示すことで考えられることは二つある。

一つは、地域を発展させようとするおとなの営みが、その後継者をつくるという教育活動につながっていないことである。地域づくりの実践が教育活動となっていないということであり、その場合、子どもの教育においては「むらを育てる学力」は問題にならず、国がすすめる生涯学習政策（いつでもどこ

でも生きていけるための「生きる力」をつける自己教育力の養成）に呼応するような意識となっていく。親が自分のやっている地域づくりに自信を持てないでいる場合が多い。

　もう一つは、そもそも保護者自身が地域づくりということを考えないか、あきらめてしまっている場合である。地域の現状は厳しく、特に農林漁業や、地場産業など後を継がせても展望が見えないことが多い。よって、子どもにはどこに行っても何とかなるように、とりあえず学歴をつけて……といったような意識である。結果として、「むらを捨てる学力」（受験に勝ち抜いて地域外の有名高校、大学に入学する学力を獲得することを目的とするため、その結果として地域に戻らない）が求められることになる。

　どちらにしても、受験型の教育とは親和性を持ち、親の地域づくりの意思を学校に伝えようとする主体性を発揮するのではなく、「専門家」がやっている学校に依存するという形が一般的となっていく。子どもの将来は、進学競争の結果に委ねられるということになり、「子どもに任せる」型の将来像となる傾向を示している。親がやれることはせいぜい学校の「お手伝い」であって、自分達が学校を担っているという意識は弱くなっていく。学校行事という与えられたものには、「よく出席」するが（約8割）、保護者会やPTA役員など自分達が主体的に担うものについての参加は2～3割台であり、そのことが、「もっと学校の運営に参加できるようにする」というような教育改革には30％しか支持がない結果となって現れている（これらの数字は附属とほぼ同じ）。

　以上のことは、自らの参加によって教育行政の民主化や教育の住民自治の実現しようとする営みとは逆の動きである。住民自治にもとづく地域づくりが放棄されている場合、教育の住民自治が確立されるとは思えない。学校教育が地域性を希薄にしていくということは、どこに行っても同じような教育活動になってしまうというよりも、学校が住民全体の意思を直接反映する機関にならないということである。そしてそのことが、教員の専門職性の実現を阻む要因でもあることは前に指摘した通りである。

　国家的公共性が市民的公共性を凌駕するとき、公権力による教育への「不

当な支配」が行われる可能性がある。そうしたことを防ぐために、また、国民全体に対し「直接に責任を負って」行われるようにするために、教育機関は教育専門職制度と教育の住民自治という「教育の二原則」[9]に基づいて運営される必要があったのである。教育専門職は住民自治によって支えられるべきものであり、住民自治の力が発揮されないと、教育の独自性を確保するのは困難になるからである。

(2) 教育プロフェッショナルをめざして

　戦後日本の教育を見てみれば、日本国憲法や教育基本法の体制下におかれていたとはいうものの、その理念は実現されず、教員の専門職性を確立する条件となっていた教育行政民主化や教育の住民自治は達成されてこなかった。そして、そのことを自らの課題として、地域から改革を実現しようとする住民の動きも弱かったといえよう。大学で養成する新しい教員は、こうした地域に多かれ少なかれ飛び込んで行かざるをえないのである。

　よって、附属学校のような特殊な学校でなくて、一般的な地域の学校で仕事をする教員は、以上の点に自覚的であるべきである。すなわち、多くの場合、自らの専門職性を支える地域の中で仕事ができるわけではないという事実であり、その中で専門職性を発揮し、さらに高めていけるような力を身につけていかねばならないということである。

　さらに、弘前大学教育学部において、私たちが対象とする地域は、多くの場合周辺社会にある過疎地域であり、地域で生きていくことに対する厳しい現実があるのが一般的である。そこでは、何のために学ぶのか、何のために教えるのかといった教育実践の基本的認識として、子ども達を次世代の地域の担い手としてどのように育てていくべきかという課題が必ず存在している。学校教育の教員であっても、「地域関係労働者」としての側面を無視するわけにはいかない状況があり、このことは意識的に追究されるべき課題であると考える。

　住民自治の力が発揮されず地域性が希薄になっていく大きな理由として、

近代以降の地域が、国家的公共性の理念に基づく地域政策によってつくりかえられてきたことがあげられよう。また、教育政策との関連を見ると、学制発布以降の公教育の歴史は、この地域再編を支える人材養成という側面が中心的課題でもあった。戦前期における富国強兵や殖産興業がスローガンとなった時代、農村経済更正運動や国家総動員体制づくりの時代、それぞれが教育政策＝人材育成策を伴っていた。急速に発展した日本資本主義が「教育資本主義」ともいわれたように、近代化政策の一環としての地域政策は人づくり政策を必要としていたからである。

　戦後日本資本主義の展開も、同様の方式がとられていった。特に1960年代以降の高度経済成長政策は、全国総合開発政策（全総）を中核として推進された地域づくり政策でもあった。そこには、コミュニティ政策や地域活性化政策など、すでに用意された国の産業振興策に即した人材が、教育文化行政の再編を伴って養成され、開発政策を補完するという役割が期待されていた。さらに、低成長期に現れた新自由主義的改革では、地域の産業構造再編計画と同時に、「いつでもどこでも生きられる教育」をめざす生涯学習政策という自己責任型の教育改革を伴っている。すなわち、地域づくり政策も教育政策も、同じ国家的公共性を実現するという政策の中で一体化されているのが実態である。

　本来、資本主義の発達によって経済の社会化が進んでくると、生活の再生産は私的領域以外に広がることになり、血縁、地縁を超えた公共性＝市民的公共性をつくり出さざるをえない。地域社会の近代化によって明確化されたものは、私的所有の主体者であると同時に、政治的権利をはじめとする公的領域に直接関わる存在としての「市民」の形成という課題であった。その意味で、地域での住民の生活は国家権力に従属するのではなく、市民の要求や権利を出発点にして公共性を考えることであり、地方自治・住民自治はそのあり方を具体的に示すものであった。地方自治体が中央に対抗できる「地方政府」として力を強めていけるかどうかが、「官尊民卑」を脱却して市民的公共性を実現する日本社会の課題でもあったのである。そして、日本国憲法と教育基本法のもとでの教育制度も、親、教師の教育権を柱とする国民の教育

権と教育の住民自治をもって、国民主権に基づく公共性の理念を形づくっていた。それは住民にとって官治的な国家的公共性を変革しようとする営みと不可分のものであった。

しかし、私的領域の自律・自由が熟さないままに公権力がつくられていった日本の近代化において、こうした西欧市民社会型公共性はなかなか育たなかった。天皇がそのシンボルとなったように、「公」とは官（お上）のことであり、「公」を官が全て独占することによって、一般民衆は「無公」の「私」であり、「公的」とは国家的という意味に用いられ、お上の論理としての公共性が幅を利かすことになっていった。つまり、地域住民が市民的公共性を自らの課題としない場合、国家権力に抵抗する権利も実現せず、それを変革するための主体の創出には結びつかない。地域住民の要望や要求が支配の正当性を求める国家的公共性と対峙しないものであったならば、それらは必ずしも市民的公共性を現しているとは限らないのである。

マルクス主義教育学者矢川徳光は、戦後教育改革の中で推進されようとしたコミュニティ・スクールの実践を批判して、「地域の重視は警戒されねばならない」ことを指摘している[10]。「地域性の過大評価は、現実の地域社会を、そのままで、その内部の諸要素が相互援助的なものであるところの共同社会であるかのように思いこませる恐れが多い」、「地域性の過大評価は反動の温床になり易い」、「もし教育の地域計画を強調するあまり、教育の主体は地域社会であると考えるようなことでもあれば、それは全く現在の支配階級の思う壺にはまるものとなるであろう」、等々と述べている。すなわち、地域においては、教育の人民管理（教育の住民自治）を可能にするような民主主義が獲得されることがまず第一義的な課題であって、そうでない場合に住民の意志に単純に迎合する実践は、ファシズムの温床になりかねないことが強調されている。

教育プロフェッショナルは、こうした地域的現実の中で、住民を無視することも住民に迎合することもなく、教育の専門家として仕事をするということである。その際の基本になるのは教育の住民自治であるが、具体的にいえば教育機関の住民自治として、学校評議会や公民館運営審議会など、教育機

関の運営に対して住民に意思を直接に反映するしくみを生み出し、充実させていかねばならない。こうした仕組みが現実には存在しないか形骸化されているのであれば、住民の声を待つのではなくて、専門職としてそれらを「つくりだす」能力が求められているのだ。

　つまり、地域からの声というものは、教員にとってはそれをもとに自分の実践を考えるための資料であって、その声にそって実践することが求められているわけではない。それは専門職性の放棄である。教育という価値は多数決にはなじまないからである。「全体の奉仕者」としての教員は、その職業上の特殊性から、国家的公共性の実現を自己の課題として一面的に捉えるのではなく、同時に地域住民の声も「全体として」受けとめながら、そこから市民的公共性を探り出し、自分の仕事を追究するということが本来の姿である。「地域とのつながりを大事にする先生」とは以上のような姿勢でもって地域にのぞむ専門職であり、特に困難を抱える地域では、学校と地域を分離させる（学校での実践力に特化する）のではなくて、地域の教育をも担える教員が求められているといえよう。

　教員免許法上の大学での教員養成カリキュラムでは、教職専門科目、教科専門科目、教科教育科目の3種類が設定されている。それぞれ、「何のために教えるのか」「何を教えるのか」「どう教えるのか」という内容に関連している。教職の専門を学ぶ科目において「何のために」が課題となっているのは、教育の意義や目的というものが、個人の問題ばかりではなく社会とつながっているからである。社会の現状、この場合は地域の現状の中で「何のために」を理解できることが専門職として求められるということである。地域づくりや地域の住民自治のあり方という地域の実態は、専門職として発揮すべき力量において何が問われているかを探り出す重要な資料であるといえよう。

注
1　市民的公共性に関しては、拙稿「東北農村コミュニティ」、北爪真佐夫、内田司編『生活の公共性化と地域社会形成』（アーバンプロ出版、2003年）、参照。
2　佐藤三三「『教員養成学』の学問的性格」、弘前大学教育学部教員養成学研究セ

ンター『教員養成学研究』創刊号、(2005年、15頁)。
3 遠藤孝夫「教員養成学部の基礎理論としての『教員養成学』の創出」、弘前大学教育学部紀要教員養成学特集号、(2004年、13頁)。
4 現在の「教育学部案内」(2007年) に載せられているものは、最初の部分が「児童・生徒・成人に……」となっており、生涯教育課程 (いわゆるゼロ免課程) に対応する表現を用い、「人間の生涯発達を支援する2種類の教育プロフェッショナル―広い視野と新しい専門性を身につけた教師と、学校外教育や成人教育に関わる専門家―を養成します」としている。
5 奥田泰弘編『市民・子ども・教師のための教育行政学』(中央大学出版部、2003年)、40頁。学校教育法第28条には、校長も教諭も「上司からの命令を受け」という文言はない。教諭も自らの判断によって「児童の教育をつかさどる」のであり、校長も教諭に命令することはできず、両者の話し合いによって教育活動をするということである。また、図書館司書は図書館法第4条で、学芸員は博物館法第4条で同様の規定となっている。
6 配布対象学年・有効回答数は、附属小2年95名、5年85名計177名、附属中2年154名で、附属小・中の計331名、鰺ヶ沢A小 (全学年) 42名、B小 (全学年) 133名、A中3年161名で鰺ヶ沢小・中の計は336名である (回収率100％)。
7 拙稿「現代管理職教員の考える大学での教員養成に関する一考察」『弘前大学教育学部紀要』第89号、(2003年)、参照。調査は郵送法で行い、小学校から328、中学校から127、併設校から5計460の管理職による有効回答を得た (回収率73.6％)。この調査は、現場の管理職によって、教員養成学部出身教師とそうでない教師との違いがどのように意識されているのかを目的としたものであった。管理職の約半数からの共通した意見として、教員養成学部出身教師は、熱心で勉強をよくして、専門的知識が多く教え方のうまい先生で、かつ子どもの気持ちがわかるといった「まじめな」教師像であると認識されていることが把握された。また、同様に約半数の意見では、授業実践力を中心とした即戦力型の教師の力量が期待される教師として評価されていることから、大学での教員養成への地域からの意見として参考にした。
8 たとえば、2004年に同じ鰺ヶ沢町のA地区で実施した保護者調査によると、弘前大学教育学部改革構想については、「高度に実践的技術化された教師養成」や「特別支援教育に優れた教師養成」などは管理職調査と同じぐらいに60％程度の高い支持を得たが、「教員養成学」への期待は25％、「現職教員の支援教育」は20％に過ぎず、管理職の回答から半減している。
9 奥田、注5前掲書、8頁。
10 矢川徳光『新教育への批判』(刀江書店、1950年)。

第12章　教員養成学研究開発センター発足1年目の活動

福島　裕敏

　本章では、弘前大学教育学部附属教員養成学研究開発センター発足1年目（平成17年度）の活動を、その四つの特色である「全国初のセンター」「『教員養成学』の提唱」「教員養成改革のメイン・エンジン」「協働的アプローチ」に即して報告することとしたい。なお、活動の詳細は、センターHP (http://siva.cc.hirosaki-u.ac.jp/yousei/) 内のセンターニュース『協働』のバックナンバーを参照願いたい。

1．全国初のセンター──専任2名の配置とセンター室の整備──

　平成17年度4月1日より5年間、教員養成学研究開発センターは文部科学省の予算措置を受けて、新たにスタートした。専任教員2名が配置されることになった。それは、平成15年10月から学部内のセンターとして、教員養成学部としての責任を強く自覚し、大学における教員養成のあり方を模索してきた成果といえる。
　「教員養成学」を冠する全国初のセンターということもあり、地元の新聞2紙のみならず、全国紙にも紹介された。「教員養成へ実践主義」「教育現場の生の声を教員養成に反映」「現場の先生を教授に任用　教師養成に貢献期待」といった見出しからは、「現場と大学がより連携して教員養成に努めるシステムの構築」への期待が窺える。それゆえ、教員採用・研修の経験をもち、平成17年3月まで中学校校長を務めていた平井順治の教授就任にも注目が集った。
　6月には正面玄関に看板が設置され、新しいセンター室が完成し、センター

のロゴマークとWebサイトも開設された。これら環境整備とともに、同月には3月に退職されたばかりの元事務職員安田誠子氏が事務補助員として加わった。センター発足以来、陰日向に支援下さってきた同氏の力を再び借りることができたことで、センター運営がより円滑におこなわれるようになった。また、10月からは中野博之氏が事務局メンバーとして加わり、その機能強化が図られた。

2.「教員養成学」の提唱──全国発信の契機としての教大協研究集会──

「教員養成学」とは、大学における教員養成を体系的・組織的におこなうため、「教員養成カリキュラム研究」と「学部組織研究」との両面から研究する学問分野である。また、その成果を全国に発信し、他大学との交流を進めようとしている。

平井順治・センター専任教員の就任を伝える新聞記事

10月1日に本学において開催された日本教育大学協会研究集会は、教員養成学の提唱、全国への発信・他大学との交流を図る絶好の機会となった[1]。当日は200人近い参加者があり、分科会では21大学から34本のレポートが報告された。また「教員養成教育改革の検証と展望――「教員養成学」の構築に向けて――」と題するシンポジウムでは、横須賀薫（宮城教育大学学長・中央教育審議会教員養成部会専門職大学院ワーキンググループ主査）、高橋武郎（東京都教育庁指導課副参事・東京教師養成塾担当）、松木健一（福井大学教育地域科学部教授）といった今日の教員養成に関する政策、教育行政における実践、大学における実践それぞれの第一人者とともに、遠藤孝夫センター長が「『教員養成学』の可能性と課題――弘前大学教育学部の挑戦――」と題する報告をおこなった。このシンポジウムは、次の星野英興実行委員長の言葉にあるように、教員養成に対する弘大教育学部の責任をあらためて自覚させるものであった。

　シンポジウムのまとめで、横須賀氏は、「師範学校における実践的教育が、教職大学院という形での復活（?）に60年も要したのだから、学問としての教員養成学と言うのは100年早い」と断じた。これを受けた遠藤氏が、「教員養成学の構築が100年早いなんて思わない。2005年の弘前における教大協研究

日本教育大学協会研究集会（シンポジウム）

集会で、教員養成学が誕生したと、必ず後代まで語り継がれるよう努力する」と言い切り、参加者の万雷の拍手がこれに応じた。この遠藤氏の言葉に、今回の研究集会の全てが凝縮された。まさに、「弘前より、新たな教員養成の挑戦が始まった」のである。教員養成に責任をもつと自覚した我々でなければできない「教員養成学」を、忍耐強く着実に育てて行こう！（ニュース『協働』No.26、2005.10.19）

また、この集会は「教員養成に対する責任」が弘大教育学部において共有されつつあることを実感させる契機でもあった。本センターの運営委員全員がこの研究集会の実行委員会として参加した他、本学から6本（うち2本は附属学校園教諭による）のレポートが出された。さらに、6割近い本学学部教員の参加があり、他大学の出席者からは「主催学部の参加率がこんなによい大学・学部は聞いたことがない」との賛辞が寄せられた。

3. 教員養成改革のメイン・エンジン

(1) カリキュラムの〈開発─検証─改善〉

本センターの最も重要な使命は、平成16年度入学者から適用されている新しい教員養成カリキュラムの〈開発─検証─改善〉をおこなうことにある。うち、センターが中心となって実施しているのは、1年生向けの「教職入門」と4年生向けの「教員養成総合実践演習」である。

① 2年目を迎えた「教職入門」

「教職入門」は、従来の講義中心のものから学校現場との繋がりをより意識したものへと改革されてから、今年で2回目を迎える[2]。9月上旬の4日間、教職志望の教育学部1年生を主とする260人が参加した。夏休み中にもかかわらず、初日の欠席者は1人、遅刻者0人、開始10分前に全員集合・着席と、その意欲的な授業態度が印象的であった。

前半には、大学教員による講義と小中学校教諭とカウンセラーによる講

第12章　教員養成学研究開発センター設置1年目の活動　249

教職入門（公立校における観察実習）

教職入門（パネルディスカッション）

話・パネルディスカッションとが、1日ずつおこなわれた。第2日目の講話・パネルディスカッションは、佐藤康子(元青森市立造道小学校校長)、新潟春夫(つがる市立柏中学校教頭)、田中清(八戸市立病院精神神経科主任臨床心理士)の各先生から、自身のキャリア形成史を交えながら、教職の意義と役割について講話いただき、その様子は「先生って面白い。現役教師がアドバイス」と地元紙に紹介された。

後半2日間は、この授業の山場である観察実習が近隣の公立小中学校でおこなわれた。学部教員17人の引率・指導のもと、学生たちはグループになって学級に入り2、3校時の授業を観察した。終了後は、大学に戻り、その成果をグループごとに議論した。さらに、最終日には全体会がもたれ、グループ代表が小・中の先生や子どもの生き生きとした様子を交えながら、観察実習の成果を報告し合った。次の受講生の感想からは、この4日間が、学生たちに自身が教職キャリアのスタート地点に立ったことを自覚させ、大学で学ぶことの意味を再確認させる機会になったことが窺える。

　　「教職入門」を通して、わたしははじめて弘前大学に入学してよかったと思った。大学入試のためのセンター入試が終わって目標がなくなり、大学に入っても勉強にやる気が起きず、だるく退屈な前期を送ってしまった。しかし、この「教職入門」での佐藤康子先生の講話や観察実習を通して、「先生になりたい」と初めて心から思うことができ、「よい先生になる」という目標ができた。「よい先生」になるためには、多くの知識を身につけることも大事だが、多くの人の生き方や考え方を聞いて、自分のものにしていくことが大事だと思う。何より、真剣に学ぶ姿勢が大切だと思った。また、各グループ討議で、平井順治先生にいい先生になるための資質や技を聞いて、とても興味が持てるものであり、勉強になった。「よい先生」になるため、これからは感性を張り巡らせて資質や技を自分でどんどん見つけて、吸収していこうと思う。

　「教職入門」は2年目を迎え、そのスタイルが定着しつつあり、4日間のプログラムの連関性も増してきたように思われる。講義・講話を踏まえて、より明確な視点をもって観察に臨むことができ、グループごと・全体での振り返る際の共通の視点にもなっていた。さらに、教職キャリア形成の入口にいる1年生に対して、今後の学びのあり方を強く方向づけることができたように思われる。ただし、より効果的な学習を生み出すため、前述のプログラム間の連関性を精査することが課題といえる。

②「教員養成総合実践演習」の試行

大学4年生と大学院2年生を対象にした「教員養成総合実践演習」は、本年度より試行科目として実施された[3]。なお、この科目の試行に当たっては、日本教育大学協会から研究助成を受けた。この科目は学校サポーター活動と、前期週1コマ、後期週2コマの講義・演習からなり、院生5人を含む45人が参加した。その目的は、大学での講義・演習と学校サポーター活動の「往還」を通じて、教職や現代的教育課題についての理解を深め、授業技術と協働的実践力の向上を図ることにあった。

学校サポーター活動では、受講生は、小学校6校、中学校4校、高等学校1校（うち青森市の小中学校各1校、それ以外は弘前市に所在）のいずれかに通い、週1回以上、TAによる個別指導、学校行事や校外活動などの補助などに従事した。また、多くの学生が4年次の教育実習を学校サポーター活動に入っている学校でおこなった。学生たちからは、「教師の仕事・子どもの様子を1年という時間的流れの中で理解し、そのために必要な知識や技術が一定程度高まった」「子ども一人ひとりに注意を払うようになった」など、自らの教師としての資質の向上に役立ったという意見が多かった。一方、学校側からは「よりきめ細かい指導の充実など、学校教育の支援に役立っている」とい

学校サポーター活動（小学校算数のTA）

教員養成総合実践演習（RPによる現代的教育課題発表）

学校サポーター活動（大学での省察活動）

う意見が寄せられ、弘前・青森両市教育委員会からも学校サポーターの増員が要請されている他、近隣市町村からも派遣を求める声が寄せられている。しかしながら、初めての試みということもあり、学生、受け入れ側の教員・学校双方に、「何をすべきか」「何をさせるべきか」をめぐる戸惑いが少なく

第12章　教員養成学研究開発センター設置1年目の活動　253

教員養成総合実践演習（生活指導事例研究）

教員養成総合実践演習（「達人」による公開模範授業）

なく、事前・事中・事後の学生に対する指導、受け入れ校と大学との連絡調整を強化していく必要がある。

　一方、大学における講義・演習「教員養成総合実践演習」は、前期は「現

代教育課題」を、後期は「授業技術研究」を中心におこなわれた。また月1回程度の学校サポーター活動の「省察（振り返り）」や生活指導事例研究もおこなわれた。前期の「現代教育課題」では、各グループがいじめ、「開かれた学校づくり」などについて調べ、その成果をロールプレイなどアクティブな方法で報告した。学生たちの間で「最も役立った」と高い評価を受けたのは「ADHD・LD児」についての発表であったが、それは多くの学生たちにとって、これらの子どもとの関わりが、学校サポーター活動において課題になっていたことによる。

　後期は、教育実習の振り返りに始まり、青森県小学校理科教育研究大会、「授業の達人」こと佐藤康子氏による公開模範授業、附属小学校教員（毛内嘉威先生（道徳）、宮崎研也先生（算数）、西山のぞみ先生（国語）、平川公明先生（社会））による「質の高い授業に学ぶ」シリーズ、青森市立浜田小学校の道徳教育公開発表会、さらに学生自身による模擬授業、というように授業技術研究がその中心であった。受講生による授業評価では「佐藤先生から学んだ生徒への声かけ、机間巡視のやり方が大変参考になった」「公開模範授業で生徒の意見をまつ姿勢を意識したおかげで、サポーター活動で生徒の考えを引き出すことができた」など、授業で学んだことが学校サポーター活動に役立ったとする意見が多く寄せられたが、それだけに「もっと早めにやってほしかった」という意見もみられた。

　省察活動では、学生たちは自らの学校サポーター活動の経験を報告し、グループによる検討を通じて、その省察を深めていった。学生たちからは、「主観的な判断を客観視できる機会は貴重であった。自分の行動を多様な側面から捉える視点をいくらかでも養えたと思う」「様々なグループワークの中で同じような経験や似たようなことを考えている人がいて、共感しながら話ができたり、方向性を話したりできた」などの感想が寄せられている。しかしながら、その時間が十分に確保できなかったこと、また単なる感想に終わることが少なからずあったことなどが改善点として指摘されている。

　「体力的・時間的・精神的に厳しい……が、やってよかったと思う」。この言葉が「教員養成総合実践演習」「学校サポーター活動」受講生全体に対する

評価を端的に表していると思われる。実際、教員採用試験や卒業論文を抱える中で、週1回の学校サポーター活動、講義・演習、さらに模擬授業や現代的教育課題の発表に参加することは、受講生たちに大きな負担になったことは間違いない。しかしながら、教師を志す者たちにとって、これらの経験は意義深いものだったことも確かである。

この科目は、来年度も試行科目としておこなわれる。現在51人の参加希望者があるが、大学での講義・演習と学校サポーター活動の「往還」をより円滑・効果的におこなうべく、講義・演習の内容や省察活動のあり方を精査していくことが一番の課題といえる。

(2) 検証改善体制強化と内部研修の主導

①開発検証改善体制の強化

教員養成学センター内には、当初15のWGが設けられていた。しかしながら、12月に図12-1のように7つに改編された。それは、「恒常的実習」検討WGのTuesday実習委員会への移行など、この間の学部の組織変更にもよるが、教員養成カリキュラムの〈開発─検証─改善〉に本格的に取り組む体制づくりというのが一番のねらいであった。その中核を担うのが「教員養成検証改善WG」であり、センター長自らがチーフを務めている。このWGの使命は、教員養成に関わる課題を総合的な視点から検討し、教員養成活動の検証の実施とその改善に向けた基本的方向性を検討することにある。

当面の課題としては、旧カリキュラム(現3、4年生対象)の検証と新カリキュラム(現1、2年生対象)の具体化・血肉化にある。その手始めとして、3月には「教員養成学研修会」と称する学部教員に対する研修会を開催した。会では、2月に本年度卒業生を対象に実施したアンケート結果の一部が報告され、教職科目や実習関連科目などが教員としての資質能力の形成にどのようにどの程度寄与しているのかが報告された。また、新カリキュラムの概要と、「教職入門」や「教員養成総合実践演習」といった実習関連科目の各々のねらいや実施状況が説明された。このような内部研修会の開催は初の試みであった

256　第2部　教員養成学に基づく教員養成の実践・検証

```
        改編前                                    改編後
 1 新カリキュラム実施検討WG          ⎫
 2 教育効果検証検討WG               ⎬  ① 教員養成検証改善WG
 3 教員に必要な資質・能力検討WG      ⎪
 4 学校臨床研究方法検討WG            ⎭
 5「教職入門」担当WG           →   ②「教職入門」担当WG
 6「教員養成総合実践演習」担当WG →   ③「教員養成総合実践演習」担当WG
 7 教育実習手引き改訂WG        →
 8 センター広報担当WG          →   ⑤ センター広報担当WG
 9 センター主催行事企画担当WG  →   ⑥ センター主催行事企画担当WG
10 センター紀要編集WG          →   ⑦ センター紀要編集WG
11「教職基礎知識テスト」検討WG ⎫
12 教育委員会との折衝担当WG   ⎬   センター事務局業務へ
13「恒常的教育実習」検討WG    ⎭   Tuesday実習委員会
14 小学校教員養成検討WG       ⇨   Tuesday実習委員会小学校小委員会に委託
15 大学院教育検討WG           ⇨   大学院GPWGへ発展解消
```

図12-1　センターWGの再編

教員養成学研修会

が、新カリキュラムを効果的に実施していく上で、そのねらいについての共通理解を図っていくことが重要と思われ、今後も継続していく必要がある。次年度より実施される3年次のTuesday実習（年10回の附属小中学校で観察を中心とした実習）の検証と、平成19年度から正式に始まる4年次の研究教育実習、学校教育支援実習、さらに自律的発展力向上科目の実施準備が、来年度の課題になると思われる。

②内部研修の主導

前述の日本教育大学協会研究集会も、内部研修会としての性格を色濃くもつものであり、実際、「これまでに、教科の枠組みの中で教員養成カリキュラムについて考えることはありましたが、教科をこえたマクロな視点から考える機会はありませんでした。視野を広げるきっかけになりました」といった感想が、この集会に参加した学部教員から寄せられている。

この他、センター主催行事として、スウェーデン・ウメオ大学のゲイビィー・ヴァイナー教授による講演会を11月におこなった。この講演会には学部教員31人、附属校園1人に加えて、16人の学生の参加があった。氏

ヴァイナー教授と小嶋兼任教員（通訳）

の講演は、「ヨーロッパの教師教育に近年影響を及ぼしているもの」という題でおこなわれ、教師教育・教師をめぐる状況を、新自由主義と社会民主主義のクリアーな対比のもと、「専門職性」「研究の位置づけ」「女性化」「伝統」「グローバリゼーション」をめぐる諸問題を浮き彫りにしていた。たとえば、「専門職性」については、社会民主主義では教師教育が大学においておこなわれ、研究と知識を基盤とした専門職性が求められ、専門職の自律性が重んじられ、そして対話が強調されている。それに対して、新自由主義では「脱あるいは再・専門職化」が進んでおり、外部からの統制が強まり、専門職への「低い信頼」がみられると主張する。これらの視点は、教職大学院をはじめとする日本の教師教育改革を評価していく上でも示唆的であり、より広い社会的文脈から教師教育の問題を考える必要性をあらためて自覚させるものであった。

4. 協働的アプローチ——進む学内・学外における協働——

　本センターには、専任教員2名の他に、学部長や附属校園校長など様々な役職・専門学問分野の教員が兼任教員・オブザーバーとして加わり、質の高い実践的指導力の育成を目指して協働的に取り組んでいる。その取り組みは少しずつセンター専任・教員以外にも広がりつつあるように思われ、前述したように日本教育大学教育協会研究集会には6割近くの弘大教育学部教員が参加し、3月におこなわれた研修会では50人近い出席があった。

　また附属校園との協働も進んできたように思われる。今年度は、これまで学部と各附属附属校園が別々に発行していた「教育実習の手引き」を1冊に合本化するための作業や来年度から始まるTuesday実習に向けた準備が進められ、より具体的なレベルでの両者の連携が図られるようになってきている。また小学校の公開研究会では、教科教育のみならず、教科専門の学部教員が公開授業をおこなうなどの場面もみられた。その一方で、前述した「質の高い授業に学ぶ」シリーズや附属小学校児童を対象におこなった佐藤康子先生による公開授業などは、附属小学校の全面的な協力があってこそ実現したも

第12章 教員養成学研究開発センター設置1年目の活動　259

弘前市教育委員会との協定書調印式

青森市教育委員会との協定書調印式

のであった。
　さらに、公立学校や教育委員会との協働体制も構築されつつある。専任教員の1人は青森県教育委員会からの派遣によるものである。また学校サポー

弘前大学教育学部 **教員養成学研究開発センター・ニュース**

協働 (Collaboration)

特別サポート校版 サポート校・大学を結ぶニュース（年5回）

協働 通巻 第 16 号
（2005年度第9号）
2005.6.16
特別版 1 号

センター長 遠藤孝夫
編集委員 大谷・福島

子どもの学びを支援する学校サポーター活動の模索を
―ニュース「協働」特別版の発刊にあたり―

教員養成学センター長 遠藤孝夫

　弘前市5つの小学校、3つの中学校、青森市小・中各1校、弘前中央高校での「教員をめざす学生による教育活動支援」が開始されました。4年生と大学院2年生、前期41名、後期60名以上の派遣が予定されています。サポート校の先生方にはお忙しい中、学生を引き受けて下さりありがとうございました。

　さて、新科目「教員養成総合実践演習」とサポート活動を連携させ、大学の授業として実施しているところは全国でも少なく、その取り組みは注視されています。この事業の目的は、子どもの学びを支援することにあり、この目的からサポート内容を検討していく必要があると思います。そのためには、公立学校・附属学校園・大学の意思疎通が必要であり、協働が求められると考え、その一つの橋渡しとしてニュース「協働」特別版の発刊を企画しました。学校でのサポートの様子、子どもの姿、学校の考えかたや取り組み、大学の考え方、学生の省察について等、生の情報を提供しともに模索していきたいと考えております。そして、その結果、子どもたちの学びの支援に役立ち、協働的実践力のある教師の卵が成長したならば幸いです。

算数サポート重視の弘前市立小沢小学校の取り組み

　小沢小学校は下記のように学校サポーターの活用を計画し、それに基づき学生サポーター6名が5月下旬から活動を始めました。本号は、小沢小の取り組みを紹介します。

学校サポーターについて　　小沢小学校教務部

1．ねらい　学習内容の理解に個人差が出始めると考えられる、3年から5年に所属してもらい、算数の底上げをはかったり、学習活動のお手伝いをお願いする。

2．期間　省略

3．配属と実施方法

毎週火曜日ー3名	毎週木曜日ー 2～3名
1時間目　4年2組	1時間目　5年1組
2時間目　4年1組	2時間目　5年3組
3時間目　3年1組	
4時間目　3年2組	4時間目　5年2組

＊担任が授業を進め、3名がサポーターに入る。
＊習熟度や課題別学習も可能である。
＊校外学習（田植え、リンゴの栽培等）や総合的学習の時間のサポートにも必要に応じて対応する。

4．その他
・吹奏部のお手伝いは、Gさんに火曜日のみ依頼する。
・給食は学校で準備し、各クラスで食べる。

5年生算数のサポート

小沢小サポーターの感想　その1

　児童と廊下ですれ違うたび、見慣れない私達への視線が集中していた。同時に、どの学年の児童も「こんにちは」と挨拶してくれるのが「これからよろしく」と言われているみたいで嬉しかった。
　サポーター活動は主に算数のTAだが、授業を見られる緊張のせいか、休み時間とは異なる児童の一面が見られた。まだまだ手探り段階だが、小沢小の児童や先生方、そして私達自身のためにもプラスになるように活動していきたいと思う。（Gさん）

センターニュース『協働』特別サポート校版

附属小学校における「質の高い授業」に学ぶシリーズ

県議会文教公安委員会に対するセンター事業の説明

ター活動は、弘前市教育委員会・青森市教育委員会と本学教育学部との「教員を目指す学生による教育活動支援に関する協定書」にもとづくものである。さらに、この学校サポーター活動のみならず、教職入門や協力校実習なども、

公立学校の協力あってこそ、実施可能なものである。

　しかしながら、学内・学外を問わず、異なる利害や関心をもつ者が、よりよい教員の養成という共通目的に向けて協働していくためには、実際の具体的活動をめぐる情報・意見交換を丁寧におこなっていく必要がある。その意味で、センターニュース『協働(collaboration)』が果たした役割は大きいと考える。このニュースを創刊し、執筆・編集を精力的におこなってきている大谷良光副センター長は、2004年10月の創刊号において「教員養成学研究開発は、……教育学部全構成員の協働で行われるものと考えます。ニュースがその連携の場になればと願うものです」と述べている。今年度の発行回数は30回にのぼり、学内(含む附属校園教員)を対象とした通常版に加えて、「特別サポート校版」が年4回発行されている。この「特別サポート校版」は、学校サポーター活動受入校の他、弘前市内の小中学校などにも広く配布されており、教員養成に関わる様々な学内・外の活動を紹介している。

　また青森県議会文教公安委員会訪問、弘大教育学部と青森県教育委員会、弘前市・青森市小学校中学校校長会、本学部同窓会などとの連絡協議会において、センターは積極的に活動報告と意見交換に関わってきたが、異なる利害・関心をもつ者を繋ぎ、活動や議論の方向性を示していくコーディネーター的役割を、センターが積極的に果たしていくことが求められているように思われる。

おわりに——教員養成改革下におけるセンターの活動——

　近年、教員養成改革をめぐる議論が活発化してきている。昨年12月に出された中央教育審議会答申中間報告では、改革の具体的方策の一つとして「教職課程の質的水準の向上——大学で責任を持って教員として必要な資質能力を確実に身に付けさせるための教職課程の改革——」が提起されており、「各大学における組織的指導体制の整備」の必要性が指摘されている。

　本センターの創設は教員養成学部としての責任の自覚化にもとづくものであり、より実践力をもった教員養成をおこなうためのカリキュラムの〈開発

－検証－改善〉や学内・学外との協働体制の構築を進めてきた。特に、本センターが実施している「教員養成総合実践演習」は、中央教育審議会中間報告が提唱する「教職実践演習」と重なるところも少なくない。また検証改善WGを中心とした活動も、同中間報告のいう「教職課程に係る事後評価制度の導入」とその関心を一にするものである。

この他、教職大学院の創設などにも注目が集まっており、教員養成の激動期を迎えているといえる。これらの改革動向を無視するつもりは毛頭ないが、現実の学校現場の様子に目を向け、教員を目指す学生たちと向き合いながら、地に足のついた実践を重ね、その到達点と改善点とを見極めつつ、大学における教員養成のあり方を「学」として考えていく必要がある。

注
1 研究集会における分科会、シンポジウムの内容については、『日本教育大学協会2005年度（平成17）年度研究集会報告集』(2005年) を参照のこと。
2 平成16年度の教職入門の内容と効果については、本章第5章の太田伸也「一年次教職科目『教職入門』における『教育実習観察』の効果と課題に関する一考察」に詳しい。なお、平成17年度からは、観察実習は附属校から公立校での実施に変更となった。
3 この科目の目的などについては、大谷良光、平井順治、福島裕敏「新科目『教員養成総合実践演習』と学校サポーター活動の往還により教師力を養成する試み」『教員養成学研究』第2号、(2006年)、35-44頁を参照のこと。

あとがき

　本書は、平成16年度から開始された3年間の科学研究費による共同研究「『教員養成学』の創出と新たな教員養成システム開発に関する基礎的研究」の研究成果の一部をまとめたものであるとともに、平成17年4月から専任教員の配置を受けて本格的な活動を開始した教員養成学研究開発センターを中心に展開されている弘前大学教育学部の教員養成改革の取り組みを中間総括的に世に問うことを意図したものである。

　本書の各論考の多くは、既に日本教育大学協会研究集会をはじめとする関係学会・研究会等で報告され、関係する学術雑誌等に発表された論文がベースとなっている。本書に収録するにあたっては、多くの論考で若干の補正・改訂が施されている。本書の各章とそのベースとなった初出論文・掲載雑誌との関係は次の通りである。

序　章…………「教員養成学部の基礎理論としての『教員養成学』の創出——教員養成教育論の展開から見たその意義と課題——」『弘前大学教育学部紀要』(教員養成学特集号)、2004年3月

第1章…………「『教員養成学』の学問的性格」『教員養成学研究』(弘前大学教育学部教員養成学研究開発センター)、創刊号、2005年3月

第2章…………「『教員養成学』の可能性と課題——『学』としての独自性の視点からの一試論——」『弘前大学教育学部紀要』第94号、2005年10月

第3章…………「林竹二の学問観と宮教大の教員養成教育改革」『弘前大学教育学部紀要』第95号、2006年3月

第4章…………「教員養成カリキュラム改革と教育実習関連科目の体系化の試み」『平成16年度日本教育大学協会研究集会報告書』、2005年1月

第 5 章…………「一年次教職科目『教職入門』における『教育実習観察』の効果と課題に関する一考察」『教員養成学研究』(弘前大学教育学部教員養成学研究開発センター)、創刊号、2005年3月
第 6 章…………「教員養成カリキュラムの体系化とその効果―教育実習関連科目が学生の自我同一性に及ぼす機能―」『教科教育学研究』第23集、2005年3月
「教員養成カリキュラムの体系化と教職志向性の発達―体系化『元年』入学者の2年目と新旧比較―」『平成17年度日本教育大学協会研究集会報告書』、2006年1月
第 7 章…………本書書き下ろし
第 8 章…………「新科目『教員養成総合実践演習』のカリキュラム開発―教員養成総合実践演習と学校サポーター活動の往還プログラム―」『日本教育大学協会研究年報』第25集、2007年3月
第 9 章…………本書書き下ろし
第10章…………本書書き下ろし
第11章…………本書書き下ろし
第12章…………「教員養成学研究開発センター設置一年目の活動」『教員養成学研究』(弘前大学教育学部教員養成学研究開発センター)、第2号、2006年3月

ところで、本書の「はしがき」にも記した通り、弘前大学教育学部の教員養成改革は、「教員養成学」という新たな学問領域の創出を根底に据えつつ、全国初となる「教員養成学研究開発センター」を推進組織として展開されていることに大きな特徴がある。この間、本書の各章で紹介されているように、4年間の教員養成カリキュラムの体系化、1年次から4年次まで切れ目ない学校現場体験の配置(平成16年度入学生から)、1年間を通して恒常的に行う教育実習=「Tuesday実習」の導入、大学と学校現場との接点に位置する4年次学生を対象として、中教審答申で導入が提案された「教職実践演習」とも類似した側面を持つ「教員養成総合実践演習」の試行等々、様々な教員養成の

カリキュラムと組織体制の改革を行ってきた。

　これらの一連の教員養成改革の初年度の学生たちが、この4月からは4年生となり、平成20年3月には大学を巣立ち、その多くが学校現場へと入っていく。子どもや地域社会からも信頼される教育活動を展開できる力量を備えた教員を養成することができたのか否か、弘前大学の教員養成改革の真価が、いよいよ問われる段階を迎えることになる。本書でも指摘したように、「教員養成学」は、教員養成活動が学部教員の自己満足や独善に陥らないように、不断に自らの活動を相対化・検証し、より良い在り方へと改善していくことを志向した実践的学問である。その意味では、教員養成改革が一巡目を迎えるこれからの時期にこそ、「教員養成学」とその理念を踏まえた検証・改善の諸活動が重要性を持つことになる。そして、教員養成活動の検証・改善の必要性ということは、弘前大学以外の全国の大学にも指摘できることと思われる。その時に、本書で紹介している「教員養成学」の考え方が、何がしかのヒントになることができるとすれば、望外の幸いである。

　最後に、学術図書の出版事情が極めて厳しい状況下で、東信堂の下田勝司社長には、本書の刊行を快く引き受けていただいた。東北の一地方大学のささやかな取り組みを、このような形で全国に向けて発信することができた。下田社長に心よりお礼を申し上げるとともに、質の高い教員養成の実現を目指して今後もなお一層努力することを誓って、あとがきとしたい。

　2007年9月

執筆者を代表して
遠藤　孝夫

■執筆者紹介（○印は編者）

○遠藤孝夫　岩手大学教育学部教授（教育史専攻、2007年3月まで弘前大学教育学部教授）
○福島裕敏　弘前大学教育学部准教授（附属教員養成学研究開発センター専任教員）
　佐藤三三　弘前大学教育学部教授（社会教育専攻、学部長）
　豊嶋秋彦　弘前大学教育学部教授（臨床心理学専攻）
　太田伸也　弘前大学教育学部教授（数学科教育専攻）
　花屋道子　弘前大学教育学部准教授（発達心理学専攻）
　平井順治　青森市立佃中学校校長（2007年3月まで弘前大学教育学部附属教員養成学研究開発センター専任教員）
　伊藤成治　弘前大学教育学部教授（解析学専攻）
　長﨑秀昭　弘前大学教育学部准教授（国語科教育専攻）
　中野博之　弘前大学教育学部准教授（数学科教育専攻）
　大谷良光　弘前大学教育学部教授（技術科教育専攻）
　齋藤尚子　弘前大学教育学部講師（家庭科教育専攻）
　山田秀和　弘前大学教育学部講師（社会科教育専攻）
　小嶋英夫　弘前大学教育学部准教授（英語科教育専攻）
　猪瀬武則　弘前大学教育学部教授（社会科教育専攻）
　大坪正一　弘前大学教育学部教授（教育社会学専攻）

索　引

(ア)

アイデンティティ	124
アカデミィ	74
アカデミシャンズ	6, 59
天野正子	88
在り方懇	3
──報告書	12-15, 27, 46
アリストテレス	67
稲垣忠彦	54
岩浅農也	66
ヴィゴツキー	43
英語科教員養成プログラム	175
英語教育	175
エデュケーショニスト	6, 59
往還	164, 251, 255
応用科学モデル	180
小笠原道雄	3, 16
岡本祐子	124
オートノミー	175

(カ)

概念砕き	201
開発－検証－改善	248
学習訓練	165
学習指導案	160
学生評価	131
学校教育支援実習	98
「学校サポーター」活動	96, 157, 160, 255
学校生活体験実習	98, 131, 135
学校組織	138
学校臨床	155, 157
学校臨床研究	157
学校臨床⇔学校臨床研究の往還	157
学校臨床科目	88, 91, 135
加藤厚	125
加野芳正	3, 16
観察実習	102, 131, 159
机間巡視	147
危機体験	124
──の進行	130
擬似 KJ 法	143
城戸幡太郎	6
教育委員会	259
教育改革	174
教育学的スキル	178
教育刷新委員会	4, 5
教育支援活動	160
教育実習	11, 158
──観察	102
──研究	121
──の観察実習	99
──の参観	117
教育実践研究	166
教育職員免許法	46
教育専門職制度	222, 223, 240
教育プロフェッショナル	221, 222, 242
教育の住民自治	240, 242
教員採用選考試験	158, 165, 255
教員の自己形成過程	122
教員発展科目	88, 93, 135
教員養成	245
教員養成学	3, 4, 18-21, 37, 87, 94, 220-222, 224, 246

（附属）——研究開発センター	21, 31, 245	ケース・メソッド	60, 61
——研修会	255	研究教育実習	157
——の定義	120	現代（的）教育課題	162, 254
教員養成カリキュラム	155	小泉構造改革	218, 219
教員養成教育論	3, 5	「効果」研究	120
教員養成総合実践演習	95, 97, 157, 251	効果検証	20, 53, 54, 135
教員養成の開放制	5	検証	247
教科教育法	151	構成・実践・実習	205
教科指導	145	合同研究室	80
教師教育	51, 258	国立の教員養成系大学・学部のあり方に	
教師教育学	35	関する懇談会	3, 219
教師教育学会	35, 51	個人的特性	179
教師の働きかけ	106	国家的公共性	220, 239, 241-243
教師力	157	コーディネーター	262
教材研究	145	子どもの発達段階	136
教授学	10, 11, 80	コミュニケーション	147
教職アイデンティティ論	124	コラボレイティブ・アクション・リサーチ	
教職キャリア	250		178
教職キャリア論	99, 124	コラボレイティブ・ティーチング	177
教職実践演習	263	コラボレイティブ・ラーニング	177
教職志望強度	129	コラボレーション	175
教職適性感	130		
教職導入科目	90	〔サ〕	
教職入門	97, 102, 122, 135, 248	斎藤喜博	11, 70, 80
——体験	130	佐久間亜紀	26
——の効果	123	佐藤学	60
——の大改訂	98	参与観察	216
協働（的）	57, 258	自我同一性地位尺度	125
協働的アプローチ	56, 258-262	自己投入	124
協働的実践力	159, 162, 167, 171, 251	自己評価	136, 143
共同の追究	207	指示・学習活動・板書	202
倉橋惣三	6	社会科教員養成プログラム	197
クラフト・モデル	180	集中（的）実習	98, 135
紅林伸幸	121	シャイン, E.	88
経験知	203	自己形成科目	88, 90, 92, 94, 135
形式陶冶	200	実習生自身の系統性	198

実習知	203	自律的	140, 148
実践知	164	——成長	171
実践的教育力	174	自律的発展向上	142
実践的指導力	157, 258	自律的発展力	96
——育成	197	自律的発展力向上演習	97
実践的能力育成	197	自律的発展力向上科目	257
実践的能力基準	217	自律力	89, 94
実践力	142	新カリキュラム構想	87
指導者の役割	179	新々カリキュラム構想	95
児童生徒の活動	102	スキルのマイクロ化	209
児童生徒の反応	106	スクールカウンセラー	99, 122
児童生徒の変容	135	生活指導事例研究	254
師範学校時代	26	生活臨床	88, 98
師範教育	29	生徒心理学	155
市民的公共性	220, 239, 241, 242	責任	44, 47, 48, 74, 75, 248
集団討議法	159	全人的変数	120, 122, 123, 129, 131
授業観察	104, 138	全体の奉仕者	220, 243
授業技術	142, 162, 251	選択教科	144
——研究	254	専門職	88
授業記録	102	——性	222-224, 234, 239, 240, 243
授業参観	106	——とのコラボレーション	99
授業実施	138	——への社会化研究	120
授業評価	159, 169	専門的知識	178
授業力	174	早期完了	124, 130
主体的	148	相互評価	136, 143
——認識形成論	198	ソクラテス	67, 71-74
準専門職	88		
生涯学習政策	218, 238, 241	〔タ〕	
小学校教員養成	9	大学における教員養成	5
省察	143, 155, 160, 162, 175, 215, 254	大学の自治	30
——検討会	159	体系的教員養成カリキュラム	13, 52, 87-100, 135
——的実践者	186		
——的授業	180	体験化された意義	121
常設型の実習	92	高橋金三郎	80
職業人モデル	128	竹内洋	88
自律性	88	達成化への動き	128, 130

索引　271

田中正造	68, 69, 71
地域関係労働者	240
地域住民の教育ニーズ	221
ティーチャー・オートノミー	176
ディブリーフィング過程	216
中央教育審議会	7
Tuesday 実習（恒常的実習）	95, 98, 135, 206
つまずき	141, 147
同一性拡散	124
同一性達成	124
同一性地位	124
統合の軸	10, 57, 79
東北大学	68
東北大学教育学部	9
遠山プラン	3, 13, 218, 219
特別活動実習	135

〔ナ〕

中村雄二郎	55
中森孜郎	79
日本教育大学協会	60
日本教師教育学会	50
人間関係スキル	179

〔ハ〕

発達課題	124
発問	147
発問・応答・板書	202
林竹二	9, 44, 66-81
パラダイム	174
弘前大学	5, 7
——教育学部	18, 45-48
フィードバック過程	216
深い内容研究	198
不登校支援教育	97

不当な支配	222, 223
プラトン	67, 74, 75
フレンドシップ活動	96, 98, 131
プロフェッショナル・コンピタンス	181

〔マ〕

マイクロクラス	209
マイクロティーチング	197, 209
マイクロレッスン	209
学び合いの授業	166
学び中心	176
マーシア, J.	124
宮城教育大学	4, 9, 65
無藤清子	124
むらを捨てる学力	239
模擬授業	160, 255
目的学部	31
モデル・コア・カリキュラム	53, 60
モラトリアム	124, 125

〔ヤ〕

矢川徳光	242
安井俊夫	198
横須賀薫	3, 15, 33, 247
予定調和	199

〔ラ〕

ラーナー・オートノミー	176
理論・制度・カリキュラム	205
臨床	57
臨床の知	55

〔ワ〕

ワークショップ型	205

編者紹介

遠藤孝夫（えんどう たかお）
1989年に東北大学大学院教育学研究科博士課程単位取得退学。1997年10月から2007年3月まで弘前大学教育学部に助教授・教授として勤務。現在は岩手大学教育学部教授。博士（教育学）。専攻はドイツ教育史。

主要著書論文
『近代ドイツ公教育体制の再編過程』（創文社、1996年）、『管理から自律へ　戦後ドイツの学校改革』（勁草書房、2004年）、『新訂版　資料で考える子ども・学校・教育』（共著、学術図書出版社、2003年）。

福島裕敏（ふくしま ひろとし）
2001年3月に一橋大学大学院社会学研究科博士課程単位取得退学。2005年より弘前大学教育学部附属教員養成学研究開発センター専任教員。専攻は教育社会学、教員養成学。

主要著書
『教員文化の日本的特性』（共著、多賀出版、2003年）、『人口と教育の動態史』（共著、多賀出版、2005年）。

The Birth of "Kyoinyoseigaku":
Hirosaki University's Challenge in Teacher Education

教員養成学の誕生――弘前大学教育学部の挑戦――　　　定価はカバーに表示してあります。
2007年10月30日　　初　版第1刷発行　　　　　　　　　　〔検印省略〕

編著者ⓒ遠藤孝夫・福島裕敏／発行者　下田勝司　　　印刷・製本／中央精版印刷

東京都文京区向丘1-20-6　　郵便振替00110-6-37828
〒113-0023　TEL (03) 3818-5521　FAX (03) 3818-5514
Published by TOSHINDO PUBLISHING CO., LTD.
1-20-6, Mukougaoka, Bunkyo-ku, Tokyo, 113-0023 Japan
E-mail : tk203444@fsinet.or.jp　http://www.toshindo-pub.com

発行所　株式会社　東信堂

ISBN978-4-88713-766-0　C3037　　　ⓒTakao ENDO, Hirotoshi FUKUSHIMA

東信堂

大学再生への具体像	潮木守一	二五〇〇円
大学のイノベーション —経営学と企業改革から学んだこと	坂本和一	二六〇〇円
30年後を展望する中規模大学 —マネジメント・学習支援・連携	市川太一	二五〇〇円
大学行政論Ⅰ	川本八郎編	二三〇〇円
大学行政論Ⅱ	伊藤昇・近森節子編	二三〇〇円
もうひとつの教養教育 —職員による教育プログラムの開発	近森節子編	二三〇〇円
政策立案の「技法」——職員による大学行政政策論集	伊藤昇編著	二五〇〇円
大学の管理運営改革——日本の行方と諸外国の動向	江原武一編著	三六〇〇円
教員養成学の誕生——弘前大学教育学部の挑戦	杉本均編著	三二〇〇円
校長の資格・養成と大学院の役割	福島裕敏編著	三二〇〇円
改めて「大学制度とは何か」を問う	小島弘道編著	六八〇〇円
原点に立ち返っての大学改革	舘昭	一〇〇〇円
短大からコミュニティ・カレッジへ	舘昭	一〇〇〇円
現代アメリカのコミュニティ・カレッジ —飛躍する世界の短期高等教育と日本の課題	舘昭編著	二五〇〇円
日本からアメリカのティーチング・アシスタント制度 —その実像と変革の軌跡	宇佐見忠雄	二三八一円
大学教育の改善と人的資源の活用	北野秋男編著	二八〇〇円
アメリカ連邦政府による大学生経済支援政策	犬塚典子	三八〇〇円
アジア・太平洋高等教育の未来像	静岡県総合研究機構 馬越徹監修	二五〇〇円
戦後オーストラリアの高等教育改革研究	杉本和弘	五八〇〇円
大学教育とジェンダー —ジェンダーはアメリカの大学をどう変革したか	ホーン川嶋瑤子	三六〇〇円
アメリカの女性大学‥危機の構造	坂本辰朗	二四〇〇円
〔講座「21世紀の大学・高等教育を考える」〕		
大学改革の現在〔第1巻〕	有本章編著	三三〇〇円
大学評価の展開〔第2巻〕	山野井敦徳・清水一彦編著	三三〇〇円
学士課程教育の改革〔第3巻〕	舘昭・絹川正吉編著	三三〇〇円
大学院の改革〔第4巻〕	馬越徹・江原武一編著	三三〇〇円

〒113-0023 東京都文京区向丘1-20-6
TEL 03-3818-5521 FAX 03-3818-5514 振替 00110-6-37828
Email tk203444@fsinet.or.jp URL:http://www.toshindo-pub.com/

※定価：表示価格（本体）＋税